中国合同库　法天使 fatianshi.cn

合同起草审查指南

公司及并购卷

何　力　常金光　等 / 著

法律出版社 | LAW PRESS
北京

图书在版编目(CIP)数据

合同起草审查指南. 公司及并购卷 / 何力等著. --
北京 : 法律出版社, 2024
ISBN 978 - 7 - 5197 - 8709 - 7

Ⅰ. ①合… Ⅱ. ①何… Ⅲ. ①公司－经济合同－研究
－中国 Ⅳ. ①D923.64

中国国家版本馆 CIP 数据核字(2024)第 016819 号

合同起草审查指南:公司及并购卷
HETONG QICAO SHENCHA ZHINAN:GONGSI JI BINGGOUJUAN

何 力 常金光 等/著

策划编辑 朱海波
责任编辑 朱海波
装帧设计 鲍龙卉

出版发行 法律出版社
编辑统筹 法律应用出版分社
责任校对 邢艳萍
责任印制 刘晓伟
经 销 新华书店

开本 710 毫米×1000 毫米 1/16
印张 20.25 **字数** 400 千
版本 2024 年 2 月第 1 版
印次 2024 年 2 月第 1 次印刷
印刷 固安华明印业有限公司

地址:北京市丰台区莲花池西里 7 号(100073)
网址:www.lawpress.com.cn
投稿邮箱:info@lawpress.com.cn
举报盗版邮箱:jbwq@lawpress.com.cn
销售电话:010 - 83938349
客服电话:010 - 83938350
咨询电话:010 - 63939796

书号:ISBN 978 - 7 - 5197 - 8709 - 7
定价:78.00 元
凡购买本社图书,如有印装错误,我社负责退换。电话:010 - 83938349

中国合同标准支持机构

发 起 单 位　法天使-中国合同库　法律出版社　中国标准化研究院

特别支持机构　北京仲裁委员会/北京国际仲裁中心

联合起草单位（排名不分先后）

e签宝　幂律智能　海蜂法务　威科先行　杭州互联网公证处

北京律师法学研究会　360集团　李宁集团　好未来教育集团　海尔智家

富士康工业互联　小米　OPPO公司　君合律师事务所　海问律师事务所

汉坤律师事务所　德恒律师事务所　金诚同达律师事务所

万商天勤律师事务所　盈科律师事务所　清律律师事务所

福建联合信实律师事务所　广东华商律师事务所

江苏法德东恒律师事务所

技术支持人员

潘　捷　张婷婷　苗亚杰　张　欣　张　强　王　鹤　刘双双　马　乐　赵　爽

张　洪　齐珊珊　于学龙　祝雪雯　王梦莹

学术顾问

李建伟 （中国政法大学教授）

联合出品

瀛和律师机构　新则　法蝉　法律先生　海蜂法务　智善　江苏品川律师事务所
东华合同软件　路漫法税通　中务集团　良翰律师事务所　甄零科技

（按姓氏拼音排序）

蔡益根　陈　昱　陈　元　陈鑫范　陈云胜　党海峰　邓巍巍　董冬冬　董欢欢
杜　兵　范冰峰　高　山　耿甜甜　胡淇凭　冀蓓红　金　鑫　景娟娟　雷　玲
李　超　李　慧　李彦龙　李振昊　林　燕　刘　丽　刘兴勇　罗思翔　吕培涛
梅　娜　孟　军　彭长明　申　杰　宋冰心　孙国宁　孙兴洋　孙在辰　唐　盼
田建永　涂勇妙　王　琦　王　鑫　王晶慧　王以菲　吴　侃　夏　冉　邢　越
杨乐升　杨丽儒　杨伟良　姚晶鑫　尹英杰　于婷婷　余　波　翟孝娅　张　昆
张　雯　张　桢　张江多　赵欣媛　郑盛平　周立国　朱　应

联合出品人 （按姓氏拼音排序）

蔡　悦　岑建中　陈丽斯　陈营辉　黄丽华　赖禹立　李　伟　梁伟宁　林　键
罗镜标　沈维广　王世旸　张　洋

作者简介

何 力

“法天使-中国合同库”创始人
原钱伯斯、ALB、Legal500上榜律师
中国政法大学法律硕士、优秀校友
《合同起草审查指南》
团体标准主要起草人

常金光

“法天使-中国合同库”创始人
多年律师经验
《合同起草审查指南》
团体标准主要起草人

程艳如

“法天使-中国合同库”特聘专家
国资上市公司法务经理
十余年大型企业法务工作经验

李宗晋

“法天使-中国合同库”特聘专家
执业律师
英国格拉斯哥大学法学硕士

钱一丹

“法天使-中国合同库”特聘专家
浙江大学民商法硕士
具备法律职业资格

鞠美园

“法天使-中国合同库”特聘专家
执业律师
中国政法大学法律硕士
多年房地产行业大型企业法务工作经验、
资深法务

本书特聘专家顾问（排名不分先后）

云闯

江苏通达瑞律师事务所主任，江苏省律师协会公司法专业培训师资库授课讲师，江苏大学法学院、苏州城市学院兼职教授，苏州仲裁委员会仲裁员。办理各类公司股权类争议数百起，先后在法律出版社、中国法制出版社出版《公司法司法实务与办案指引》《公司案件办案策略与技巧》《公司法及司法解释（四）要点剖析与实务操作》《创业者的公司法》等实务专著。

雷霆

中国律师、注册会计师、资产评估师，从事法律、税务等工作逾20年。

重庆理工大学MPAcc校外导师，西南财经大学财税法研究中心研究员、财税法专硕校外导师，律商联讯（LexisNexis）并购专栏撰稿人。

超过20年的外资企业会计、法律、审计和税务从业经历，目前在某大型企业集团任法务总监，负责公司法律和税务等相关工作。亲身参与多起并购重组和跨境业务，有较为丰富的实战经验。

擅长领域：公司法、合同法、证券法及外商投资法律实务；公司并购重组、资本交易法律和税务实务；国际税收理论和实务。

出版书籍：《国际税收实务与协定适用指南：原理、实务与疑难问题》（法律出版社2018年版）、《图解并购重组法律实务操作要点与难点》（法律出版社2019年版）、《图解投融资法律实务操作要点与难点》（法律出版社2019年版）、《合同审查精要与实务指南（第二版）》（法律出版社2022年版）等。

总序·让“中国合同库”成为标准

法治社会离不开合同。

英国历史学家梅因的《古代法》中有一句法律人耳熟能详的名言:“我们可以说，所有进步社会的运动，到此处为止，是一个‘从身份到契约’的运动。”确实，在现代社会，方方面面都离不开契约与契约精神。除市场交易外，大到国家治理、国际条约，小到婚姻家庭、交通出行各个领域，无所不在契约或契约精神的笼罩之下。可以说，一个现代人，随时都身在合同之中。

在具体生活层面，我们也不难发现合同与社会经济之间的密切关系。从普通人很少见到正式合同，到越来越多地签订书面合同，到合同越来越厚、条款越来越多，与之相应的，是经济交易越来越活跃、交易金额越来越大，经济越来越发达。如果作这么一个判断:“合同的质量与数量，与一个社会的经济水平成正比”，这应该是基本成立的。

希望“中国合同库”成为标准。

合同需要标准。国际贸易术语（Trade Terms of International Trade），可以理解为是一套合同条款的标准术语。有了这套术语，交易各方在谈判以及拟定条款时，就可以大大节省时间，减少争议。

经济生活中的大量交易，完全可以使用比较标准的、完备的合同范本。这些合同范本符合一般交易惯例，条款相对完善、规范，能减少不必要的合同纠纷。

当然，交易往往都有自己的特殊性。即便如此，以标准合同为基础，合同各方在彼此关心的重点条款上谈判、修订，而对一般性问题采纳标准合同的条款，也能大大节省合同各方的精力。

在运输领域，集装箱标准的推出，大大提升了运输效率，降低了物流成本，整个社会都从中受益。而如果在社会各行各业的交易、合作中，都能大力推行标准合同，无疑也将大大降低交易成本，促进交易的进行，减少争议。这其中的社会意义是巨大的。这也是工商等政府部门不断推出政府示范文本的目的。而现在，“中国合同库”这一项目，更是利用互联网技术，将合同示范文本这一工作往前推进了一大步。

标准之所以能成为标准，既需要社会各界的推动与接受，也需要标准本身能不断完善、符合需求。我在此希望“中国合同库”的主办方能持之以恒地推动合同库的建设、完善与推广，使之成为名副其实的“中国合同库”。

此为序。

中国社会科学院学部委员、教授、博士生导师

“中国合同标准”体系介绍

“中国合同标准”是合同起草审查的规范

“中国合同标准”是由“法天使—中国合同库”联合各专业机构、法律专家推出的，针对适用中国法律下的合同起草审查提供一系列标准和规范，由团体标准、教材 / 书籍、课程、考试、工具构成。

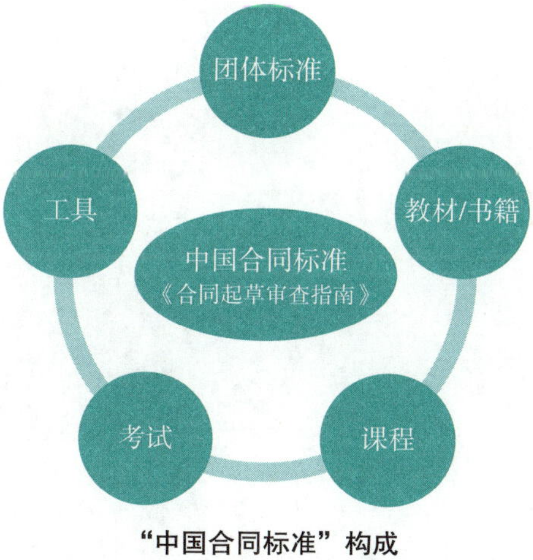

“中国合同标准”构成

团体标准:《合同起草审查指南》（T/CAB 0121—2021）团体标准。该标准由中国产学研合作促进会发布，由法天使（北京）科技有限公司、法律出版社有限公司、中国标准化研究院、北京市君合律师事务所、北京市海问律师事务所等多家机构起草，由何力、常金光、李建伟、张雪纯、雷霆、张海燕、付希业、云闯等多名专家起草。

教材/书籍：包含本书在内的《合同起草审查指南》系列书籍，合计数百万字。

课程:《合同起草审查指南》线上、线下课程，又称“标准合同课”。详情可查询 www.fatianshi.cn。

考试：合同标准考试，以《合同起草审查指南》教材内容为考试内容。详情可查询 ccs.fatianshi.cn 及后文说明。

工具:“法天使—中国合同库”运营的，以“合同库+合同生成器”为核心的合同起草审查工具，能极大地提高律师、法律工作者起草审查合同的效率，促进合同标准的运用。详情可查询 www.fatianshi.cn 及本书附录。

“法天使—中国合同库”自 2015 年公司成立之日起，即以“推广中国合同标准，提升中国合同社会合同水平”为使命，集全公司之力，联合各专业机构、专家顾问，历经多年苦心研究、优化。“中国合同标准”就是这一项目的成果展现。

我们希望，通过“中国合同标准”的长期推广、应用和优化，能够为合同起草审查提供有效指引，提升律师起草审查合同的效率与质量，进而实现提升中国社会合同水平的目标。[1]

我们也希望法学院校、律师事务所、企业法务团队参与到“中国合同标准”的运用、推广、优化工作中来；恳请各位法律专业人士对“中国合同标准”提出任何批评意见、建议（可发送至 he@fatianshi.cn）。

[1]“中国合同标准”同时适用于律师、法务及其他法律工作者的合同起草审查工作，但为了表述方便，均以“律师”指代所有法律工作者，请谅解。

《合同起草审查指南》教材与课程

《合同起草审查指南》教材与课程是对应的，结构如下：

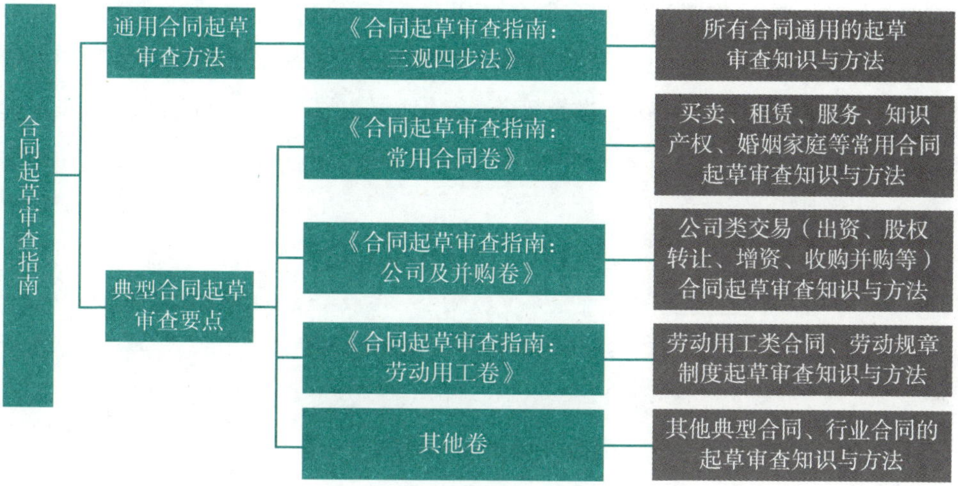

《合同起草审查指南》整体结构

上述教材/课程组成一个“通用合同指南＋典型合同指南”的结构（类似于《民法典》合同编中的“通则”与“典型合同”），也可称为“1+X”。《合同起草审指南：三观四步法》《合同起草审查指南：公司及并购卷》等分别简称为《三观四步法》《公司及并购卷》。

律师、法务可以购买系列书籍自学，也可以通过法天使网站、“法天使”App等报名参加线下或线上课程（线上课程提供陪跑、答疑等多种服务以提高学习效果），还可以律所或团体整体组织培训。

“合同标准考试”

“合同标准考试”以“中国合同标准”即《合同起草审查指南》为考试教材，面向律师、法务及法律工作者，旨在考核与提升律师、法务、法律工作者的合同起草审查水平，进而提升中国社会合同水平。

律师、法务及法律工作者均可报名参加“合同标准考试”，主办方不审核考试资格，但必须凭身份证实名参加考试。

就专业程度而言，“合同标准考试”至少要求具有法律本科以上的专业知识，才有希望通过考试。

“合同标准考试”每年在全国多个城市开考，采取线下纸质考试方式，现场专人监考。

参加“合同标准考试”并取得合格成绩的，将由主考方颁发“合同标准考试——优秀”证书。证书可通过二维码在官网验证。未取得合格成绩的，不能取得证书。律师、法务、法律工作者可通过考试官网（ccs.fatianshi.cn）进一步了解考试具体信息及报名。

《合同起草审查指南》知识体系说明

欢迎来到《合同起草审查指南》的知识体系。

《合同起草审查指南》的最终目的，是为法律人提供一整套标准化的合同起草审查知识体系，而不是零散的、缺乏结构的或者仅针对具体合同的审查经验汇编。

参加本课程的学员，需要先熟悉这套知识体系框架，在学习每一章节的具体知识时，清楚该知识在这个知识体系中所处的位置，随时回来温习一下这套体系。这样不仅能提高学习效果，而且只有这样才能达到本课程的目的——掌握一套合同起草审查的知识体系。

掌握一个知识体系，而不仅仅是一些知识点——是成为专家的必经之路。

因此在课程的开始，我们先讲解一下这个知识体系框架。

《合同起草审查指南》的系列书籍、上百万字内容，绝非零散的、孤立的关系，而是一个逻辑清晰、紧密结合的整体。这体现在：

《三观四步法》与《典型合同指南》的关系

《三观四步法》是基础，《典型合同指南》是《三观四步法》在具体合同类型中的进一步运用。如果将《合同起草审查指南》比作一栋建筑，则《三观四步法》是地基，《典型合同指南》修建在《三观四步法》之上。如下图所示。

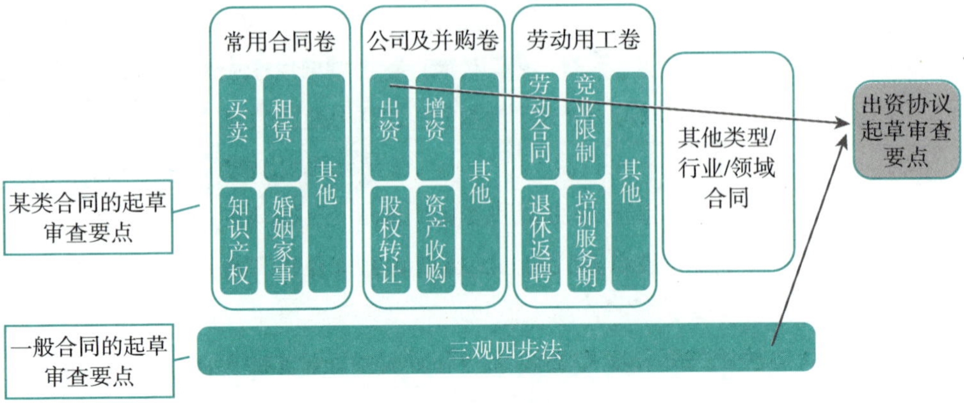

《三观四步法》与《典型合同指南》的关系

具体来说：

1.《三观四步法》讲述所有合同通用的、标准的起草审查知识与方法。

所有的合意类文件，包括行政协议、婚姻家事类合同、劳动合同，在法律上都可以适用《合同编》，只是需要优先适用行政法规、《民法典》婚姻家庭编、劳动法规等特别法规。《合同编》是所有合意类文件要适用的一般法，甚至公司章程这样的“准合意类文件”都可能适用《合同编》。

更重要的是，上面这些合同，从合同起草审查的角度都是相通的，都可以适用《三观四步法》来起草审查。

掌握《三观四步法》能够大大提升律师起草审查合同的水平。

2.《典型合同指南》是《三观四步法》中的“三观分析法”在具体合同类型中的运用。

《三观四步法》提出，所有合同都可以进行宏观、中观、微观三个层面的分析，这样就能对合同进行有条不紊的、全面的审查，这就是“三观分析法”。不仅如此，《三观四步法》还对宏观、中观、微观的通用知识进行了归纳、总结。

在此基础上，《典型合同指南》借助《三观四步法》已经归纳出的逻辑框架、专门术语，运用“三观分析法”对具体合同类型进行分析。对于《三观四步法》中已经说明的通用性知识（如宏观方面的共通性问题、实务中的各类合同形式、合同的典型条款及通用配套条款等），《典型合同指南》就可以适当省略。

这样，律师结合《三观四步法》的通用知识以及《典型合同指南》中某类具体合同的特殊起草审查要点，就能够对某类具体合同进行全面的、高效的起草审查。

这也意味着，从学习的角度，律师应该先学习《三观四步法》，再学习《典型合同指南》。

《三观四步法》的知识体系结构

所谓“三观四步法”，就是：

在理念的指导下，对合同的宏观、中观、微观三个层面进行全面分析的、标准的合同起草审查流程方法。

“三观四步法”的知识体系结构如下图所示。

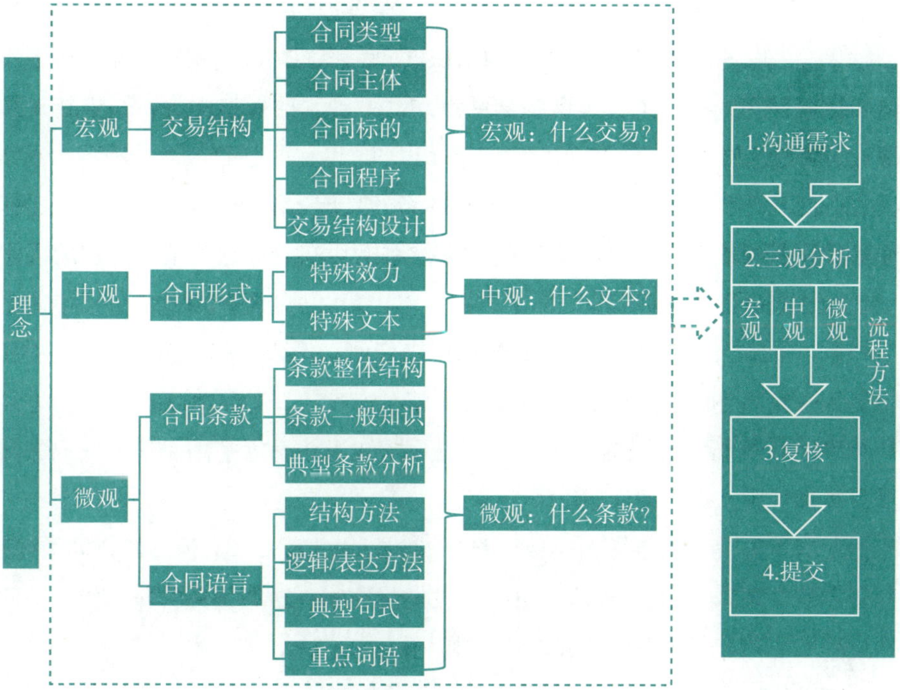

“三观四步法”知识体系

下面简要介绍一下这个知识体系：

1. “三观四步法”=“三观”知识体系+“四步”操作流程。

（1）“三观”是实体，是课程的主要知识体系；“四步”是程序，相对次要，内容较少。

（2）“三观”的含义。

- 宏观—交易结构——什么交易？

宏观处理交易结构的问题，重点回应：这个交易能不能做、风险大不大？采取什么交易结构做？

• 中观—合同形式——什么文本？

中观处理合同形式的问题，重点回应：采取什么合同形式？

• 微观—合同条款 + 合同语言——什么条款？

微观处理合同条款和合同语言的问题，重点回应：合同条款要怎么修订？

上图中，“三观”的三个层面知识系统整理为中间虚线框内的这一大块内容。

（3）我们认为：合同起草审查的知识，除了理念以外，都可以关联到三观的某一个层面，或者是交易结构层面的问题，或者是合同形式层面的问题，或者是具体条款层面的问题。

（4）“三观”是一个具有开放性的知识框架，我们可以利用这个知识体系不断吸纳、更新知识；事实上，本课程会一直在“三观”的框架内，不断更新具体的知识点。

2. “四步工作流程”是“三观”知识体系的具体运用。

如上图所示，我们将“三观”的知识体系运用在合同起草审查流程的工作之中，就是“四步工作流程”。

（1）“四步工作流程”就是实际起草审查任何一份合同的工作流程，其中又以“第二步：三观分析”为最关键、最主要步骤。

而“三观分析”是以前面所说的“三观”知识体系为基础，是“三观”知识体系在具体合同工作中的运用。

（2）合同起草审查流程中需要用到一些具体的方法、工具，如合同关系图、合同要点表、Word 技能、沟通方法等，我们将这些方法、工具的介绍作为“四步工作流程”的补充，放在“流程方法”中。

3. “理念”贯穿“三观四步法”。

“理念”是对整个合同起草审查工作的指引，贯穿“宏观、中观、微观”三个层次，也贯穿在合同起草审查的流程方法中。而且，“理念”也贯穿在所有类型合同的起草审查工作之中。

4.《合同起草审查指南：三观四步法》的单元结构。

先讲理念（第一单元），然后是宏观—交易结构（第二单元）、中观—合同形式（第三单元）、微观—合同条款（第四单元）以及微观—合同语言（第五单元）。

在掌握上述知识的前提下，讲述合同起草审查的流程方法（第六单元），即

"四步工作流程"的具体运用。

《典型合同指南》的知识体系结构

如前所述,《典型合同指南》就是运用"三观分析法"对具体合同类型进行分析。因此,《典型合同指南》的知识体系结构就是"三观分析法"的逻辑结构。如下图所示。

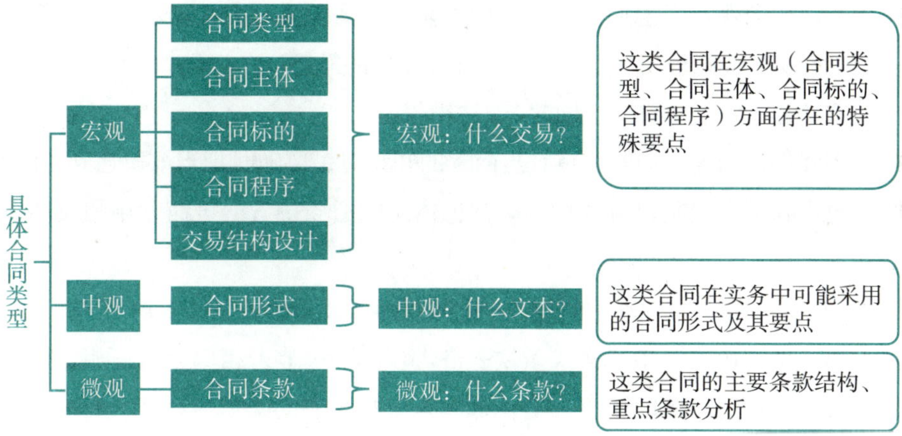

"三观分析法"逻辑结构

不难看出,上述逻辑结构与前面《三观四步法》中的"三观"知识体系是相通的。

如果涉及很多相关的合同类型,会在上述框架之上,适当地归纳、综述。例如,对劳动用工类合同的综述、有限责任公司股权交易类合同的综述。

对于《典型合同指南》没有分析的某类合同,律师也可以运用"三观分析法"进行分析,撰写分析文章;关于"三观分析法"的具体运用说明,请参考《合同起草审查指南:三观四步法》"运用'三观分析法'分析某类合同起草审查要点"。

学好知识体系,用好知识体系

从前面的介绍中不难看出,《合同起草审查指南》有着逻辑清晰的体系结构,掌握这个体系结构大大有利于课程的学习和知识的运用。我们建议:

1. 掌握知识体系结构,随时了解自己所学课程、知识点处于上面这个体系中的什么位置。

希望你牢牢记住前面的知识体系结构示意图，你也可以随时回到本节内容，回顾这个知识体系。

当我们学习《三观四步法》时，要随时知道当前知识点在体系中所处的位置。例如，当前学习的“集团合同”这个特点，是属于“中观—合同形式”层面的一个问题。

当我们学习《典型合同指南》时，也要知道当前所讲的知识点，是属于这类合同“三观”的哪一个层面。例如，增资协议需要考虑“股东会决议”问题，这是属于“宏观—合同程序”中“主体内部程序”的问题。

只有这样，才能学好《合同起草审查指南》。

2. 当我们运用《合同起草审查指南》的知识时，要随时把当前所遇到的问题，拆解、定位到《合同起草审查指南》知识体系的适当位置，进而利用相应知识采取措施。

例如，当前审查的这个合同可能构成格式条款，则可以定位到《三观四步法》中“中观—合同形式”中“格式条款、格式合同”一节，相应分析，相应采取措施。——只要我们经常这样做，《合同起草审查指南》的知识体系就会成为我们脑海里的“解题套路”，真正提高我们起草审查合同的效率。

《论语 · 卫灵公》中有这么一段：

孔子对子贡说：“子贡啊，你以为我是学习得多了才一一记住的吗？”子贡答道：“是啊，难道不是这样吗？”孔子说：“不是的。我是用一个根本的东西把它们贯彻始终的。”

（子曰：“赐也，女以予为多学而识之者与？”对曰：“然，非与？”曰：“非也，予一以贯之。”）

从学习的角度，我们可以这样理解孔子的话：要用一个整体逻辑结构把所有知识点串联起来，否则是难以掌握、难以运用的。

因此，在知识体系中学习，只有运用好这个知识体系，才能真正实现《合同起草审查指南》的目的，提升合同起草审查的质量和效率。

目·录

引言："公司及并购类合同"的整体认识框架 / 001

第一单元
宏观—交易结构：主交易结构典型类型 01

1.1 对"主交易结构 + 配套安排"的整体说明 / 009

1.2 基础交易结构类型 / 014

1.3 复合型交易结构类型（一）：资产收购型 / 022

1.4 复合型交易结构类型（二）：股权收购型 / 030

• 资料：资产或股权从A公司名下变更到B公司名下的N种方式 / 044

1.5 复合型交易结构类型（三）：其他复合型交易 / 046

1.6 资金回报型交易结构（名股实债） / 052

1.7 特殊交易结构类型：广义协议控制 / 056

第二单元

宏观—交易结构：主交易结构起草审查要点 02

2.1 合同类型：股权取得与资产取得 / 063

2.2 合同类型：名股实债的起草审查 / 069

2.3 合同类型、合同主体：有限责任公司、股份有限公司与合伙企业的选择 / 072

2.4 合同主体：股东 / 074

2.5 合同标的：出资方式 / 081

2.6 合同程序：股权取得类交易的合同程序 / 089

- 资料：实务中常见的公司章程对优先购买权的特别约定 / 096
- 资料：股东优先购买权的应对方式归纳 / 101

2.7 合同程序：资产收购的合同程序 / 108

- 资料："转让主要财产"内部决议程序的典型案例 / 109

2.8 交易结构：资本之税及交易结构选择 / 111

2.9 公司类合同综述（六）：宏观—交易结构设计 / 118

2.9.1 强化公司控制权的若干措施 / 118

2.9.2 经营主体与特殊目的载体（"SPV"） / 119

2.9.3 排斥式合并与分立 / 122

第三单元
宏观—交易结构：配套安排 03

3.1 配套安排概述 / 127

3.2 基本限制：股东、董事、监事、高管对公司的受信义务 / 129

3.3 公司、股东利益输送安排 / 132

3.4 股权权能（身份权）安排 / 144

3.5 主交易相关债务处理安排（承债式收购） / 151

3.5.1 主交易相关债务的几个问题 / 151

3.5.2 典型债务处理方式 / 153

3.5.3 “债务类型 + 债务处理方式 + 债权人配合”的具体运用 / 155

3.5.4 股权收购下目标公司对转让方的股东借款：特殊交易对价的支付 / 159

3.5.5 其他债务处理方式 / 160

3.5.6 补充说明 / 163

3.6 投资人保护安排（及股权投资类合同、股东协议） / 166

3.7 其他配套安排 / 171

3.8 关于“宏观—交易结构”的简单归纳 / 176

第四单元
“中观—合同形式”+“微观—合同条款” 04

4.1 中观—合同形式：复杂收购型合同的文本结构 / 181

4.1.1 复杂收购型合同形式的主要特点：复杂成套合同 / 181
4.1.2 “交易前期文本”与“履行中文件” / 182
4.1.3 并购类合同（正式交易文本）的三层文本结构 / 186
4.1.4 配套协议的注意事项 / 190
4.1.5 主交易合同的常见附件 / 191
4.1.6 归纳：理解交易结构之后，如何处理复杂收购型合同的文本结构 / 194
4.1.7 公司章程、章程修正案的起草审查 / 197

4.2 微观—合同条款 / 199
4.2.1 “三点一线法”与一般条款知识 / 199
4.2.2 股权类合同交易条款介绍 / 201
• 资料：2023 版《公司法》中公司治理结构相关规定的变化 / 207
4.2.3 资产收购类合同交易条款介绍 / 209

第五单元
特定主体的“公司及并购类合同”
05

5.1 股份公司 / 215
5.1.1 2023 版《公司法》对股份公司的修订简介 / 215
5.1.2 关于股份公司的类别股 / 216
5.1.3 股份公司类合同的整体认识 / 219
5.1.4 非公众股份公司 / 220
5.1.5 上市公司 / 224

5.2 合伙企业 / 234

5.3 农民专业合作社 / 241

5.4 个人独资企业、个体工商户 / 244

5.5 非营利机构（民办非企业单位、社会团体） / 247

第六单元
特定场景的"公司及并购类合同" 06

6.1 股权激励（含分红激励） / 253
6.1.1 股权激励、分红激励、动态股权等概述 / 253
6.1.2 一般公司狭义股权激励模式与相关合同简介 / 256
6.1.3 一般公司狭义分红激励模式与相关合同简介 / 262
6.1.4 面向非员工的激励模式与文本简介 / 266
6.1.5 房地产开发企业的跟投机制与合同简介 / 267
6.1.6 其他主体、其他场景下的股权激励模式与合同简介 / 269

6.2 国有资产交易 / 272

6.3 外商投资 / 275

6.4 民办教育行业（民办学校） / 280

6.5 医疗行业（医院） / 285

6.6 矿产行业 / 288

6.7 破产重整 / 295

附 录 / 297
相关模板、相关条款、相关知识点的使用说明 / 297
《合同起草审查指南》规范术语表 / 299
缩略语表 / 302
合同标准考试介绍 / 305
声明 / 306

引言:“公司及并购类合同”的整体认识框架

不可否认，公司类合同中有些出资、增资、股权转让乃至合并分立之类交易，并不比一个设备买卖、商标权转让之类合同复杂，对应的合同文本也不过两三页纸就能搞定。律师处理这类合同大致参考《合同起草审查指南：三观四步法》和一般的公司法知识，也就差不多了；这不是本课程的重点。

本课程的重点是这样的交易：

A 公司名下持有一宗写字楼物业（不动产），已部分出租。不动产抵押给了银行。因 A 公司现金流出现危机，找到 B 公司，B 公司有意收购。

交易准备这样进行：

1. B 公司通过关联公司 C 公司购买银行债权，进而取得了不动产的担保物权。

2. 为了避税，A 公司设立了一个项目公司（D 公司），然后用资产原值划转方式，将不动产划转到 D 公司。

3. B 公司以 2 亿元收购 D 公司全部股权，但是为了符合特殊税务政策要求，D 公司的股权在 12 个月以后才能过户到 B 公司名下。

4. 为了解决 A 公司现金需求，B 公司先向 A 公司提供一笔 1 亿元的借款。

5. 股权过户之后，原 1 亿元借款抵作转让价款，另外再支付 1 亿元，其中 5000 万元用于清偿对 C 公司债务。

如果律师接到任务：“请为上面这个交易起草合同”，估计会感觉比一般民商事合同起草难很多。不仅是金额较大（一般民商事合同的金额也可能很大）的问题，难度体现在：

1. 涉及好几重交易结构的组合。

2. 可能涉及有限责任公司、股份公司、合伙企业等多类主体，不同主体在法律上均有所不同。

3. 可能涉及不同行业，如房地产、矿产资源。无论什么行业，都是通过公司等市场主体来运营，都涉及股权、资产的交易。

我们当然可以分析几个具体交易的例子，但是如果不能掌握既高度概括又有通用性的认识框架，遇到另一个不同交易时我们还是会束手无策。

但是对于纷繁复杂的公司及并购交易，真的能提炼出既高度概括又有通用性的认识框架吗？

这正是本课程要解决的一个挑战。本课程的主要内容实际上就是这样一个认识框架，本课程称之为“公司及并购类合同拼图”。这个框架也成为本课程全部知识的体系结构。下面我们会简要介绍一下这个认识框架。

一、本课程讲什么，没讲什么

1. 本课程重点讲“公司及并购类合同”。

本课程的重点是讲清楚以下这三类合同：

（1）以公司股权为标的的合同，如出资、增资、股权转让、合并、分立等协议。

（2）资产收购类合同（资产收购的含义请见第一单元介绍）。

（3）与上述两类合同紧密相关的配套交易的合同。

上面这几类合同都可能涉及多种多样的主体，包括有限责任公司、股份公司、合伙企业乃至民办非企业单位等。

本课程将上面几类合同统称为“公司及并购类合同”。

2. 本课程没有讲什么？

据说公司并购业务是非诉法律业务“皇冠上的明珠”，可见其复杂程度。要做好公司并购法律服务，律师需要方方面面的知识。而本课程主要是针对公司及并购类合同的起草审查，并非并购法律服务的全部知识。

首先，本课程仅讨论适用中国法律环境下的公司及并购类合同。

其次，下面这些知识对并购法律服务也很重要，但本课程中基本没有涉及或只是简单介绍：

（1）公司并购及其他公司业务在商业上的考量。

这对公司及并购类合同的交易结构选择有很多影响。

（2）尽职调查相关知识。

对于大型交易的风险控制，一方面当然要在合同中详尽约定，另一方面要靠事先尽量完善的尽职调查来发现、排除风险。但是尽职调查与合同本身关系不大（虽然尽职调查的结果对合同中权利义务及附件披露内容有影响），而且已有相关书籍可供参考[1]，可以另外学习。因此本课程中不作讲述。

（3）仲裁诉讼知识。

事先的合同起草审查需要考虑事后的仲裁诉讼结果，这是肯定的。但对于仲裁诉讼本身的知识，特别是由于合同履行所引起的问题，本课程不予讨论。

（4）税务筹划及税收方面知识。

公司及并购类合同金额大、特殊税务政策多，税务筹划非常重要，对交易结构和合同影响很大。这方面知识很专业、很深，本课程仅在第二单元"资本之税及交易结构选择"中有粗浅介绍。

（5）公司及并购类交易相关审批、谈判、交割、履行过程中的各类操作要点、注意事项。

（6）融资（含担保）类合同。

所有大型交易几乎都会涉及融资（贷款、信托、保理等所有各种融资方式，以及相关担保合同）等合同，这些合同不在本课程中讨论。

虽然融资与交易密切相关，直接影响交易是否可以进行。但从合同的角度，还是可以分开认识、分开掌握的。简单地说，融资是拿钱，股权、资产等交易是花钱。如果理解了融资类合同，也理解交易本身所需要的合同，那么将这两个方面的合同综合起来运用并不难。

（7）可以归纳到其他领域的合同，如买卖、租赁、服务等合同。

一、"公司及并购类合同拼图"的四个层次

即使做了前面的"剥离"，"公司及并购类合同"仍然涉及很多合同类型，涉及诸多复杂法律知识。为了将复杂事务简单化、结构化，本课程将通过四个层次来剖析"公司及并购类合同"。本课程也将按这四个层次来组织和讲述"公司及并购类合同"的所有知识。

第一个层次　一般公司＋特定主体、特定场景

这里的"特定主体、特定场景"是指：

- 特定主体
  - 股份公司
    - Ø　非公众股份公司

[1] 参见张洪、李观保：《法律尽职调查指引》，法律出版社2023年版；乔文骏：《法律尽职调查实务》，北京大学出版社2021年版。

  Ø 上市公司
  - 合伙企业
  - 农民专业合作社
  - 个人独资企业
  - 非营利机构（民办非企业单位、社会团体法人）
- 特定场景
  - 股权激励（含分红激励）
  - 国有资产交易
  - 外商投资
  - 民办教育行业（民办学校）
  - 医疗行业（医院）
  - 矿产行业

排除掉“特定主体、特定场景”下的一般有限责任公司，就是本课程所说的“一般公司”。在律师要处理的公司及并购类合同中，这类一般公司有以下特点：

1. 最为常见，最为基础。

2. 交易结构模式较多、较全面。

这是因为有限责任公司相较于其他主体，交易结构模式较全面；因为没有特定场景的特殊法律限制，可行的交易结构模式较多。

因此，我们可以重点认识“一般”，再对比认识“特殊”。在本课程中，我们会先重点、全面讲述以一般公司作为合同主体的“公司及并购类合同”，然后再对照说明特定主体、特定场景下的合同有哪些不同。

第二个层次　宏观—交易结构 = 主交易结构 + 配套安排

《合同起草审查指南：三观四步法》中的“宏观—交易结构”是指由“合同类型、合同主体、合同标的、合同程序”四个方面结合的整体、宏观交易安排。

本课程将一般公司的交易结构进一步拆解为“主交易结构 + 配套安排”两部分。主交易结构中又分为“基础交易结构 + 复合型交易结构 + 资金回报型交易结构 + 广义协议控制”几大类、20 多种具体交易结构。配套安排是对主交易结构的补充、调整，常见的配套安排有近 20 种。具体请见本课程第一、二、三单元内容。

对这个“宏观—交易结构”层次的理解、认识是“公司及并购类合同拼图”认识框架的重中之重。

第三个层次　中观—合同形式：复杂收购型合同的文本结构

通过"宏观—交易结构"的分析，我们确定了整体交易安排后，就要着手确定交易文件的整体构成，也就是复杂的、成套的收购型合同是怎样构成的。具体请见本课程第四单元内容。

通过本课程的讲述可以发现，复杂收购型合同的文本构成其实是有共通性的。

弄清楚复杂收购型合同的文本构成之后，更简单一些的文本结构自然也不在话下，无非就是复杂收购型合同的部分省略而已。

第四个层次　微观—合同条款：收购型合同的重点条款（板块）

通过本课程的分析，我们可以看到，收购型合同看似复杂，但在条款构成上，其实有很多标准化的、模式的条款、板块，在看似不同的交易结构下都可以运用。

具体请见本课程第四单元内容。

显然，上述第二、三、四个层次，就是《合同起草审查指南：三观四步法》中的"三观分析法"的运用。正如《合同起草审查指南》一直强调的，《三观四步法》是适用于所有合同的通用知识，具体不同类型的合同都可以运用"三观分析法"进行分析。

相关课程：001 欢迎来到《合同起草审查指南》的知识体系

三、一般公司及并购类合同拼图

理解了一般公司及并购类合同，就很好对照理解特定主体、特定场景下的公司及并购类合同。因此一般公司及并购类合同是重点。

而本课程又将一般公司及并购类合同拆成了若干种类型、构件，这使得我们可以像玩"拼图"一样，根据不同的交易需求，通过"合同拼图"的组合，来构成符合交易需要的合同文本（即使这些文本较复杂，包括多个文件）。

关于"一般公司及并购类合同拼图"的进一步介绍和采购（需另外付费），请参考：

相关知识点：051 玩转"公司及并购卷合同拼图"

附录：2023 版《公司法》对公司及并购类合同的主要影响

2023 版《公司法》删除 16 条，新增、修订 228 条，包括实质性修订 112 条，可见是一次重大修订。其中与本课程主题"公司及并购类合同"相关的修订也不少，在具体课程内容中有说明。

这里归纳几点对“公司及并购类合同”的主要、重大影响：

1. 股东、实际控制人、董事监事高管的受信义务的强化。

这种强化，会使得公司及并购类合同的一些合同风险增大，律师需要更加审慎的考虑公司及并购类合同的交易结构，考虑增加合同决议、调整股权架构等措施。

在第三单元“公司及并购类合同背后的受信义务”中有进一步介绍，可参考。

2. 股东出资义务的强化。

这会影响出资金额、出资金额的约定，还有股权转让情况下转让方、受让方对出资义务的连带责任的处理。

在第二单元“认缴出资制的重大变化：谨慎约定认缴出资金额”中对此有进一步介绍。

3. 公司治理结构更加灵活，股份公司与有限责任公司趋同。

股权取得类合同和公司章程中的“三会一层”约定和其他公司治理相关的条款都受到影响。

股份公司允许设置“类别股”，是一个重大调整。这不只是公司章程中具体条款的变化，更会使得“类别股制度下的股权架构设计”成为律师的重点业务。

在第四单元“资料：2023 版《公司法》‘三会’的变化”和第五单元“关于股份公司的类别股”中有进一步介绍。

01 第一单元

宏观—交易结构：主交易结构典型类型

在正式说明交易结构之前，先说明几点：

1. 请注意，本课程的第一单元至第三单元，都是以“一般公司”为主体（“一般公司”的含义见“引言”说明），之后才会介绍“特定主体、特定场景”下的公司及并购类合同的不同之处。

2. 第一单元中，我们会先整体说明各种主交易结构的含义。但不同的主交易结构有何利弊、如何选择？这主要在第二单元“宏观—交易结构：主交易结构起草审查要点”中说明。

1.1　对“主交易结构 + 配套安排”的整体说明

一、公司及并购类合同交易结构的复杂性

本课程引言一开始就提到了一个涉及公司设立、资产划转、股权转让、债权转让、借款、债务清偿等诸多法律关系的交易。

我们可以专门把这个交易结构捋清楚，也可以举更多的例子。但是，遇到下一个不同的交易结构又如何处理？这些复杂又多样的交易结构里面，有没有一些底层的、共通的“模块”？如果不能找到一个整体性的、结构化的认识框架，律师应对复杂的公司及并购类交易结构就始终会有困难。

在《合同起草审查指南：劳动用工卷》的开始要先学习一个“企业用工模式综述”的认识框架，律师要了解“企业 + 为企业服务的个人”之间，全部的、可能的用工模式（其实也就是交易结构在劳动用工方面的特殊叫法）有哪些？只有对这个问题有所认识，律师才能站在一个更高的高度，帮助当事人辨析、选择适当的合同类型，真正做好劳动用工类合同的起草审查工作。

打个比方，如果病人告诉医生“医生我发烧了，应该是感冒，你给我开感冒药吧”，于是这个医生就开了感冒药给病人。显然，这样治病不合理，等于病人在给自己看病而不是医生在看病，病人只要发烧就以为自己是感冒。好的做法应该是：病人只需要说明“我发烧了”，医生来诊断“这应该是什么病”，再相应给病人开什么药。但前提是，医生的水平较高，知道所有导致“发烧”的病有哪些。

公司及并购类合同同样如此。要说不同的话，那就是“公司及并购类的交易结构比企业用工模式更加复杂、多样”。为此，我们需要一个更复杂的“认识框架”，也就是引言中所说的“公司及并购类合同拼图”，仅认识到有出资、增资、股权转让、合并、分立、资产转让这几种交易结构是不足以处理实务中纷繁复杂的公司及并购交易的。

而这个“公司及并购类合同拼图”中最重要的部分就是：“主交易结构 + 配套安排”。“主交易结构 + 配套安排”的框架可以帮助律师整体的、全面的、鸟瞰式地考虑公司及并购类合同的所有交易结构，进而使律师对公司及并购类合同的起草审查上升到一个更高的层面。这个认识框架也是本课程最重要的、原创性的成果，我们希望律师掌握这个认识框架。

拆成“主交易结构 + 配套安排”有什么好处？简单地说，如果我们说有 64 种交易结构，要理解、记忆并运用这 64 种交易结构恐怕很难。但如果认识到其实是“8 × 8”种交易结构，前面 8 种是 12345678 种，后面 8 种是 ABCDEFGH 种，两相组合成“1+A”或“2+E”模式，就好理解、好处理得多。

毋庸讳言，这个认识框架是不完美的、有待完善的。但是，有一个不完美的认识框架总比没有认识框架要好，律师也完全可以在这个认识框架的基础上进一步去优化、填充这个框架。

二、主交易结构是基本交易，配套安排是补充调整

简单地说，本单元中所列的所有主交易结构，都是实务中可以单独成立的一类交易，对应的单独的一份合同（复合型交易结构则可以用“主交易合同 + 专门协议”来体现）。

而配套安排，一般不是单独成立的交易，是当事人在主交易结构之外，进行的补充、配套、附属的安排，对应一份配套协议、配套文件。

当然，实务中能把主交易结构、配套安排的权利义务写在一份合同之中，这对合同效力没有影响。然而正是这样的做法，使得公司及并购类合同呈现出各式各样的样貌，使得我们难以形成更高层次的认识框架。因此本课程提倡将“主交易结构”与“配套安排”分开来认识。

三、根据交易需求，辨析其中的“主交易结构 + 配套安排”，再相应处理合同文本

律师掌握了本课程的“公司及并购类合同拼图”框架，记住了第一单元列举的各类主交易结构和第三单元列举的各类配套安排之后，看到公司及并购类交易方案时，无论多么复杂，无论当事人用什么样的语言去表述，都可以用“主交易结构 + 配套安排”的框架去剖析、判断：这是哪一类主交易结构，这是哪一类配套安排。

律师会发现，这些看似大不相同的交易结构，其实就是有限种“主交易结构”和有限种“配套安排”的组合。在很多情况下，公司及并购类合同是“主交易结构”再加上一个或多个配套安排，也有的时候会是“两个以上主交易结构”的组合再加上若干个配套安排。

这一步工作完成之后，律师就可以运用第四单元“中观—合同形式”和“微观—合同条款”的知识，确定这个整体交易方案对应的文本构成，进一步处理具体每个合同中的合同条款。——实际上，这一步可以借助“中国合同库”中为各类“主交易结构 + 配套安排”所提供的合同模板高效完成。

四、收购型交易结构为主，合作型对照认识，资金回报型为特殊，其他简单处理

本单元接下来会介绍数十种不同的交易结构，可能让人眼花缭乱、无所适从。而且只看交易结构不利于我们认识合同。例如，股权转让作为基础交易结构类型，可能对应 10 亿元的股权收购交易，也可能只是几万元的一个小公司股权转让，两者对应合同差距十万八千里。

为此，我们有必要引入“交易目的”这个认识角度。这是说：公司及并购类合同的这些交易结构，是以收购型、合作型交易目的为主，资金回报型交易为辅。剩下的则是相对简单的合同。

1. 收购型、合作型、资金回报型交易的含义。

（1）收购型交易。

包括大型的资产收购和股权收购，也就是实务中常说的并购、收并购。在本课程中，收购、并购、收并购含义相同。

资产收购，是要收购“涉及整条业务线的，包括固定资产、土地使用权、无形资产等被收购方重大资产”。从商业角度，与其说是为了收购特定资产，不如说是收购特定业务（实务中有时叫“收购营业、转让营业”），因此需要尽可能地将与特定业务线有关的资产、资源全部收购过来。如果仅是一般的资产转让，那么按买卖合同、知识产权转让合同或者土地使用权及在建工程转让合同处理即可，不属于资产收购合同。

对于股权收购，是要取得目标公司的控制权（但不一定要取得 100% 的股权），进而通过目标公司控制了资产，并能够利用目标公司的资产、资源开展经营。

所以，无论是资产收购还是股权收购，受让方都不是简单地买一些设备那么

简单，最终是为了“买一家公司或者足以开展某一家公司业务的资产”，转让方则基本上要退出这项业务或退出公司。选择资产收购还是股权收购只是收购型交易目的的两种具体实现方式。

资产收购、股权收购也属于资产转让、股权取得的交易结构，但资产转让、股权取得本身没有上面这种“收购整体业务线、取得控制权”的含义，股权取得交易也完全可能是合作型交易。

（2）合作型交易。

各方共同在目标公司持股，目的是合作开展经营，共同投入、共享收益。

具体来说，各个股东的出资额、持股比例、对公司的参与程度、控制程度都不一样，但总体来说，都是“微观—合同条款”层面的调整。

股权投资算是“合作型交易”中的一种特定类型，请参考第三单元中“投资人保护安排（及股权投资类合同、股东协议）”知识。

现实中当然有很多不共同持股、不设立公司或其他经营主体的合作、联营、民事合伙之类交易，但这不属于公司及并购类合同。

应当说，收购型、合作型不一定能截然区分，如果不是100%控股，那么即使取得控制权，各方也还是可以说是在目标公司架构下继续合作。不过，律师理解“控制权、控制权转移、控制权收购”，对相应合同的起草审查是有好处的。

（3）资金回报型。

资金回报型：投资方虽然取得股权，但目的是投入资金并取得资金回报，而且不承担资金风险。

不承担资金风险就是有保底约定，典型做法是要求其他股东有义务按“原投资金额+利息”的固定价格回购股权。在实务中也常常叫作“名股实债、明股实债”或者“股债融合”。

如果投资方承担资金风险，那么无论投资方多大程度上参与目标公司管理，都属于“合作型”而不是“资金回报型”。资金回报型的交易目的下，投资方一般不太参与项目、公司的管理（只是适当监督），投资方取得股权，其实是用来做担保。

2. 收购型交易结构最多、最复杂，合作型参照处理即可，资金回报型较为特殊。

收购型交易的标的金额大，各类交易结构都可能用到，合同也相对复杂。

而合作型交易结构基本上就是收购型交易结构中的一部分。能够处理收购型交易合同，也就能参照处理合作型交易合同。举例来说，能够收购 70% 股权的交易结构，当然也能收购 10% 的股权。

因此本课程会以股权收购、资产收购型交易结构为重点，合作型交易结构参照即可。

资金回报型合同是一种特殊的公司及并购类合同，本单元的最后会专门说明它的交易结构。

3. 其他交易。

能够处理收购型、合作型、资金回报型这些合同之后，处理其他一些简单的交易当然也不在话下。

例如：

（1）“内部组织架构调整”型交易：如股权的划转、同一控制权下的合并分立、设立持股平台等。这些也涉及资产、股权的变动，也可能签订出资、增资、股权转让等合同，但其实各方没有实质利益冲突。合同可以很简单，甚至不需要签合同。

（2）“小型资产、股权转让”型交易：可以认为是“收购型”的低配版，只不过律师实务中不会把这类金额不大的股权转让、资产转让称为“收购”，所以这里还是划入“其他交易目的”。这类交易的合同可以认为是“收购型”合同的简化版，往往也用不到本单元的那些复合型交易结构，律师处理这类合同也不会很难。总的原则是，以收购型交易合同为标准，标的额越小，就越简化即可。

1.2 基础交易结构类型

这里的基础有常规的意思，也表示不属于复合型的交易结构。只要学过公司法的法律工作者，对这些交易结构应该都不陌生。

基础交易结构中的前面五种“出资设立、公司增资、股权转让、公司合并、公司分立”，都能用于取得某个目标公司的股权，换言之，都能成为目标公司的股东，所以都是“股权取得类”交易结构。资产转让（收购）则是“资产取得类”交易结构。

一、出资设立：出资合同[1]

有限责任公司的出资合同，是指出资人之间为设立有限责任公司而签署的，对拟设立公司（以下简称目标公司）的注册资本、股权比例、公司治理、利润分配，以及设立期间的权利义务等事项进行约定的协议。

实务中出资协议、股东协议、发起人协议三者可能混用。《公司法司法解释（三）》第1条提到公司的发起人也包括有限责任公司设立时的股东，但为了避免混淆，本课程提倡发起人协议专指股份公司设立时发起人之间签署的协议。股东协议也没有统一定义，但一般来说应该区别于出资合同，应该是股东之间就公司内部权利的分配和行使等订立的专门协议，本课程第三单元“投资人保护安排（及股权投资类合同、股东协议）”有进一步说明。总之，本课程建议律师区分使用出资合同、股东协议、发起人协议这三个概念及三个合同标题。

《公司法》[2]第43条规定，有限责任公司设立时的股东可以签订设立协议，明确各自在公司设立过程中的权利和义务。但显然这并非必须。

[1] 公司及并购类合同在实务中常常叫作“XX协议”，如“出资协议”。协议与合同只是叫法的不同，在法律效力上是一样的。在本课程中，这两种叫法也都有使用，没有严格区分，只不过对于配套、变更、补充性质的合同更多的叫作“XX协议”，而对于主交易合同更多的叫作“XX合同”。

[2] 指2023年12月29日修订、2024年7月1日施行的《中华人民共和国公司法》，在本课程中有时称为2023版《公司法》。本课程中如提到“原《公司法》”则表示2018年公布的《公司法》。下同。

出资合同的使用可能有以下几种具体场景及对应模板：

1. 不签订出资合同。

简单的、各方利益没有太大冲突时，直接签署章程，进行工商登记即可。

不同于在股权转让的工商变更登记中需要提交股权转让合同，工商登记程序中并不要求提供出资协议，因此实务中一般就不存在一个专门用于工商登记的出资协议版本。

2. 简单的合作型出资合同。

简单约定各方出资、股权比例、公司治理结构等。

相关模板：883 一般通用出资合同（简单版）

3. 详细版的合作型出资合同。除一般条款更加详细以外，还可能包括非货币出资、公司治理结构补充、不竞争义务、股权激励等约定。

相关模板：19540 一般通用出资合同（详细版 + 配套条款）

4. 收购型、包含“出资”交易结构的合同：在后面的复合型交易结构类型中会有介绍。

二、公司增资：增资合同

增资合同，是指目标公司与增资方签署的协议，约定增资金额、股权比例、增资的缴付、变更登记等事项。原股东也可能同时作为合同主体。

这里的目标公司是有限责任公司。增资方可能是原股东，也可能是新股东；可能是常规的投资人，也可能是公司的债权人（债转股模式）。

增资合同可能有以下几种具体场景及对应模板：

1. 无需增资合同。

不引入新股东的现有股东增资时（如资本公积金转增股本），可直接通过决议增资，当然也可以使用简单的增资合同。

2. 简单版的增资合同：简单约定增资方案。

引入新股东，但金额不大、利益冲突不大时，可签订简单版的增资合同。

相关模板：19558 一般通用增资合同（两方简单版）

3. 详细版增资合同：包括公司治理结构、出资补充约定等。

金额较大的增资，增资合同会更规范、详细一些。

此时增资方一般会要求原股东同时作为合同主体。

相关模板：19566 一般通用增资合同（无控制权转移 + 三方详细版 + 配套

条款）

4. 一般债权转股权的增资（债转股）合同：主要就是出资方案方面有所不同（用债权作为出资），其他方面与简单版或详细版的增资合同一致。

相关模板：19560 有限责任公司增资合同（简单债权转股权）

5. 股权投资下的增资合同：以私募股权投资为主的股权投资常体现为增资形式。

这种情况下的增资合同就等于“作为基础交易结构类型的增资＋作为配套安排的投资人保护安排”。“作为基础交易结构类型的增资”的条款内容可参考上述“详细版增资合同”，而“作为配套安排的投资保护安排”则对应“投资人保护安排”的内容，请见第三单元“投资人保护安排（及股权投资类合同、股东协议）”。

6. “目标公司增资＋现金出资”式股权收购合同：交易目的在于股权收购，取得目标公司的控制权，合同较为复杂。

相关模板：21152“目标公司增资＋现金出资”式股权收购合同

三、股权转让：股权转让合同

股权转让协议，是指转让方与受让方就目标公司股权转让签署的协议，内容一般包括拟转让的股权比例、转让价款、付款方式等。

实务中的股权转让协议，可能要考虑以下几个角度：100% 股权转让或是部分股权转让；转让方、受让方两方签署，或是转让方、受让方及目标公司三方签署；根据股权价值、相关资产债权债务情况，合同可能很简单也可能非常复杂。可能有以下几种具体场景及对应模板：

1. 简单的股权转让合同。

862 股权转让合同（转让方受让方目标公司三方、极简版）

384 股权转让合同（转让方受让方两方、极简版）

简单的股权转让合同也常常作为复杂交易中各方另行签订的、只用于工商变更登记的文件；此时在正式交易文本中会有类似这样的约定：“各方签署的用于工商登记的股权转让协议或类似文件与本合同不一致的，以本合同为准。”

2. 较详细的股权转让合同。

当事人希望合同规范一些，但还没有到股权收购合同那种复杂程度。

相关模板：19524 一般股权转让合同（100% 股权转让、详细版）

相关模板：21186 一般股权转让合同（部分股权转让、详细版）

3. 实务中有可能出现用股权、资产、房屋使用权、服务等置换股权的情形，可使用。

相关模板：19550 股权、资产、房屋使用权（租金）、服务置换股权合同

4. 现金支付式股权收购合同。

目的是对目标公司的收购，而且是用现金支付。如果是用资产、股权等来支付，就要参考后面的“复合型交易结构类型”。

5. 其他收购型、包含“股权转让”交易结构的合同：在后面的复合型交易结构类型中会有介绍。

四、公司合并：合并合同

1. 公司合并的一般知识。

根据《公司法》第 218 条，公司合并分为两种方式，即吸收合并和新设合并。吸收合并是指一个公司吸收其他公司，被吸收公司解散。新设合并是指两个以上公司合并设立一家新的公司，原合并各方解散。

实践中，新设合并方式极少被采用。原因在于，如采用新设合并，合并完成后这几家公司都将被注销，从前经营过程中积累的商誉及品牌等资源都将无法继续使用，这显然不符合当事方的利益。如果各方有意与前面的公司撇清关系，那么可以“吸收合并 + 公司更名、变更品牌”，或者直接另起炉灶“新设一家公司 + 资产转让”，没有必要新设合并。

2. 一般公司合并合同。

简单合并，如“同一控制下企业合并”（合并双方是同样的股东控制）。此时的合并合同其实主要就是为了工商登记程序所需，合同主体之间并不存在利益冲突。

相关模板：21290 公司合并合同（不含双方股东、极简版）

如果不是“同一控制下企业合并”，特别是涉及对部分股东的现金补偿时，这种合并合同类似于股权转让的交易，需要使用更详细的合同模板。

此时需要合并方、被合并方各方股东一起作为合同主体。

相关模板：21198 公司合并合同（含双方股东、详细版）

3. 合并式收购。

公司合并不一定是为了收购公司，但使用合并方式来收购公司也很常见。不

难理解，A 公司、B 公司合并后，如果原 A 公司股东对合并后的公司有控制权，就可以说是原 A 公司股东收购了 B 公司。

（1）“正向合并收购”与“反向合并收购”。

从合同起草审查的角度，有必要区分“正向合并收购”与“反向合并收购”。假设有两家公司合并，合并方继续存在，被合并方注销，两家公司的原股东成为合并后公司股东（或部分退出），那么：

- 如果合并方控股股东是合并后公司的控股股东，那就是正向合并。

此时合并方向与收购方向一致：看起来是“合并方吸收了被合并方”，实际上也是“合并方股东取得了被合并方控制权”。所以叫“正向合并”。

- 如果被合并方控股股东成为合并后公司的控股股东，那就是反向合并。

此时合并方向与收购方向相反：虽然看起来是“合并方吸收了被合并方”，实际上是“被合并方股东取得了合并方控制权”。所以叫“反向合并”。这往往出现在合并方具有一定“壳”资源、需要保留主体资格的情形。

从合同起草审查的角度，这两种合并类型下的合并合同，主要还是一种“微观—合同条款—交割板块”的区别。对于正向合并，主要是被合并方向合并方进行交割。对于反向合并，应该先约定对合并方的共管或交割，使得被合并方股东控制合并方之后，再由被合并方向合并方交割资产。

如果是先设一个收购子公司，再安排子公司与对方合并，就是常说的三角并购，可参见后面的“复合型交易”。

（2）“正向合并收购”的交易结构示意图。

交易前：

图 1.2-1　正向合并收购—交易前

交易结构：

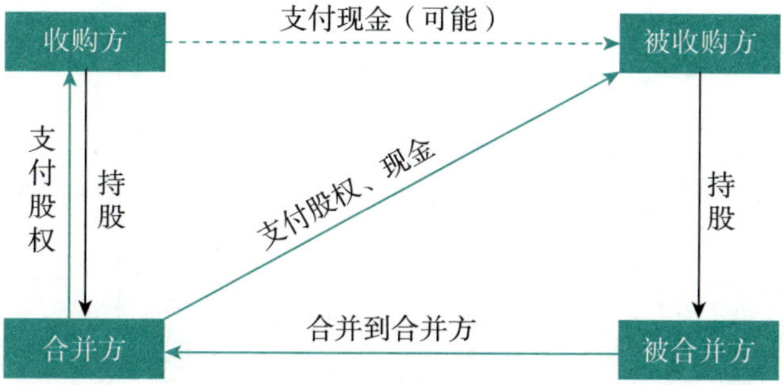

图 1.2-2　正向合并收购—交易结构

交易结果：

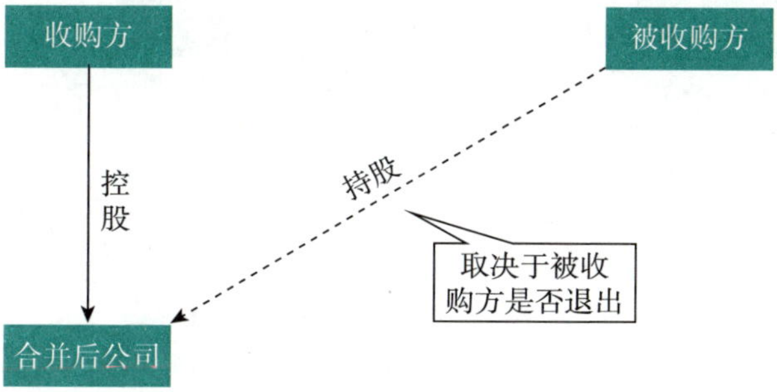

图 1.2-3　正向合并收购—交易结果

（3）“反向合并收购”的交易结构示意图。

说明，收购方仍然在左边，但合并方变成了右边原被收购方持股的公司。

交易前：

图 1.2-4　反向合并收购—交易前

交易结构：

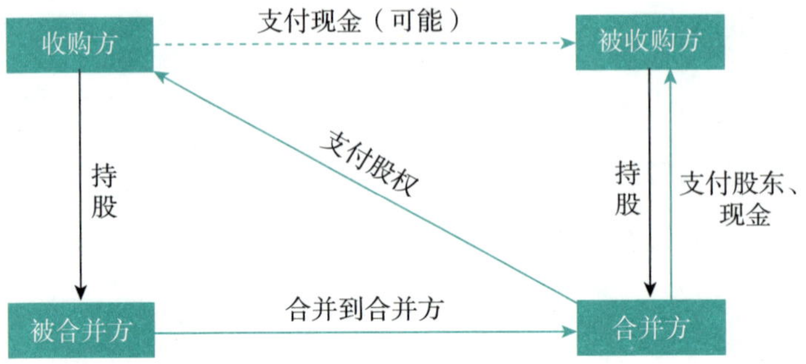

图 1.2-5　反向合并收购—交易结构

交易结果：

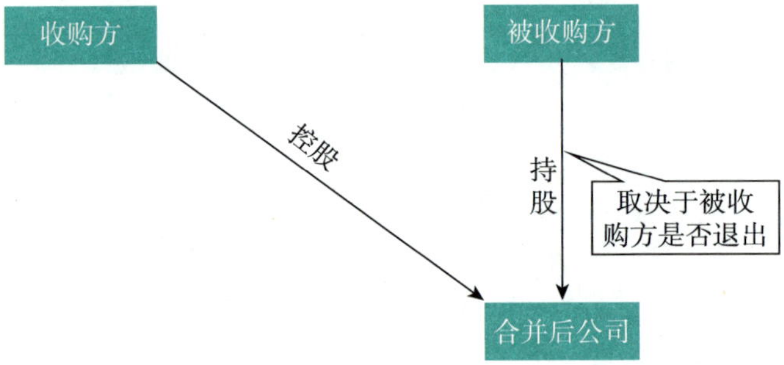

图 1.2-6　反向合并收购—交易结果

五、公司分立：分立合同

公司分立是被分立公司及其全体股东分割公司资产、负债、业务等资源的行为。分立合同是指分立主体之间就公司分立变更安排签订的协议，内容通常包括分立方式、资产分割、业务分割、职工安置方案等。

《公司法》没有规定公司分立的概念和具体方式，不过一般认为有存续分立、解散分立两种方式。[1] 存续分立是指一个公司分出一个或者一个以上新公司，原公司存续；解散分立是指一个公司分为两个或者两个以上新公司，原公司解散。

实务中，解散分立方式极少被采用。原因与不使用新设合并的原因类似：如采用解散分立，则被分立公司将被注销，出于继续利用被分立公司积累起来的商誉及品牌等资源的考虑，实践中公司分立绝大多数是存续分立。而且解散分立所

[1] 可参见原国家工商行政管理总局《关于做好公司合并分立登记支持企业兼并重组的意见》（工商企字〔2011〕226 号）。

使用的文本与存续分立所用文本仅在“分立方案条款”处有区别。

“同一控制下的分立”（分立后两公司的股权结构与原公司一致）其实只是组织形式上的变化，并没有股权、资产的实际变化，不签订分立合同或者使用简单版的分立合同均可。

如果不是“同一控制下的分立”，就等于股东之间分家，有的股东可能退出，有必要签订较详细的分立合同。

相关模板：21206 公司分立合同（简单版、无现金支付）

相关模板：21205 公司分立合同（详细版、有现金支付）

如果把公司分立用于“资产剥离”，请见后文“资产剥离”的介绍。

六、资产收购（转让）

一般资产转让就是买卖、知识产权转让等常见合同类型。

土地使用权和在建工程的转让属于房地产开发类合同中的土地二级市场类合同，可参考《合同起草审查指南：房地产开发卷》。

如果是已经建成的不动产整体转让，会是一个大型的资产转让合同，可参考：

相关模板：19343 不动产收购合同

如果是资产收购，而且收购方用现金来支付，就属于资产收购型交易结构中最基础的现金支付式资产收购，可以参考：

相关模板：19592 现金支付式（常规）资产收购合同

如果是非现金支付的资产收购，则参考接下来的“非现金支付式资产收购型”。

1.3 复合型交易结构类型（一）：资产收购型

接下来介绍复合型交易结构。首先需要介绍密切相关的几个背景知识：

1. 本单元中所说的“资产”不含股权。

实务中提到的资产往往也包括股权，这并不是什么错误。但为了便于讨论，本单元中“资产收购、资产转让”应该是指股权以外的资产。假设资产中包含股权，可以认为是一种“复合交易”，请参考后文“延伸一：包括股权、债权、知识产权等多类标的资产等在内的复合交易”。

2. 标的资产、标的股权与置换资产、置换股权相对。

标的资产、标的股权：是指收购方要收购的资产、股权。在本单元的交易结构图中，标的资产、标的股权在交易开始时肯定都在右侧也就是被收购方这一侧。

置换资产、置换股权：是指作为收购标的资产、标的股权对价的，被收购方要取得的资产、股权。在本单元的交易结构图中，置换资产、置换股权在交易开始时肯定都在左侧也就是收购方这一侧。

也就是说，标的资产、标的股权是收购方要得到的，置换资产、置换股权是收购方要给出去的。

注意这只是本课程中的叫法；实务中的合同里面可能不这么叫。无论如何，用资产、股权作为对价来收购资产、股权时，如果我们不区分一下叫法，就会陷入混乱。

3. 只要被收购方得到了股权，就算是“股权支付”。

当我们说“现金支付”时，基本上就是指“买方拿自己的钱向卖方支付”，但“股权支付”不同。

比如说：被收购方拿标的资产作为出资，收购方拿现金出资，共同设立新公司，最后被收购方取得了新公司的股权。看起来并不是“收购方拿股权向被收购方支付”，但是这仍然是“股权支付”，因为被收购方得到了股权。在这里，不管收购方拿来出资的是现金、资产或是股权，都不影响对被收购方来说是“股权支付”。

由于被收购方取得股权有出资、增资、股权转让、合并等多种方式（请参考第二单元“股权取得的多种方式选择”一节），因此“股权支付”的方式就会有多种。

4.“标的资产转让 + 置换股权转让”这样的叫法是什么意思？

本课程中会大量使用“标的资产转让 + 置换股权转让”“标的股权出资 + 新设主体”这样的“两段式”交易结构名称。其中，加号前面部分是收购方取得标的资产、标的股权的方式，加号后面部分是被收购方取得对价的方式。

就像买卖是“买方拿到货 + 卖方拿到钱”一样，资产收购、股权收购肯定也要做到“收购方（买方）拿到想要的东西 + 被收购方（卖方）拿到想要的东西”，这两方面的交易方式就分别体现在“标的资产转让 + 置换股权转让”这类叫法的前后两部分。

所以，加号前面的“标的资产转让”就是说被收购方把资产转让给收购方，于是收购方就得到了标的资产；加号后面的“置换股权转让”是说收购方把置换股权转让给被收购方，于是被收购方就得到了置换股权作为对价。依此类推。

请一定记住上面几点，否则你可能会被接下来复合型交易结构的各种叫法和描述弄晕。

关于“宏观—交易结构”更多的术语说明参考：

知识点：“宏观—交易结构”有关术语

关于本课程中所使用交易结构示意图画法的更多说明参考：

知识点：“宏观—交易结构”示意图说明

5. 非现金支付就会形成“复合型交易结构”。

拿买卖打比方，现金支付的买卖，就是普通的、单一的买卖。如果是拿商品换商品，就可以理解为是“你卖给我”和“我卖给你”两个买卖的复合型交易结构。

所以接下来资产收购、股权收购的交易结构中，只要是采取资产支付、股权支付这些非现金支付，就会形成“复合型交易结构”。

一、资产收购型合同概述

对于资产收购，依据支付对价的不同，可以分为下列几种交易结构：

- 现金支付
  - ○ “标的资产转让 + 现金支付”式资产收购
    简称：现金支付式资产收购或常规资产收购
- 股权支付
  - ○ “标的资产出资 + 新设主体”式资产收购
    简称：出资式资产收购
  - ○ “标的资产出资 + 收购方增资”式资产收购
    简称：增资式资产收购
  - ○ “标的资产转让 + 置换股权转让”式资产收购
    简称：股权置换式资产收购
- 资产支付
  - ○ “标的资产转让 + 置换资产转让”式资产收购
    简称：资产置换式资产收购

在上述交易结构之上，再考虑“间接资产收购”，意思是收购方要设立一家新公司来取得收购的资产，形成一个“(资产收购)+ 间接资产收购”的交易结构，这表示在各种资产收购交易的模式上考虑叠加上“间接资产收购”的安排。

现金支付式（常规）资产收购合同无非就是拿钱来购买资产，从交易结构的角度类似于一个买卖合同，属于前面所说的基础交易结构类型。这不难理解，因此这里不再专门说明。其他交易结构则稍微复杂一些，后面会画图说明一下。

补充说明：

（1）无论是资产收购还是股权收购，本课程说“股权支付、资产支付”时，也包括“股权 + 现金”或者“资产 + 现金”作为对价，采取部分现金支付时，其实只是“股权支付、资产支付”在“微观—合同条款”上的调整，不能算是不同的交易结构。

（2）如果交易目的是取得资产，但要求被收购方先将资产转移到一个特定公司，再收购这个特定公司的股权，那么这实际上还是属于“股权收购”，请参考后文“(股权收购)+ 资产剥离”，不属于这一节的“资产收购”。

（3）资产收购、股权收购的交易结构中，最终交易结果不一定是收购方直接持有了标的资产、标的股权，可能是收购方对某公司持股，再通过某公司间接控制了标的资产、标的股权，但都达到了资产收购的目的。

二、股权支付式资产收购的交易结构：3 种

第 1 种："标的资产出资 + 新设主体"式资产收购

交易结构：

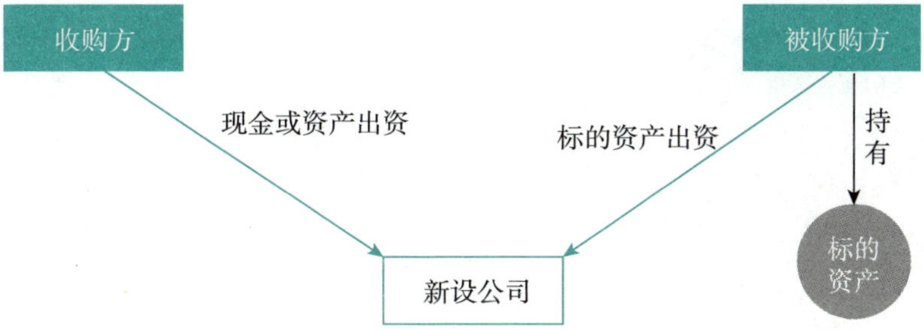

图 1.3-1 "标的资产出资 + 新设主体"式资产收购—交易结构

交易结果：

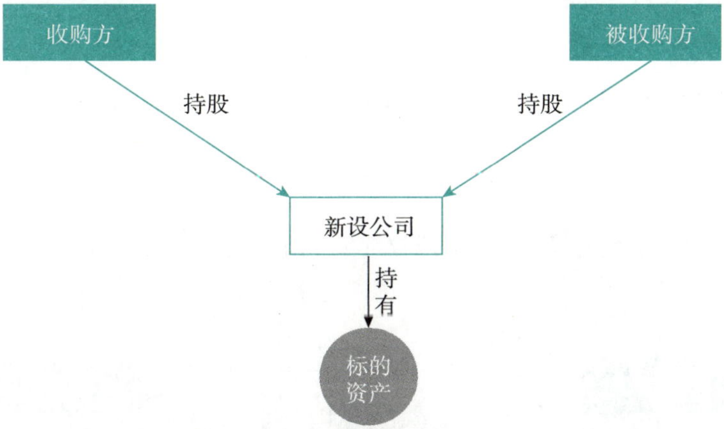

图 1.3-2 "标的资产出资 + 新设主体"式资产收购—交易结果

第 2 种："标的资产出资 + 收购方增资"式资产收购

交易结构：

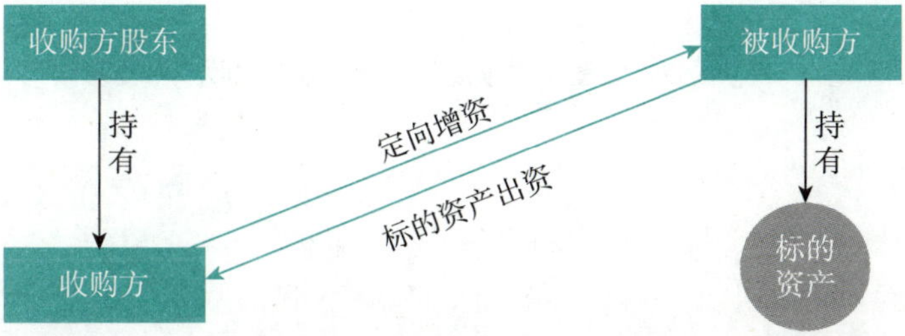

图 1.3-3 "标的资产出资 + 收购方增资"式资产收购—交易结构

交易结果：

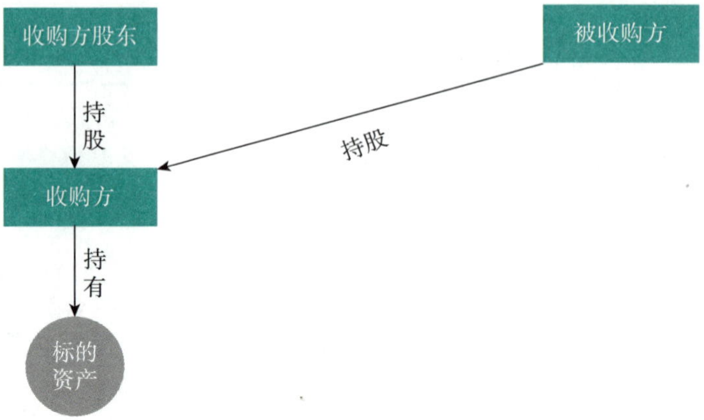

图 1.3-4 “标的资产出资 + 收购方增资”式资产收购—交易结果

第 3 种：“标的资产转让 + 置换股权转让”式资产收购

可以简称股权置换式资产收购。

这种情况下的置换股权（子公司股权），当然应该是有价值的股权。这可能有两种情形：子公司本来就是正常经营的，有价值的公司；子公司是收购方为本次收购特别设立的 SPV，收购方将特定资产、现金注入子公司来作为交易对价。

股权置换时，可能采取“部分股权置换 + 部分现金支付”的方式。

交易结构：

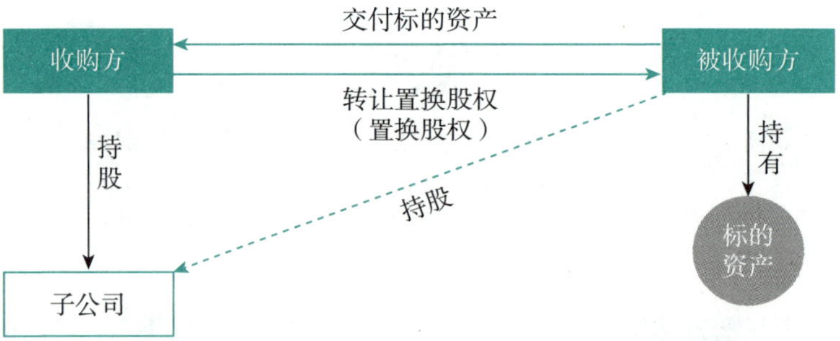

图 1.3-5 “标的资产转让 + 置换股权转让”式资产收购—交易结构

交易结果：

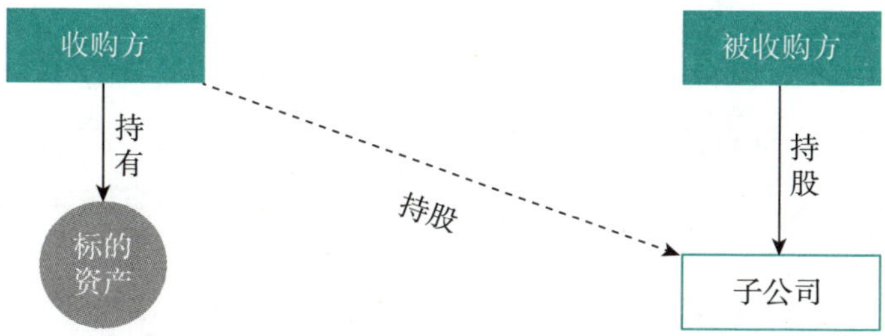

图 1.3-6 “标的资产转让 + 置换股权转让”式资产收购—交易结果

三、资产支付式资产收购：1 种

这其实就是资产置换，全称叫作“标的资产转让 + 置换资产转让”式资产收购，可以简称资产置换式资产收购。

资产置换时，很可能采取“部分资产置换 + 部分现金支付”的方式。

交易结构：

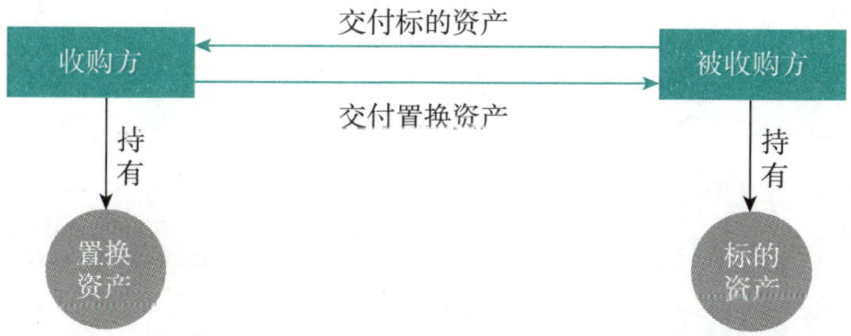

图 1.3-7 “标的资产转让 + 置换资产转让”式资产收购—交易结构

交易结果：

图 1.3-8 “标的资产转让 + 置换资产转让”式资产收购—交易结果

四、（资产收购）+ 间接资产收购（新设主体收购）

又称三角资产收购。就是收购方新设一家公司来实际履行收购，取得标的资产，之后以新设公司的名义进行经营。在签订资产收购合同时，新设公司还没有成立；如果已经成立，那么就直接以已设立公司作为主体签订一般的资产收购合同即可。

交易结构：

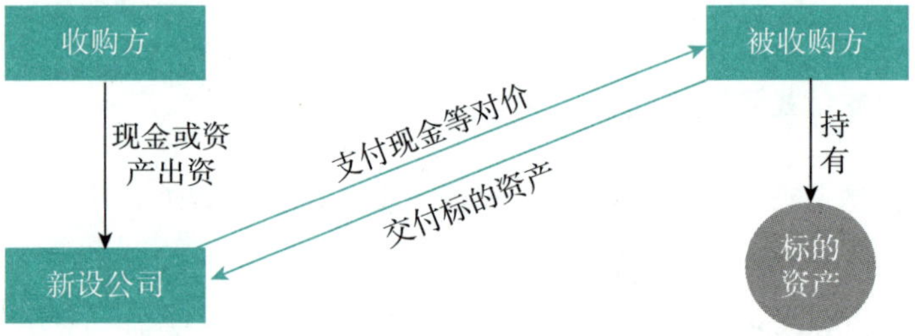

图 1.3-9 （资产收购）+ 间接资产收购（新设主体收购）—交易结构

交易结果：

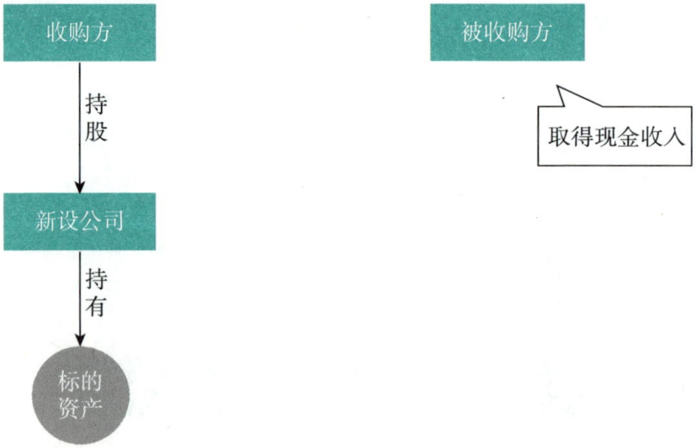

图 1.3-10 （资产收购）+ 间接资产收购（新设主体收购）—交易结果

理论上，间接收购也可能采取增资式甚至是股权转让式，即约定由新设主体增资、新设主体转让股权来收购资产，但在实务中，更多的是采用现金支付即常规资产收购合同的方式。所以，这个交易结构其实是“现金支付式（常规）资产收购 + 间接资产收购”。

从合同起草审查的角度，通过新设主体来收购的资产收购型协议，与现金支付模式下的资产收购合同基本相通，只有“微观—合同条款”层面的不同，即需要在合同中明确：收购方会新设主体，新设主体成立后将承接资产收购合同中收购方的权利义务；一般来说，会同时要求收购方仍然对合同承担连带责任。另外在交割、付款等方面细节也略有不同，因为需要向新设主体进行交割，由新设主体付款。

相关模板：19592 现金支付式（常规）资产收购合同

上述模板中的“收购主体”条款组，可选择“新设主体收购”的方式。

新设主体设立后，各方可以再补签一份协议，将资产收购合同的收购方正式变更为新设主体，同时明确原收购方是否仍承担连带责任。

相关模板：2435 收购主体变更三方协议

1.4 复合型交易结构类型（二）：股权收购型

一、股权收购型合同概述

股权收购型合同，都是以取得目标公司股权为目的的合同。它的交易结构类型会比资产收购多一些，原因是：收购方取得标的股权的方式有多种；采取股权支付方式时，被收购方取得置换股权的方式也有多种。

请你不妨再重温一下前面介绍过的“标的股权、置换资产、置换股权”的含义，“目标公司增资 + 现金出资”这类名称中加号前后分别是指什么——否则你可能会被绕晕。

接下来就归纳一下股权收购的各类交易结构，包括前面说的基础交易结构和这一节要说明的复合型交易结构。如果不太理解某些复合型交易结构的含义，请查阅后面交易结构的示意图。

1. 假设从收购方支付的不同对价（也就是被收购方得到的不同对价）的角度来划分：

- 股权收购型交易结构
    - 现金支付——都是支付现金，但是哪个主体得到了现金有所不同
        - Ø “标的股权转让 + 现金支付”式股权收购——被收购方得到了现金
          简称：现金支付式式股权收购或常规股权收购
        - Ø “目标公司增资 + 现金出资”式股权收购——目标公司得到了现金
    - 股权支付——都是以股权为对价，哪个主体、以何种方式取得了置换股权有所不同
        - Ø “标的股权作为出资 + 新设主体”式股权收购——被收购方得到了新设主体的股权作为对价
        - Ø “标的股权作为出资 + 收购方增资”式股权收购——被收购方得到了收购方的股权作为对价

- Ø “目标公司增资 + 置换股权出资”式股权收购——目标公司得到了置换股权作为对价
- Ø “标的股权转让 + 置换股权转让”式股权收购——被收购方得到了置换股权作为对价

  简称：股权置换式股权收购
- Ø 合并式收购
- ○ 资产支付——都是得到了资产，但是哪个主体得到了资产有所不同
  - Ø “标的股权转让 + 置换资产转让”式股权收购——被收购方得到了置换资产

    简称：资产置换式股权收购
  - Ø “目标公司增资 + 置换资产出资”式股权收购——目标公司取得了置换资产

2. 假设从目标公司股权的取得方式不同角度来划分：

- ● 股权收购型交易结构
  - ○ 股权转让——不管哪一种，都是要把标的股权转让给收购方
    - Ø “标的股权转让 + 现金支付”式股权收购
    - Ø “标的股权转让 + 置换股权转让”式股权收购
    - Ø “标的股权转让 + 置换资产转让”式股权收购
  - ○ 标的股权出资——不管哪一种，都是要把标的股权作为出资，以出资方式把股权转让给公司
    - Ø “标的股权作为出资 + 新设主体”式股权收购
    - Ø “标的股权作为出资 + 收购方增资”式股权收购
  - ○ 目标公司增资——不管哪一种，都是向目标公司增资，使得收购方成为目标公司的股东，从而取得目标公司的股权
    - Ø “目标公司增资 + 现金出资”式股权收购

      简称：增资式股权收购
    - Ø “目标公司增资 + 置换资产出资”式股权收购
    - Ø “目标公司增资 + 置换股权出资”式股权收购
  - ○ 合并式收购——比较特殊，取得合并后股权

3. 从合同起草的角度，从这些交易结构对应的合同文本的不同构成的角度去划分、认识也有一定意义（“中国合同库”中的对应合同文本就是这样设计的）：

- 股权收购型交易结构——对应的合同文本
  - 以常规股权转让合同为主
    - Ø “标的股权转让＋现金支付”式股权收购：就是常规股权转让合同
    - Ø “标的股权转让＋置换资产转让”式股权收购：常规股权转让合同＋置换资产转让的补充协议

      后者主要说明置换资产的情况、价格、置换资产交割等安排
    - Ø “标的股权转让＋置换股权转让”式股权收购：常规股权转让合同＋置换股权转让的补充协议

      后者主要说明置换股权交割、置换股权对应公司的治理结构安排等。
  - 股权收购合同为主
    - Ø “标的股权作为出资＋新设主体”式股权收购：股权收购合同（约定标的股权出资）＋出资的补充协议
    - Ø “标的股权作为出资＋收购方增资”股权收购：股权收购合同（约定标的股权出资）＋增资的补充协议
  - 增资合同为主（目标公司增资）——不管哪一种，都是收购方向目标公司增资，使得收购方成为目标公司的股东，从而取得了目标公司的股权和控制权
    - Ø “目标公司增资＋现金出资”式股权收购：增资合同（含控制权转移）
    - Ø “目标公司增资＋置换资产出资”式股权收购：增资合同（含控制权转移）＋资产出资的补充协议
    - Ø “目标公司增资＋置换股权出资”式股权收购：增资合同（含控制权转移）＋置换股权出资的补充协议
  - 合并合同为主

非现金支付的股权收购型交易结构可以理解为是几种交易的组合（如“标的股权作为出资＋收购方增资”，可以理解为“增资＋股权转让”），这些交易内容当然可以整合到一个合同文本中，但这会使得文本较为复杂，且不易于理解、使用，不太符合“拼图”化的思路。因此“中国合同库”采取的做法是，以“收购方取得目标公司股权和控制权”的协议作为主交易合同，将“收购方以置换资产、置换股权等作为对价”的交易安排，以专门配套协议的形式来约定。

即便如此，以“收购方取得目标公司股权和控制权”为目的的主交易协议，

仍然体现为上面所列的四类：常规股权转让合同、股权收购合同、增资合同（含控制权转移）、公司合并合同。前面三类协议所描述的交易结构不同（股权转让；以标的股权出资方式收购；对目标公司增资），但总体内容都是“将目标公司的控制权转移给收购方”。同时，根据对价的不同以及由此带来的相关权利义务（如置换资产的交割、收购方的公司治理结构等）的不同，配套一个补充协议。——这样做的好处是，所有股权收购型合同的主交易协议会有很大相通性，更有利于掌握和运用。最后一类合并合同相对特殊一些，但条款板块也与前面三类协议有不少相通之处。

相比之下，资产收购型合同的主交易合同，都体现为较相通的“常规资产收购合同”，另外再根据对价不同来匹配资产置换补充协议、股权转让补充协议、出资补充协议等即可。这主要是因为，“取得资产”的方式基本就是转让（哪怕是资产作为出资，也可以理解为是转让给公司），而“取得股权”则有几种大不相同的方式。

接下来，本课程逐一介绍非现金支付的股权收购各种模式的交易结构安排。现金支付式股权收购无非就是“股权转让”，“目标公司增资 + 现金出资”式股权收购的交易结构就是“增资”，就是前面的基础交易结构，这里不再专门说明。

二、股权支付式股权收购：4 种

因为合并式收购，也能让被收购方取得合并后公司的股权，所以也可以算是股权支付式股权收购。但这里所列的 4 种不包括合并式收购。

第 1 种：“标的股权作为出资 + 新设主体”式股权收购

交易结构：

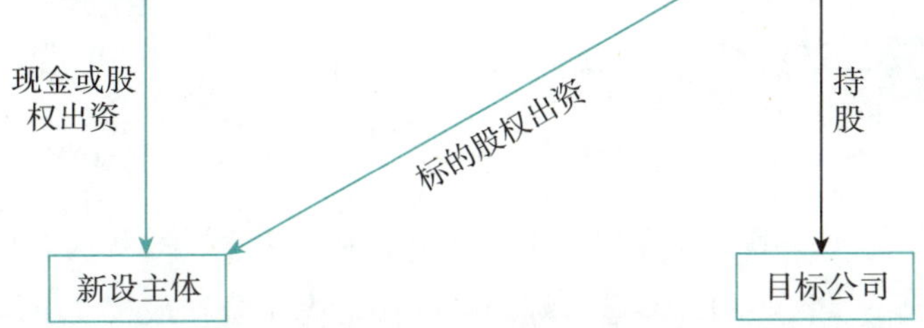

图 1.4-1 “标的股权作为出资 + 新设主体”式股权收购—交易结构

交易结果：

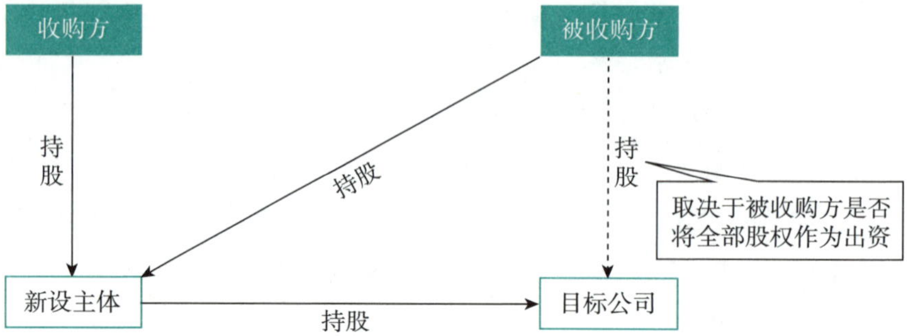

图 1.4-2 “标的股权作为出资 + 新设主体”式股权收购—交易结果

第 2 种：“标的股权作为出资 + 收购方增资”式股权收购

交易结构：

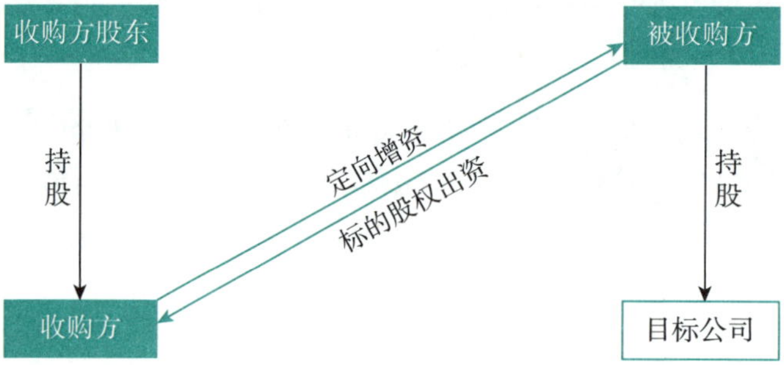

图 1.4-3 “标的股权作为出资 + 收购方增资”式股权收购—交易结构

交易结果：

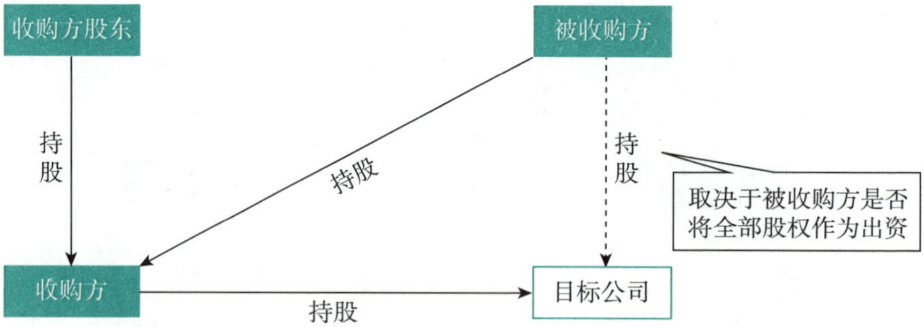

图 1.4-4 “标的股权作为出资 + 收购方增资”式股权收购—交易结果

第 3 种：“目标公司增资 + 置换股权作为出资”式股权收购

这种情况下，被收购方通过目标公司间接持有子公司股权，不能直接取得子公司股权。

之后，子公司与目标公司可能会进一步合并。

交易结构：

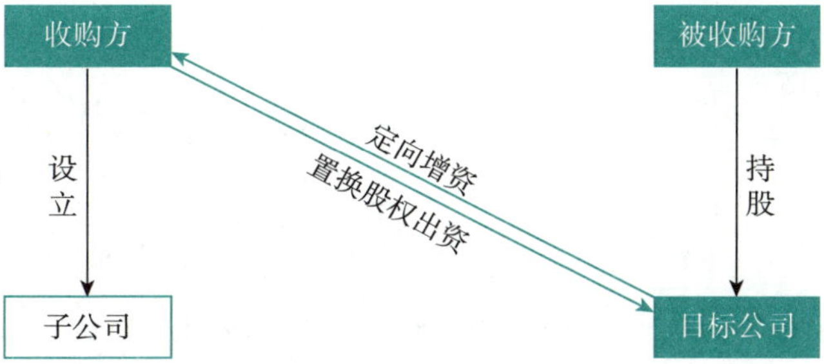

图 1.4-5 “目标公司增资 + 置换股权作为出资”式股权收购—交易结构

交易结果：

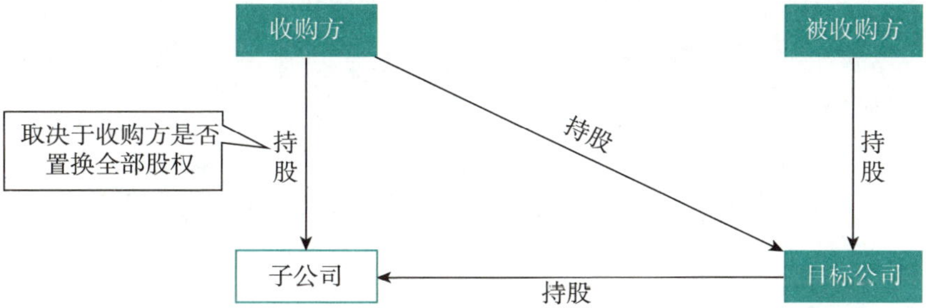

图 1.4-6 “目标公司增资 + 置换股权作为出资”式股权收购—交易结果

第 4 种：“标的股权转让 + 置换股权转让”式股权收购

可以简称为股权置换式股权收购合同。

交易结构：

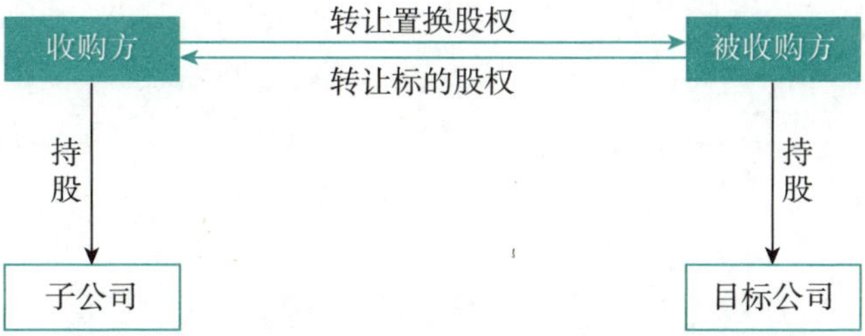

图 1.4-7 “标的股权转让 + 置换股权转让”式股权收购—交易结构

交易结果：

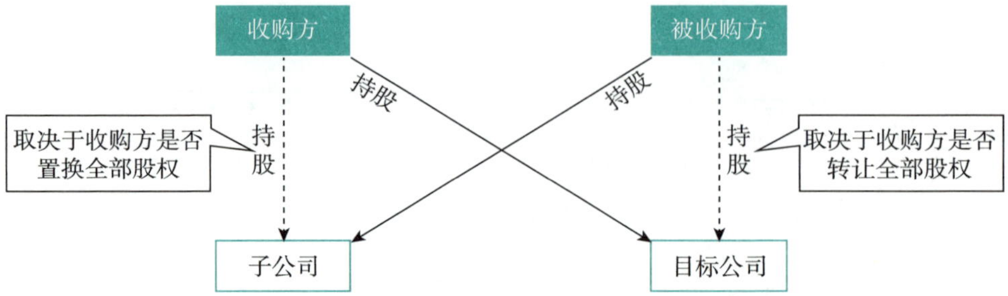

图 1.4-8 “标的股权转让＋置换股权转让”式股权收购—交易结果

三、资产支付式股权收购：2 种

第 1 种：“标的股权转让＋置换资产转让”式股权收购

可以简称为资产置换式股权收购。

交易结构：

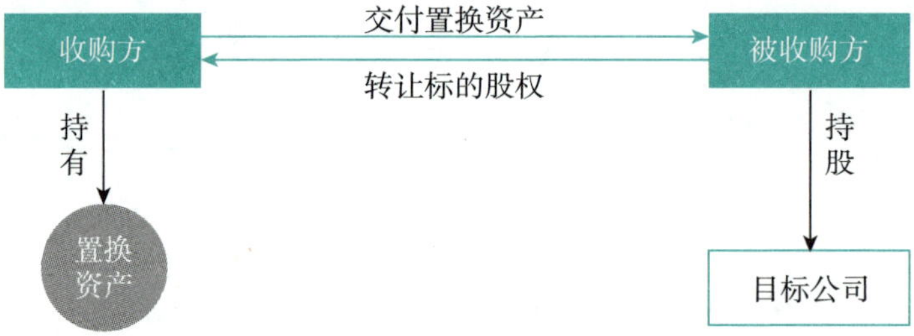

图 1.4-9 “标的股权转让＋置换资产转让”式股权收购—交易结构

交易结果：

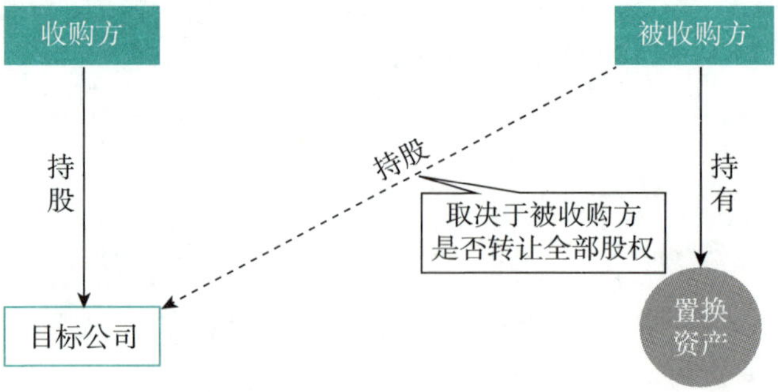

图 1.4-10 “标的股权转让＋置换资产转让”式股权收购—交易结果

第 2 种："目标公司增资＋置换资产作为出资"式股权收购

交易结构：

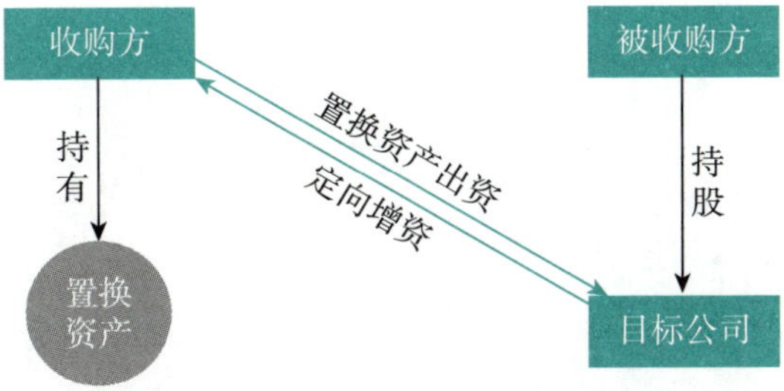

图 1.4-11 "目标公司增资＋置换资产作为出资"式股权收购—交易结构

交易结果：

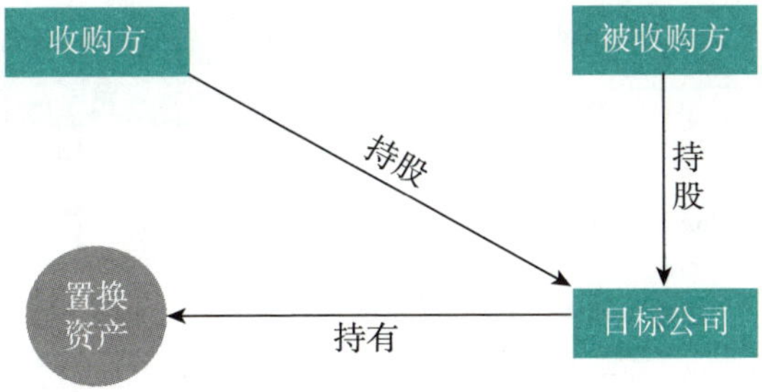

图 1.4-12 "目标公司增资＋置换资产作为出资"式股权收购—交易结果

四、（股权收购）＋间接股权收购（收购母公司股权）

收购方收购目标公司股权有障碍时，常常采取收购目标公司的母公司的股权的方式。从合同的角度，目标公司就变成了原目标公司的母公司。为了区分，本课程以及"中国合同库"的模板中，把原目标公司定义为"标的公司"，但仅在介绍"间接收购"时才使用这一概念。

收购方收购标的公司股权有障碍的原因可能是：其他股东反对；其他股东要求行使优先购买权；收购标的公司的股权有准入限制（如外资进入的限制）；不愿意暴露直接收购的意图；土地招拍挂中，政府限制拿地的项目公司股权转让。

此时除间接股权收购外，还有其他一些规避障碍的方式，可参考第二单元"资料：股东优先购买权的应对方式归纳"一节知识。

如图 1.4–13 所示，收购方的本意是从目标公司的股东（被收购方）处收购目标公司股权：

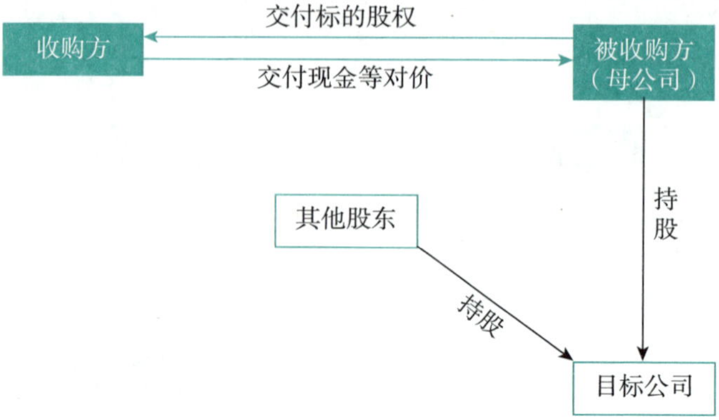

图 1.4-13 常规股权收购—交易结构

改为间接收购则如图 1.4–14 所示：

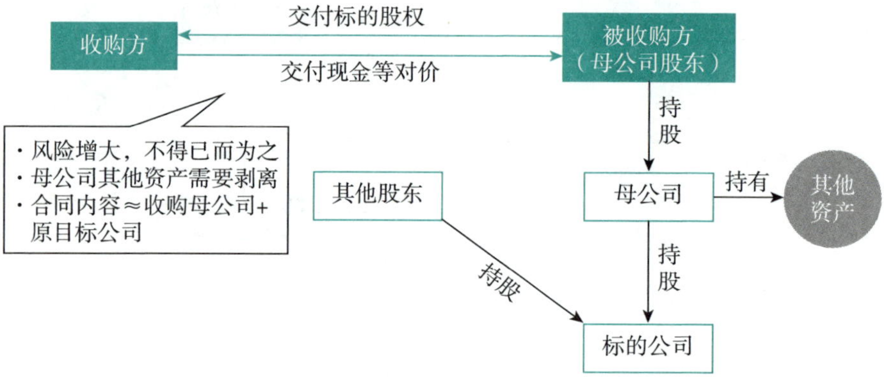

图 1.4-14 （股权收购）+ 间接股权收购（收购母公司股权）—交易结构

如果是采取“现金支付式（常规）股权收购”来收购母公司股权，那么上面这个交易结构的全称就应该是“现金支付式（常规）股权收购 + 间接股权收购”。

下面简要归纳一下间接股权收购下的合同的几个特殊起草审查要点：

1. 宏观—交易结构：风险增大，除非不得已，否则应该使用直接股权收购。

收购方的交易目的仍然是取得标的公司的控制权，为了达到交易目的，就要考虑增加下面这些措施：

（1）如果可能，应将目标公司、标的公司都纳入合同主体。

（2）既需要对标的公司进行尽职调查，也需要对目标公司（母公司）进行尽职调查。

（3）目标公司（母公司）、标的公司两家公司都可能含有债务风险，都需要控制。

（4）目标公司（母公司）的其他资产一般要剥离。

2. 宏观—交易结构：理论上，间接股权收购还可以进一步调整为“收购标的公司的母公司的母公司的股权”，乃至更多层。不过层数越多，对收购方来说风险越大，其他资产剥离难度越大，越不宜采用。

3. 宏观—交易结构：上面所说的是“常规股权收购方式”，但既然取得股权的方式有前面所列的多种，那么间接收购也可以采取前面所列的其他股权收购方式（如“目标公司增资 + 子公司股权作为出资”式股权收购）。

4. 宏观—交易结构：如果是为了绕过其他股东的优先购买权，则有违法无效的风险。

间接收购客观上可以达到绕过优先购买权的效果，但有被认定为违法、无效的风险（可参考第二单元“资料：股东优先购买权的应对方式归纳”一节知识）。

5. 中观、微观方面：整体可以参照直接收购下的协议，再根据间接收购的交易需求进行调整。

这种情况下，相当于在合同条款、附件中，要对目标公司（母公司）、标的公司（子公司）两层的资产负债情况进行确认与披露。

五、（股权收购）+ 资产剥离（前期处理）

资产剥离不是一种单独的资产收购交易，只是后续股权转让交易的前期配套操作。在合同中，资产剥离体现为正常股权收购型合同中的几个特殊条款，约定被收购方将特定资产剥离到新设的目标公司，然后再由收购方受让目标公司的股权。

1. 资产剥离的背景。

股权收购合同中要安排先进行资产剥离，这很常见。原因包括以下一种或多种：

（1）双方只想就部分资产进行收购。

这是因为被收购方除了目标资产外可能还有其他资产。虽然是股权收购，但没必要取得被收购方的全部资产。

例如，房地产开发领域的这种收购：被收购方有几块地，但双方协议收购的目标地块仅是其中之一，此时，如果采取股权收购方式，就需要先将目标地块剥离到专门的目标公司（一般是新设的公司），然后再进行股权转让。

前面说的股权间接收购，要把不属于收购范围的目标公司（母公司）其他资产进行剥离，也是同样原因。

（2）新设公司可以降低债务风险。

直接收购一个已经成立多年的公司的股权，有潜在债务风险。如果从零开始新设一个公司，把资产转移到这个公司，收购方能够在一开始就把新设公司监管起来，确保这个新设公司是“干净”的，收购新设公司股权的债务风险就基本不存在了。

（3）“新设公司 + 股权转让”有时可以节税。

例如，直接转让房地产，需要缴纳土地增值税。而根据《关于继续实施企业改制重组有关土地增值税政策的公告》（财政部、税务总局公告 2023 年第 51 号），以房地产作价入股进行投资的，暂不征土地增值税。因此，将房地产转移、变更到新设公司，再转让新设公司股权，能有效减轻税负。——请注意这一做法有种种限制条件，这里不再具体说明。

2. 交易结构示意图。

双方本意是收购标的资产：

图 1.4-15　常规资产收购—交易结构

现在改为“股权收购 + 资产剥离”的交易结构：

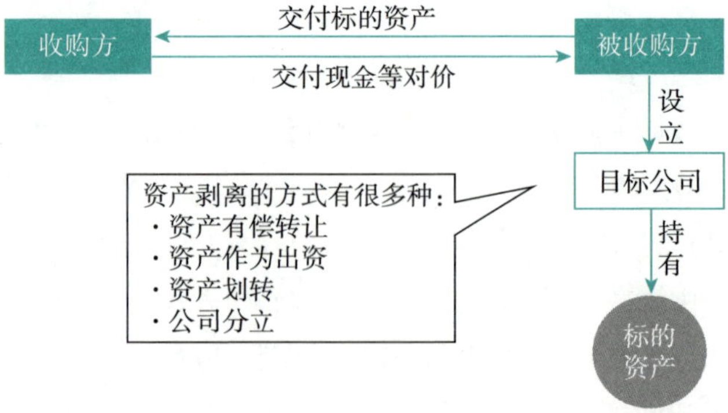

图 1.4-16 （股权收购）+ 资产剥离（前期处理）—交易结构

交易结果：

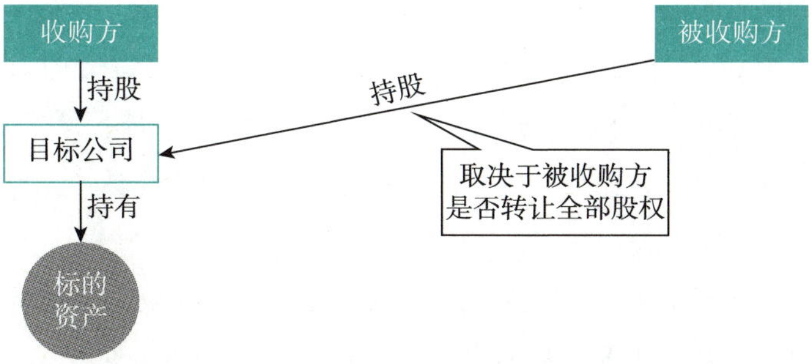

图 1.4-17 （股权收购）+ 资产剥离（前期处理）—交易结果

如果是采取“现金支付式（常规）股权收购”来收购目标公司股权，而且是通过资产划转的方式来剥离，那么上面这个交易结构的全称就应该是“现金支付式（常规）股权收购 + 资产剥离（资产划转）”。

3. 资产剥离的方式。

资产剥离就是把资产从“原公司”转移到“新公司”，转移的方式有多种，要考虑哪种方式税负最轻、风险最小。

资产剥离的方式有多种，包括：

（1）资产有偿转让方式。

也就是将资产卖给“新公司”。

（2）资产作为出资的方式：出资新设公司、增资。

（3）资产划转方式：又称原值划转、资产划拨。这里的资产，也包括股权。

资产划转原来主要用于国有企业，相当于国家在自己的不同口袋之间转移资产，不属于正常交易。但现在民营企业也会采取这种方式，因为可以利用资产、股权划转享受特殊税务政策（见第二单元“资本之税及交易结构选择”中的介绍）。

资产划转是为了在税务上享受“按原值划转”，解决的只是计税的问题，划转对应的交易类型（如果把这种“一家人之间的资产转移”勉强称为“交易”的话）仍有多种：资产、股权划转作为出资或用于增资；无对价划转（等于赠与）；资产、股权有偿转让（交易价格不超过原值；理论上可以这样，只不过实务中更多是无对价划转）。

如果是以资产划转作为资产剥离手段享受特殊税务政策，因为受到 12 个月内不能进行股权转让的限制，就需要考虑“远期交割股权安排”（请见第三单元“远期交割股权安排”介绍）。

（4）公司分立方式。

注意，如果采取这种方式，分立后的新公司仍然要对原公司债务承担连带责任，这无疑会给分立后新公司的收购方增加风险，如非不得已，不建议采取这种方式。

例如，这种情形可能采取分立方式剥离资产：原公司名下有某项资质，通过分立的方式实现剥离，将原公司的资质（就是要剥离的最重要“资产”）变更到新公司名下，进而收购新公司股权。

实务中这类资质包括：建设工程方面资质；环评、用水、用电、生产经营许可、排污许可等资质。但是，究竟能否通过分立来变更到新公司名下，还需要与主管部门进行沟通，有一定的不确定性。本节后面对此有补充说明。

4. 合并不是“资产剥离”，但也许算是某种“前期处理”。

理论上，甲乙公司合并也能把甲公司的资产转移到合并后的公司。所以，也许在某些特定场景下，可以“先合并，再对合并后公司股权进行交易”，所以也算是一种特殊的“前期处理”。

但显然这不是“剥离资产”而是“加入资产”，而且会要承担原公司的债务风险。实务中这种做法很少见。

5. 资产剥离对相应合同的影响。

一般情况下，资产剥离是由被收购方来操作，“新公司”仍然由被收购方控股，收购方与被收购方在合同中约定由收购方收购“新公司”的股权。如果双方是约定将资产转让到收购方设立的新公司，那么这就是前面所说的间接资产收购或者“出资式资产收购”，不是这里要讨论的资产剥离了。

相较于前面所说的股权收购型合同，资产剥离当然要增加“剥离”方面的约定。同时，新设的公司（分立出来的公司除外），因为是“干净”的、没有债务风险、没有其他资产、没有员工、只有特定财产的公司，相关的交割、违约责任等条款可以简化很多。

（1）宏观—交易结构：交易结构就是前面所列的股权收购的各类模式，只不过在签订股权收购型合同时，目标公司还没有设立。

（2）微观—合同条款。

需要约定下列几个方面的内容：

- 资产剥离的方式、价格等

资产剥离的价格影响目标公司后续转让资产的成本，也就是会影响收购方的税负。

例如，在房地产开发中为了“拿地”而进行的资产剥离，必须明确土地的成本金额，这直接影响后面的土地增值税税负。

相关课程：土地增值税与房地产开发类合同

● 新公司的共管安排

合同中会约定新公司自设立起就由双方共管公章证照、财务手续等，双方共同配合才能对外签订合同、开展经营行为，避免新公司产生新的债务风险。

6. 反向“资产剥离”。

前面说的都是将需要收购的资产剥离到新设的公司，再收购新设公司股权的“正向”资产剥离。但实务中也存在“将不需要收购的资产剥离到新设公司，再收购原公司股权”的做法。这一般是出于收购原公司资质的目的，因为资质无法剥离，就只能把不需要收购的其他资产“反向剥离”到其他公司。

此时，收购方必然面临原公司的债务风险，肯定没有收购一家“干净的新设公司”那样稳妥。

7. 资质剥离的补充说明。

根据住房和城乡建设部2014年发布的《关于建设工程企业发生重组、合并、分立等情况资质核定有关问题的通知》，建设工程企业发生重组、合并、分立等情况，经审核满足资质标准要求的，可以直接“剥离”资质。——这是前面说的“通过分立剥离资质”的依据。

利用这个文件中“重组可以剥离资质”的做法，实务中建设工程领域的企业还可能通过这种方式来转让资质：A公司将名下资质变更到全资控股的B公司，然后再将B公司股权转让给C公司，这样，C公司就间接取得了A公司资质；或者，C公司股东先将C公司股权全部转让给A公司，使C公司成为A公司的全资子公司，此时，A公司再将资质剥离到C公司名下，然后把C公司股权重新转回给C公司原股东。注意这种做法有名为股权转让实为非法转让资质的违法无效风险[1]。

但请注意，2023年住房和城乡建设部发布了《关于进一步加强建设工程企业资质审批管理工作的通知》，废止了上述通知，相关负责人解读提到，“为了方便企业合并重组开展经营，2014年住房城乡建设部发布了《关于建设工程企业发生

[1] 可参考宁波市中级人民法院（2021）浙02民终5718号、（2022）沪02民终8359号、（2022）鲁01民终1446号等案件。

重组、合并、分立等情况资质核定有关问题的通知》，规定部分建设工程企业发生重组、合并、分立等情况申请资质证书的，可按照有关规定简化审批手续。随着建筑市场环境的不断变化，一些企业和中介机构利用重组分立简化资质核定手续的规定，存在倒卖资质、围标串标等行为，严重干扰了建筑市场秩序。因此，《通知》要求对企业发生重组分立申请资质的，对原企业和资质承继企业均需按现行资质标准的内容进行考核，保证双方都符合资质条件。”可见，现在采取这类“重组剥离资质”的做法更困难了，在起草审查类似模式的合同时应考虑可行性。

相关模板：20215 资质剥离及壳公司股权转让与回购合同

六、三角合并

在公司合并实践中，收购方可能基于各种原因，如隔离潜在的债务风险（破产风险）、税务筹划等原因，不愿意自身直接作为合并主体，而是先设立一个收购子公司，然后安排该子公司与目标公司合并。此时，形成了一个母公司、收购子公司、目标公司的三角关系，因此叫作三角合并。合并后，如果是收购子公司合并目标公司，那么这就是正向三角合并，如果是目标公司来合并收购子公司，那么这就是反向三角合并。

相关模板：21252“标的股权作为出资＋新设主体”＋公司合并式股权收购合同（正向三角合并）

相关模板：21253“目标公司增资＋置换股权出资”＋“合并”式股权收购协议（反向三角合并）

资　料：资产或股权从 A 公司名下变更到 B 公司名下的 N 种方式

登记在 A 公司名下的有限责任公司股权（以下简称标的股权），或者属于 A 公司所有的某一项资产（不动产、动产、知识产权或其他财产），变更到 B 公司名下，最典型、最常见的方式就是 A 公司、B 公司签订协议，进行有偿的转让（买卖）。但更全面考虑的话，还有下面这些方式：

（以下将要转让 / 过户的股权、资产统称为资产）

（1）资产作为出资：可以用于新设公司 B 的出资，或用于对现有公司 B 进行增资。

（2）公司合并：A 公司被 B 公司合并，A 公司名下的资产就可以变更到 B 公司名下。

（3）公司分立：A公司分立出B公司，并将A公司持有的资产分配到分立后的B公司名下。

（4）法院强制执行中的拍卖：这其实也属于有偿资产转让。

（5）破产重整程序中处理资产：这其实也属于有偿资产转让。

以上这几种方式都是有对价的，只是对价形式各有不同。

其中，第1、2、3种其实已经包含在了本单元的各种交易结构之中；第4、5种可以理解为是正常的交易结构在特定场景下的使用。而下面这些不属于本单元中的交易结构，但可能属于第三单元所说的“配套安排”，成为公司及并购的整体交易结构中的一部分，也可能就是经济生活中的单独的、特殊的做法。

（6）赠与：A公司无偿将资产转让给B公司。

但从税务机关的角度，如果没有法定的理由，税务机关仍然会按合理市场价值来定价、征税。

（7）资产划转：A公司将资产按原值划转给B公司。

这要求A公司、B公司之间有特殊关系，可以享受特殊性税务处理。可参考第二单元“资本之税及交易结构选择”的知识。

股权划转其实对应多种法律关系，根据具体的划转方式不同，可能是“按原值股权转让、按原值将标的股权作为出资、无偿的股权划转”这几种。

（8）公司减资：A公司减资，把持有的资产返还给股东B。

（9）公司解散清算：A公司解散清算后，把剩余资产分配给股东B。

（10）设立信托：把资产作为信托财产，从委托人A名下转移到受托人B名下。

（11）夫妻财产分割、继承等婚姻家庭中的财产分割，也会导致资产所有权的变动。

1.5 复合型交易结构类型（三）：其他复合型交易

同前面的复合型交易结构一样，这里的复合型交易不是两个独立的交易（那样的话分头签订两份合同即可），而是组合起来的一个整体交易结构。

一、杠杆式收购

金融及投融资领域，只要是“借别人的钱来交易”，就可以称为“加杠杆、杠杆交易、杠杆收购”。

如果只是一般的借钱来进行收购，那么收购这一部分的交易结构，仍然是本单元前面所说的那些交易结构，只是说收购方自己另外去借贷、融资。收购方另外签订的借贷融资类合同，与本课程要讲的收购型合同相对独立，就像贷款来买设备，设备买卖合同跟贷款合同之间相对独立一样。

而这里的杠杆式收购不是上面这种，是收购方与被收购方签订的收购型合同上的交易结构有不同。因此有必要作为本单元的主交易结构模式之一说明。

示例：

A 公司拟收购 B 公司价值 5000 万元的核心资产，双方协商采取的交易结构是：

第一步：A 公司、B 公司合资设立 C 公司，A 公司以 2400 万元现金出资，B 公司以 1600 万元资产出资。

第二步：C 公司设立后从银行抵押贷款，购买 B 公司的剩余 3400 万元资产。

这样，A 公司仅以 2400 万元的现金就控制了 B 公司 5000 万元的资产。B 公司部分套现，同时仍保留部分合资公司的股权。

上面所说的交易结构是“杠杆式收购”的一种方式，即利用被收购方的资产来完成收购。上面这种交易结构，等于两次资产收购交易的组合。

相关模板：21200“出资式资产收购＋现金支付式资产收购”收购合同

交易的第一步就是“出资式资产收购”（也可以采取增资式资产收购），第二步就是正常的“资产收购”。因为双方一开始就是希望完成全部交易（A 公司要控制全部资产，B 公司要“套现 + 部分持股”，双方都需要锁定标的资产 1 和标的资产 2 的收购），因此必须在协议中将全部交易内容进行明确。

用交易结构示意图显示如下。

交易前：

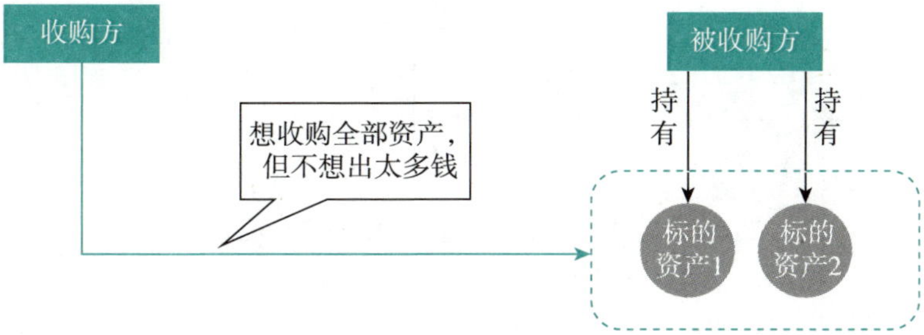

图 1.5-1　杠杆式收购（交易前）

第一步“出资式资产收购”

交易结构：

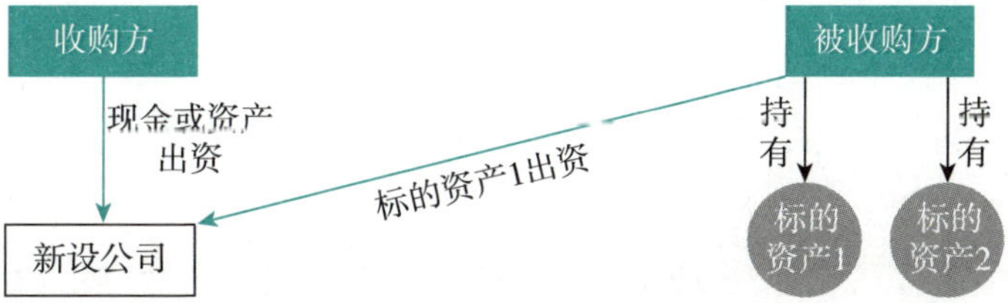

图 1.5-2　杠杆式收购—第一步“出资式资产收购”—交易结构

交易结果：

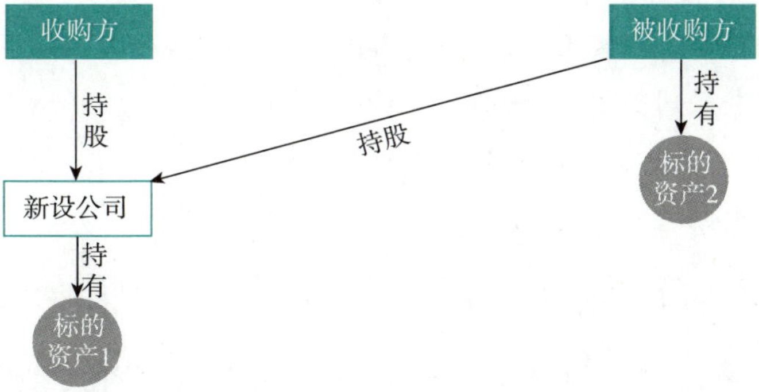

图 1.5-3　杠杆式收购—第一步“出资式资产收购”—交易结果

第二步“现金支付式资产收购”

交易结构：

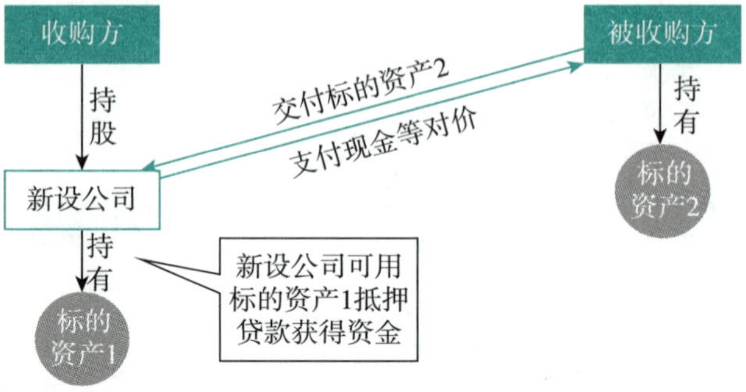

图 1.5-4　杠杆式收购—第二步“现金支付式资产收购”—交易结构

交易结果：

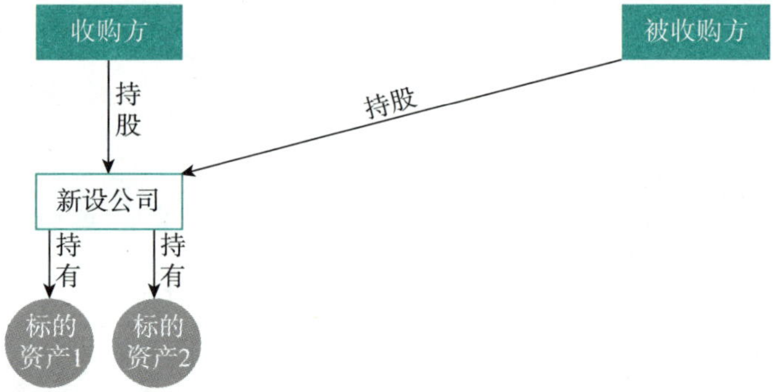

图 1.5-5　杠杆式收购—第二步“现金支付式资产收购”—交易结果

二、先增资，再转让股权

收购方的目的是要收购目标公司的全部或大部分股权，但采取两步走的方式：收购方先对目标公司增资，成为股东，再取得原股东的全部或部分股权。

这一模式相较于直接的股权转让可能有节税效果，但仍有一定争议。[1]

相关模板：2431“先增资再转让股权”收购股权补充协议

三、减资与增资、出资等组合

减资也是本课程第三单元中“配套安排”的一种，减资的一般知识请参考第

[1]《借助折价增资进行股权转让，这样的节税方案可行吗？》，载微信公众号“理税”，2022年4月7日发布。

三单元“公司减资，并向股东返还出资”的介绍。

公司减资时，向股东返还的可以是现金，也可以是其他资产，因此将减资与增资、出资等交易结构相结合，有可能成为资产转让、股权转让的一种特殊交易结构。

例如：

操作一：A公司以资产向B公司出资，然后再减资退出，取得现金2000万元。

交易效果类似于：A公司将资产以2000万元的价款转让给B公司。

操作二：A公司对B公司进行现金出资2000万元，然后再减资退出，取得B公司原持有的资产。

交易效果类似于：B公司将资产以2000万元的价款转让给A公司。

但是很明显，这样先出资再减资的做法比直接的资产转让要麻烦：涉及两个阶段的交易，两个阶段的决议、公告等手续都需要一定时间；减资环节尤其涉及多项手续，费时较长。对交易方来说，先把资产、现金都交付过去了，过一段时间才能减资收到现金或资产，流程太长、风险太大。

这一做法一般也没有税收优势，但特定情形下可能有好处。

所以，一般这种增资减资的做法不会用于正常的并购，在“资产剥离”中可能使用（此时交易双方是关联方，“一家人”）。如果基于税收筹划考虑，收并购方要采取这种模式，那么先出资的一方就需要取得很强的担保，或先通过借款等方式收到相当部分的对价才行。

再看下面这一做法：

操作三：B公司对股东C公司定向减资，减少C公司注册资本200万元（对应B公司股权比例30%），C公司取得2000万元现金补偿款。A公司再对B公司增资2000万元，占B公司注册资本200万元。

实际上，C公司取得的2000万元现金来自A公司的增资款。不过从法律上，仍为先减资，再增资，只是付款节奏上A公司先付款，C公司再收款。

交易效果类似于：C公司将其持有的B公司30%的股权转让给了A公司，交易对价为2000万元。

相较于直接的股权转让，可能有节税效果。[1]

相关模板：2430 先减资再增资式股权收购合同

[1] 仅供参考，请以税务专家及税务部门意见为准。可参见《“股权转让”变为“先减资再增资”可节税！》，载微信公众号“投行法库”，2017年4月24日发布。

四、“部分股权转让 + 部分增资”

股权转让与增资都能取得股权，但有区别，在第二单元“股权取得的多种方式选择”中对此有说明。既然有区别，实务中也就可能两者并用，即“部分股权转让 + 部分增资”。

根据原股东是否退出，这种交易结构可以细分为：

1. 原股东退出：此时分开签订“股权转让合同”和“增资合同”比较合适。

相关模板：6006“部分股权转让 + 部分增资”合同（原股东退出）

2. 原股东不退出，仅转让部分股权：此时分开签订“股权转让合同”和“增资合同”，也可以合二为一。

相关模板：6010“部分股权转让 + 部分增资”合同（原股东不退出）

注意上述交易结构都是“打包一并交易”，如果是“股权转让 + 增资”分头进行，互不相干，那么就分别签订没有关联的两份合同即可，不能算是这里的复合型交易结构了。

五、延伸一：包括股权、债权、知识产权等多类标的资产等在内的复合交易

实务中的资产收购基本上是多类资产的打包收购，而且很可能包括股权，可以理解为是“买卖合同、财产转让协议、知识产权转让协议、债权转让协议、股权转让协议”等多种标的权利转让协议的组合。

既然是多类合同的组合，也就是说这多类合同的起草审查要点也可以运用到资产收购协议的起草审查中来。如果资产收购协议中包括一项注册商标转让，那么这个资产收购协议的起草审查也必须考虑“注册商标转让协议”的全部审查要点。

从“中观—合同形式”的角度，一般这样处理：在收购的资产清单中列明所有转让的标的资产，同时对其中重要的、有很多专门事项需要约定的资产转让，单独配套签订一份协议，如债权转让协议、技术秘密转让协议、股权转让协议等。

以资产收购中包含某项股权转让为例：

（1）首先在资产收购合同的附件《标的资产清单》中，肯定要列入该股权，并披露该股权和对应目标公司的信息。这是作为标的资产中的一项。

如果该股权价值不高，认为没有必要时一步约定什么，那么就这样处理也就

可以了。

（2）如果当事人还想就该项股权的转让进一步细节约定，可以就该股权的转让签订一份“股权转让协议”，作为资产收购合同的配套协议。

（3）如果该股权价值很高，等于也是一个复杂的股权收购，那么这份“股权转让协议”本身就是一份复杂的股权收购协议。

此时这份复杂的股权收购协议仍属于资产收购合同这个主交易合同的一份配套协议。

六、延伸二：多个主交易结构组成更复杂的交易

本单元列举了全部的基础交易结构，列举了十几种复合型交易结构。这些复合型交易结构相当于基础交易结构的常见组合。

我们自然还可以把本单元中所列的这些交易结构，根据交易的需要进一步组合。例如，A 集团公司下多个主体，一起收购 B 集团公司下多个主体、多项资产，于是形成了一个复杂的、共同进行的复杂并购交易。

换一个角度说，无论实务中的公司及并购交易如何复杂，里面的主交易结构部分，基本上可以对应到本单元中所列的一种或几种交易结构，就像一个复杂的拼图是由几个有限的、可以认识的板块拼成一样。

需要提示的是，一般来说，交易结构更复杂，合同处理就更麻烦，风险就更大，就好像堆积木时，越多块积木越麻烦，而且越多块积木堆成的城堡越容易坍塌一样。本课程并不是提倡复杂的交易结构，只是实务中确实存在复杂的交易结构。从控制风险的角度，没有必要的情况下，交易结构肯定应该越简单越好。

至于在文本上，我们如何处理多个交易结构的“拼接”，则是“中观—合同形式”的内容，请见本课程第三单元的介绍。

1.6 资金回报型交易结构（名股实债）

资金回报型合同强调的是不承担资金风险。第三单元中提到的“对赌安排”，是强调对投资方的回报承诺，但还没有到投资方完全不承担资金风险的程度，因此不能算资金回报型合同。在本课程中是按“正常的合作型、收购型主交易结构+对赌配套安排”来认识。当然，不排除实务中有些名为“对赌协议”的文件，实际上已经有保底回购的安排，那实质上就是这里的资金回报型合同了。

一、债权投资与“名股实债”的选择型关系

《合同起草审查指南：三观四步法》在“宏观—交易结构篇”中认识合同类型之间有“参照型、选择型、配套型”关系，其中“选择型”是说，对于满足当事人的主要需求，AB 两种合同类型都有选择空间，如租赁与居住权合同。律师有这个思维，就能在更大范围内帮助当事人选择更为有利的合同类型。

当律师遇到资金回报型合同或类似交易需求时，有必要知道，债权投资与“名股实债”都能满足当事人的需求，这两者实为“选择型”关系。

债权投资最典型的当然是借款合同。与此同时，一份有保底回报要求的“投资、合作”之类合同，其实“名为投资合作，实为借贷”。实务中，影视项目投资合作、房地产合作开发等合同中，都可能有保底回报的类似做法。

典型的股权投资是“合作型”交易结构，如果投资方不承担资金风险，就成了“名股实债”的资金回报型交易结构。从表面上看要取得股权，其实股权只不过是为了担保，为了能够以股东身份（进而安排法定代表人、财务负责人）监管公司，实质上是“股权让与担保+借贷”。既然“名股实债”是为了担保，那么也可以考虑改为“股权质押+借贷”。如果接受投资一方能够提供强有力的担保（如不动产抵押），就没有必要搞什么“先取得股权，再退出股权”这样既麻烦又会产生税费成本的操作。

“名股实债”的原因之一，是为了规避金融行业的监管要求。例如，监管政策要求私募基金这些机构必须股权投资（否则就跟银行一样成了专业“放贷”的机构），但私募基金又不想承担风险，于是选择“名股实债”，其实这是违反监管政策的。——这既是要做“名股实债”的理由，又是“名股实债”的违规所在。

所以，对于资金回报型合同的交易结构，第一个层次的认识应该是：是否取得股权、取得多少股权不是最重要的，是有选择空间的。

二、“名股实债”型交易结构类型

对于资金回报型合同的交易结构，第二个层次的认识是：如果确定要“取得股权”，有哪些具体交易结构类型可以选择。

本单元主要介绍交易结构模式，对于“名股实债”的风险和起草审查要点，在第二单元中会进一步说明。

1. “股权取得 + 回购”的交易结构。

各方约定“投资方以 1 亿元的对价取得目标公司 67% 的股权，然后要求目标公司股东在 1 年后以 1.1 亿元的对价来回购”，显然，这跟“年利率为 10% 的 1 亿元借款 + 67% 的股权质押”没什么区别。

（1）从“股权取得”的角度，有增资、出资、股权转让等几种方式。增资比较常见，出资只适用新设公司（也就是向新设公司提供借款）。

相关模板：21882“增资 + 回购”型资金回报型合同

采取股权转让时又有两种处理：

第一种处理是投资方出资全部以股权转让款提供，这等于向股东（股权转让方）提供借款，不是向公司提供借款，再由原股东回购，这等于股权让与担保。考虑股权转让的税费成本，不如改为“借款 + 股权质押”更合适。

第二种处理是投资方用小额资金受让股权，之后作为股东向公司提供资本公积金。第二单元“名股实债的起草审查”中提到的“新华信托案”中新华信托对港城置业的投资就是这样的交易结构。

相关模板：21883“股权转让（增加资本公积金）+ 回购”型资金回报型合同

（2）从“回购”的角度，要考虑回购主体、回购步骤。

一般来说，都是要求其他股东、公司承担回购股权的连带责任，但实际上要求公司承担责任会有障碍——这跟对赌下要求公司承担责任有障碍是相通的，可参考第三单元“公司回购股权安排：受到严格限制”的知识。

实务中多数是约定“到期或符合条件时，一次性回购”，但理论上也可以分步骤回购，只是较少见。例如，在《合同起草审查指南：三观四步法》中提到的这个例子：

乙拟融资购买一套房产，甲提供融资，采取的模式是：甲乙合资设立A公司，甲向A公司提供资金、持有A公司股权，乙亦持有部分股权，由A公司购买、持有该房产。双方约定根据乙还款进度，甲逐步将所持股权转让给乙，直到乙还清融资、取得A公司全部股权，进而也就百分之百地取得了该房产。

这使得投资方持有的股权与尚未收回的投资基本对应，就像动产质押时，债务人还一部分钱债权人就相应归还一部分动产一样。

2.“部分名股实债＋部分借贷”：也就是投资方的投资，部分采取“股权取得＋回购”，部分直接作为借款。

例如下面这个交易结构：

甲公司（房地产开发企业）持有一块开发用地，但缺少资金，乙公司愿意参与投资。双方最终协商的合作方案是：

（1）甲公司现注册资本额为1亿元，乙公司向甲公司增资2亿元，取得66.66%的股权。

（2）乙公司派员担任甲方公司法定代表人、财务总监，有权监督房地产项目。

（3）乙公司取得股权登记后，向甲公司提供借款3亿元，年利率为12%，甲公司及股东用目标地块、股权作为担保。

（4）甲公司销售收入优先偿还乙公司借款本金与利息。还清后，甲公司股东以2.6亿元价格回购乙公司持有的66.66%的股权。

这等于乙公司向甲公司总共提供5亿元资金，其中2亿元作为增资，取得股权，后面再回购，3亿元以借款形式提供。

相关模板：924 增资及回购合同（配合借贷）

上面说的交易结构都默认以有限责任公司为目标公司，但可以参考用于股份公司、合伙企业、农民专业合作社等主体，交易结构也基本相通，都是“进入＋退出”，类似于针对一个动产的“买卖＋回购”的让与担保。

3.“股权让与担保＋其他主合同”的股权让与担保结构。

前面这两种，相当于“股权让与担保＋向目标公司提供借贷”，“向目标公司提供借贷”是被担保的主债权。既然股权让与担保可以算是一种“担保”（虽然是非典型的担保），当然也就可以用于为债权人与公司、股东、第三方等签订的其他合同下的主债权提供担保。例如，债权人与公司签订买卖合同，公司先收货后付款，但要先让债权人取得一部分股权（增资或股权转让等），公司支付货款后，债权人再将股权 0 元转让给其他股东。这当然也适用于租赁、承揽等其他合同，也适用于债权人与股东、任何第三方签订的合同。

这可以算是“名股实担保”。

但在实务中，这类结构较少见，不如股权质押方便。

4. 回购的安排既可以整合在正常的股权取得类合同里面，也可以单独签订。

单独的回购协议往往是作为“阴合同、抽屉协议”，体现“实债”；而作为“阳合同”的正常股权取得类合同则体现“名股”。

相关模板：916 股权回购协议

5. 补充：“股权分红权转让 + 回购”的交易结构。

分红权转让不违法（可参见第三单元中对分红权处分的介绍），但受让方不能算取得股权，因此严格来说不属于“名股实债”。

正因为没有取得股权，实际担保效果有限，受让方并不能取得什么优先受偿权，债权人要注意风险。

相关模板：19813 股权收益权转让与回购合同

1.7 特殊交易结构类型：广义协议控制

一、协议控制的含义

狭义的协议控制常常是指“VIE 架构”（见下文介绍）。本课程所说的“广义的协议控制”含义要广得多，以至于不好准确定义。大致可以这样说：在不取得标的资产所有权（因此不是资产收购）、不成为目标公司股东（因此不是股权取得、股权收购）的前提下，控制并取得标的资产或者目标公司的收益，能够达到类似效果的各类方式，都属于“广义协议控制”。

“控制并取得标的资产或者目标公司的收益”，这正是收购型、合作型交易的目的。也就是说，广义协议控制实际上能够达到收购型、合作型交易的目的，仅是从资产、目标公司赚到钱，不足以称为“广义协议控制”。正是因为广义协议控制实际上也能够达到收购型、合作型交易的目的，所以能够成为本单元前面列的各种收购型、合作型交易结构的替代（用“三观四步法”的说法，广义协议控制与收购型、合作型交易结构之间是“选择型”的关系），需要在本课程中进行说明。

所以，对一个企业进行承包经营，这是一种本课程要讨论的“协议控制”，而一般的企业委托管理，不能算是协议控制。前者事实上接近收购这家企业股权或全部资产的效果，控制这家企业并能够取得这家企业的收益，而后者只是一种赚取服务费用的服务类合同，没有必要在本课程中去讨论。

为了便于讨论，我们把协议控制关系下，在法律上拥有产权的一方称为“产权方”或者“被控制方”，通过协议来控制产权方的一方称为“控制方”。

二、广义协议控制的常见交易结构：收购型

在这类交易结构下，虽然资产产权、股权没有转移，但实际上已经被控制方（也就是收购方）完全控制，主要收益也归控制方所有。例如，下面说的 VIE 架构

下，中资企业实际上成了外商独资企业控制的“牵线木偶”。

1. VIE 架构。

VIE（Variable Interest Entity）架构，是为解决中国境内企业海外上市融资的目的，设置的一系列协议结构，直接效果是使外商独资企业能够以协议方式控制一个中资企业。

VIE 控制中，外商独资企业与中资企业间签订的所谓“独家服务协议或业务合作协议”（实务中一般是类似名称），其实质与企业整体承包经营合同一致。与此同时，外商独资企业与中资企业股东还通过表决权委托、股权托管、股权质押等安排，使得中资企业的股东在事实上已经丧失对中资企业的经营管理权利。外商独资企业与中资企业股东之间签订的协议无论是叫表决权委托协议还是股权托管协议，其实质都是由外商独资企业代表中资企业股东经营管理中资企业。

因此，VIE 控制就是受托方与目标公司、目标公司全体股东之间以“企业承包经营 + 股权托管”的形式，形成了一个“不是股东，胜似股东”的结果，目标公司的股东实际上几乎成为名义股东。

VIE 架构的出发点其实也是为了准入（该准入外资企业无法取得），因此有合法性争议。

VIE 架构示意图与说明参见相关课程：《合同起草审查指南：三观四步法》“交易结构设计（二）：所有权还是使用权 / 控制权”中的“实例：VIE 的前世今生”

2. 对整个公司或分支机构的承包经营。

一般控制方（也就是承包方）直接取得了公司（或分支机构）的证照、公章，直接负责公司（或分支机构）的经营与管理，与产权方约定分成比例或者是固定的承包费。产权方也就是发包方，一般是公司或分支机构的股东。

相关模板：18716 企业整体承包经营合同

相关模板：18725 新设分支机构承包经营合同

上面这两种都是针对整个公司或分支机构的做法。

3. 项目承包经营类。

例如，建设施工领域常见的对某个施工项目的承包。这种情况下，项目部的公章也常常是由控制方来管理。

矿产行业中的采矿权承包，也可以归于此类。

房地产项目中可能采取“项目转让型联建”的模式，这实际上就是在“土地使用权不转让、股权不转让”的前提下，把整个房地产项目交由联建方来开发建设并销售，“不是转让、实为转让”，也可以理解为是对房地产开发项目的承包经营。可参见《合同起草审查指南：房地产开发卷》“联建合同”相关知识。

4. 供应链独家合作型。

例如，对非营利性医院的收购中，没有办法取得正式的股权，也没有办法直接要求从医院收益中分配利润，那么各方就有可能要求“甲方公司作为医院的独家供应方，医院必须从甲方公司采购药品、医疗用品”。这样医院的收益就通过向甲公司支付货款而部分转移给甲公司了。

又如，在房地产开发中的“预付款型包销”：房地产开发商与包销方签订合同，把整个房地产项目交由包销方独家销售，包销方预付销售款，承担项目销售的风险。这种情况下，可以说这个房地产项目的控制权、收益权已经转移到包销方手中了。[1]

类似方式还包括控制方可以向被控制方出租资产、提供咨询服务、特许经营等名义从被控制方转移利润。

三、广义协议控制的常见交易结构：合作型

1. 合作开发类。

房地产合作开发（联建）就是一种典型，合作各方没有股权层面的合作，仅约定就具体某项目、某方面业务共同投入，约定利益与风险分配机制。一般来说，这可以归类于《民法典》中的“民事合伙合同”。

相关模板：19395 房地产联合开发合同（联建）

矿产行业的探矿权合作、采矿权合作，影视作品合作拍摄，都属于这一类。

相关模板：13936 探矿权合作开发合同

相关模板：14020 合作开采合同

相关模板：18010 院线电影联合投资摄制合同

2. 投资分享型。

前港交所总裁创办的“滴灌通”（可自行搜索相关资料）可以算是一种典型，大概模式是：投资方向小微企业（以门店为主）投资（每家店几十万元到一两百万元），约定从小微企业的现金流收入中分成（是直接从收款而非利润中分成；如回本期每天分走 4%，回本之后的 3 年内每天分走 2%）。投资方会与小微企业

[1] 可参考《合同起草审查指同指南：房地产开发卷》第三单元相关介绍。

的收银系统对接，直接通过结算系统每日分成。这既非股权投资（不占股权），亦非债权投资（并没有保底回报）。

相关模板：门店投资联营合同（滴灌通模式）

这肯定是合法的，合同上也是有效的。理论上所有企业、所有项目都可以这样与投资方合作，可以约定各种分成模式，只是说在商业上投资方要考虑怎么控制投资风险（滴灌通直接通过收银系统每日分成，就大大增加了回款保障）。

四、对协议控制的整体认识

1. 承包经营、VIE 架构类做法有违法风险。

无论是特定业务的资质（如建筑施工企业资质），还是一般的营业执照，都是行政许可，而《行政许可法》第 9 条、《市场主体登记管理条例》第 37 条第 1 款及相关资质的管理法规等，肯定都是禁止出租、出让资质许可的。

但是，并不是说上面所有的承包经营类做法都有这种风险，一般来说：

（1）公司员工内部承包经营是合法的。

（2）对外合作、委托提供托管，但发包方仍然参与项目的管理，这一般也是合法的。

（3）发包方适当管理下的承包，有可能合法。如采矿权承包。

相关课程：《合同起草审查指南：三观四步法》中对“承包经营类合同”的分析

相关课程：合同类型（二）：常见合同类型说明（下）

VIE 架构的合法性也一直存疑。之所以要采取 VIE 架构而不是直接取得目标公司股权，无非就是规避法律的强制性规定，使得外资进入了本来不能进入的领域，并取得利润回报。[1]

2. 被控制方违约、解约、不能正常履约的风险较大，要增加风控措施。

被控制方可能擅自处分资产或有其他违约行为，甚至可能单方面解约；如果被控制方的债权人要求法院强制执行被控制方的资产、股权等，控制方在法律上难以阻碍强制执行。

因为风险增大，合同一般要额外强化防控措施，包括股权质押、资产抵押质押，使得被控制方不能擅自处分股权、资产；要求被控制方提供更多担保，约定

[1] 部分领域有禁止性规定，如《民办教育促进法实施条例》第 5 条、第 13 条等。

更重的违约责任等；对公司与资产证照、公章等加强管理，由控制方来管或双方共管。同时在合同履行过程中，还要注意对被控制方的监管，包括注意被控制方的债务风险。

3. 协议控制往往属于“不得已而为之”。

既然协议控制有违法、违约的风险，显然就不如正常的资产收购、股权收购更可靠。

协议控制往往是在综合考虑风险与收益后，在没有更好的办法的情况下，不得已而为之。这些场景一般是因为：资质或法律准入门槛，需要“借壳”交易；资产、股权转让受到法律或相关协议的限制；民办非企业单位、社会团体、事业单位等无法采取股权转让、资产转让的正常方式等。因此，协议控制在“一般公司”中用得少，特定主体、特定场景下更有可能使用。

4. 作为律师，也应该认识到“协议控制”的优势。

（1）协议控制可以达成正常资产收购、股权收购实现不了的交易。

VIE 就是例子。

又如，对非营利性医院这种特殊主体的并购，常常只能采取协议控制。

（2）协议控制的标的、利益分配机制、管理架构等灵活多样。

标的、利益分配机制、管理架构这几个方面无疑是各方最核心的权利义务，而协议控制可以根据各方协商灵活安排。标的上，既可以针对目标公司的全部资产、全部项目，也可以针对特定资产、特定项目；分配机制上，按比例提成、固定管理费提成、浮动比例提成等都有可能，对收入或对利润分成都有可能；管理架构上，一方“操盘”、共同“操盘”等都有可能[1]。

这也就意味着协议控制的具体方式非常灵活。

（3）协议控制因为不需要实际取得产权，在商业上有“轻资产”的优势。

所以，律师想要达到公司及并购类法律服务的更高层次，有必要对“协议控制”有更深、更广的理解，这也是“交易结构设计”的重要运用。

[1] 房地产开发行业常使用“操盘”的表述，操盘方是指整个房地产项目开发的主导控制一方。

02

第二单元

宏观—交易结构：主交易结构起草审查要点

在前面的第一单元中，我们首先对公司及并购卷合同的各类交易结构有了一个整体的了解。但是，为什么会有这些不同的交易结构？不同的交易结构都各有什么利弊、是否可行？在具体的交易场景下，应如何选择、调整交易结构？本单元将回答这些问题，这些问题的答案其实就是合同“宏观—交易结构”的“主交易结构”部分的起草审查要点。

对于“广义协议控制”这种特殊的交易结构的审查，已经在第三单元介绍广义协议控制时予以说明，本单元中不再说明。

2.1 合同类型：股权取得与资产取得

这一节，我们先讨论股权收购与资产收购的选择，再讨论取得股权的几种方式之间的选择。

一、股权收购与资产收购之间有很大选择空间

1. 股权收购与资产收购的对比。

如果 A 公司持有我方想要的资产，那么我方收购 A 公司的股权，跟我方向 A 公司购买资产，都能够达到由我方控制、利用标的资产的目的。所以，必须对“股权收购”和“资产收购”两类交易方案进行比较、选择。另外，不涉及“控制权转移”的股权取得，与“资产收购”就没有什么可比性。

一般来说，“股权收购”和“资产收购”两者的主要区别是：资产收购债务风险较小，但税负成本较高。较全面的对比可见表 2.1–1：

表 2.1-1　股权收购与资产收购差异对比

差异	股权收购	资产收购
主体	收购方、目标公司股东	收购方、目标公司
客体	目标公司股权	目标公司资产
交易目的	成为目标公司控股股东	取得目标公司资产的所有权
负债风险	潜在负债风险大，尽职调查难度较大	标的资产上的债务风险较小，尽职调查难度较小
评估定价	需考虑目标公司未来盈利情况等，评估定价难度较大	评估定价较为简单
资产所有权变更登记	不涉及（只有股权变更登记，不涉及目标公司资产的所有权变更登记）	需办理变更登记手续，涉及多项资产的，变更手续可能涉及多个行政机关，手续较为复杂或耗时较长

续表

差异	股权收购	资产收购
资质证照变更登记	不涉及（只有股权变更登记，不涉及目标公司资质证照变更登记）	需办理变更登记手续，部分资质证照需满足一定条件方可变更
目标公司人员安置	需要处理，特别是当目标公司原本就存在劳动用工问题时，或者收购方计划完成收购后对目标公司人员进行调整时，需考虑收购后员工安置方案	一般不涉及
第三方权利对交易的影响	目标公司其他股东享有对标的股权的优先购买权	可能需要取得资产的担保权人的同意[1]、优先权人放弃优先购买权，或履行相关义务
税负	股权收购主要涉及印花税、所得税，资产收购主要涉及增值税、土地增值税、契税、印花税、所得税。一般来说资产收购的税负更重一些，但在某些交易中也可能股权收购的税负更重，需根据具体交易情况综合考量	
其他方面	从交易结构设计的角度，股权转让更为灵活、适用性更广，可以有部分股权转让、全部股权转让、分阶段股权收购、股权收购 + 回购等很多方式来满足特殊需求，而资产收购设计空间较少	

2. 结合实务经验，对两个交易结构的选择建议如下：

目标公司股权权属清晰，资产负债状况清晰，或负债可控；目标公司股东信用度较高；目标公司资质证照、相关资产所有权转移受限或难度较大；需要整体承接目标公司的资质、品牌、渠道、人员等资源——此时股权收购交易是优先的选择。

目标公司股权及资产状况混乱、负债难以查清，或标的股权的优先购买权问题难以解决；目标公司股东信用度较低；实现收购方商业目的的资产范围清晰、可明确辨认；需要将目标公司的资产整合后以收购方的名义经营——此时资产收购交易是优先的选择。

另外如果只需要收购目标公司的部分资产，那就选择资产收购，或者“股权收购 + 资产剥离”。

3. “资产转让、股权转让不分”这种低级错误应该避免。

实务中有不少“无法判断协议究竟资产转让协议还是股权转让协议”的争议[2]。合同笼统的写“产权转让”，标的不清，这着实会让法院费脑筋。但这实属

[1]《担保物权编》第 406 条第 2 款规定：“抵押期间，抵押人可以转让抵押财产。当事人另有约定的，按照其约定。抵押财产转让的，抵押权不受影响。”这意味着抵押权人和抵押人可以对抵押财产的转让作出限制或禁止。

[2] 中国房地产开发合肥有限公司与海亮地产控股集团有限公司、海亮集团有限公司股权转让纠纷案，最高人民法院（2015）民一终字第 81 号；傅仁华等股权转让纠纷案，北京市高级人民法院（2016）京民终 188 号；刘晓、黄强等与刘晓、黄强等股权转让纠纷案，最高人民法院（2016）最高法民申 368 号；刘宝海与韩克志及吉林博德房地产开发有限公司、张文辰买卖合同纠纷案，吉林省高级人民法院（2016）吉民申 754 号。

低级错误，只要在合同中稍微明确一些，就不至于如此。

为了避免这种性质不明的协议，本课程的建议是：

（1）资产收购应命名为“资产收购合同”或“资产转让合同”。

如果资产收购的标的资产中既有股权也有非股权资产，仍可以叫“资产收购合同”或“资产转让合同”，同时合同条款、标的资产清单等附件中应明确体现要转让的股权信息。

（2）如果是股权转让，应命名为“股权转让合同”。

不建议使用“产权转让合同”等模糊术语，更不应该在不是股权转让的情形下使用“股权收购合同”这类名称，以免当事方主张交易性质不是资产收购而是股权收购而导致纠纷。

（3）标的条款或附件“标的资产清单”中明确列举各项转让财产的具体信息，如为股权，则应列明股权比例、对应注册资本等基本信息。

二、资产收购下受让方可能对转让方债务承担责任

资产收购下，A 购买 B 的资产，除非 A 同意，A 并不需要承接 B 的对外债务——这是一般情形。但律师应予注意，在特定几种情形下，法院有可能要求受让方在受让资产价值范围内对转让方的债权人承担连带责任。

第一种情形：受让人未就标的资产支付合理对价，导致了转让方责任财产减少、偿债能力下降。

典型案例：山西西山煤电股份有限公司、山西高盛矿业有限公司买卖合同纠纷案[1]

第二种情形：转让方与受让方对转让方的债务安排不合理，如约定仅有部分债务由受让方承担，从而被法院认定损害了转让方其他债权人的利益，因此要求受让方在受让资产价值范围内对转让方债权人承担连带责任。

[1] 最高人民法院（2017）最高法民申 3360 号，法院认为，“关于二审判决‘西山公司在一审确认的资产评估价值 16，062，350.9 元的范围内与坛地公司承担共同还款责任，西山公司所还款项相应折抵其应向坛地公司支付的资产收购价款’是否正确的问题。……虽然合同约定了收购的价款，但经一、二审法院查明，西山公司没有按照合同约定支付价款，申请再审中亦没有证据证明其对接收郑家庄煤矿的财产支付了合理的对价。西山公司取得坛地公司资产却没有支付对价实际导致坛地公司失去了所有有效的经营性资产，却没有得到对等价值的其他资产，坛地公司失去了独立承担责任的法人财产，其存续主体已实际丧失对外清偿债务的能力。二审法院基于西山公司接收了高盛公司所主张货款所涉货物，判决西山公司在接收货物的评估价值范围内承担共同还款责任，并明确西山公司所还款项相应折抵其应向坛地公司支付的资产收购价款。该判决结果符合公平原则，亦不损害西山公司的利益，并无不当”。

典型案例：湖南宜化化工有限责任公司与六枝工矿（集团）有限责任公司、湖南金信化工有限责任公司买卖合同纠纷案[1]

第三种情形：构成“企业公司制改造”，根据《最高人民法院关于审理与企业改制相关的民事纠纷案件若干问题的规定》受让方应当承担连带责任。

《最高人民法院关于审理与企业改制相关的民事纠纷案件若干问题的规定》（2020修正）第7条规定：

> 企业以其优质财产与他人组建新公司，而将债务留在原企业，债权人以新设公司和原企业作为共同被告提起诉讼主张债权的，新设公司应当在所接收的财产范围内与原企业共同承担连带责任。

如果名为“资产转让”，实为“改制”，法院就有可能要求取得资产一方承担连带责任。案例可参考本溪衡泽热力发展有限公司与沈阳市金鑫冷暖设备制造安装有限公司、本溪市供热总公司一般买卖合同纠纷案[2]。

可见，如果律师发现资产收购中可能构成上述情形，需要向当事人提示风险，可采取调整交易结构、约定可调整价格或向转让方追偿等措施。

三、股权取得的多种方式选择

1. 几种方式的简要说明。

如果投资方要成为A公司持股20%的股东，显然，下列方式都可以达到目的：

- 股权转让：投资方受让A公司原股东股权
- 增资：投资方对A公司增资
- 公司合并：投资方持股的公司与A公司合并，投资方作为合并后的A公司的股东

[1] 贵州省高级人民法院（2015）黔高民申字第575号，法院认为：“关于宜化化工公司是否应当承担连带清偿责任的问题。金信化工公司与湖北宜化化工股份有限公司（以下简称宜化股份公司）签订的资产转让协议约定，金信化工公司将公司全部经营性资产以5.3亿元转让给宜化股份公司，宜化股份公司在5.3亿元价格转让范围内承担1.8亿元的债务。根据该约定，金信化工公司的优良资产全部有偿转让给宜化股份公司，而除开1.8亿元的债务，其余债务仍由金信化工公司承担。这一约定，不仅导致了金信化工公司偿债能力的丧失，且严重损害了该行为发生时未得到任何通知的债权人的合法权益。故协议中宜化股份公司与金信化工公司对债务转让的约定不能对抗享有债权的六枝工矿公司对自己权益的主张。金信化工公司、宜化股份公司以及娄底市人民政府在签订资产转让协议过程中，对企业债务未全部进行处理，造成了本案所涉债权的悬空，对此行为产生的法律后果，金信化工公司、宜化股份公司均应承担法律责任。因宜化股份公司取得了金信化工公司的经营性资产后以此成立了全资子公司宜化化工公司，故其应在所接收的财产范围内对金信化工公司的债务承担连带责任。六枝工矿公司在一审中的诉请中明确要求宜化化工公司与金信化工公司连带支付相应货款，故一、二审法院判决其承担连带清偿责任并无不当。”

[2] 最高人民法院（2014）民申字第801号。

- 公司分立：A 公司分立，投资方在分立后的 A 公司持股

2. 增资与股权转让是两种常规的、可选择性很大的方式。

两者区别如下（见表 2.1–2）。

表 2.1-2　股权转让与增资的区别

区别	股权转让	增资
是否需扩大目标公司资金规模	股权转让对价的支付对象是股东而非目标公司，与目标公司资金规模无关	可扩大目标公司资金规模，但以资本公积金、留存收益转增的除外
是否需增加目标公司注册资本	不改变目标公司注册资本	增加目标公司注册资本
原股东是否能接受股权被稀释	转让方之外的其他股东持有的股权比例不变，受让方为现有股东的除外	除非原股东行使新增资本优先认缴权，否则其股权比例将被稀释
原股东股权转让是否受限	受让方系目标公司股东之外的当事方的，其他股东在同等条件下有优先购买权	不涉及股权转让限制问题； 但公司增资需公司全体股东召开股东会并由代表 2/3 以上表决权的股东同意，否则增资行为很可能无效
原股东是否有套现需求	股权转让交易对手和付款对象为原股东	增资需缴付给目标公司，不存在原股东套现的问题，但公司以高估值融资时，原股东的股权价值将会被拉升
税负	所得税、印花税	印花税，某些特殊情形下（如所谓的不公允增资）可能会涉及所得税

实务中也将股权转让所取得的股权称为“老股”，增资的股权称为“新股”。

综合原股东、目标公司、投资方各方的意愿，就能在增资和股权转让之间作出选择，或者选择“部分股权转让 + 部分增资”（也就是“老股 + 新股”）。例如，原股东想要套现，就要选择股权转让。

3. 合并适用于特定场景。

合并不像股权转让、增资那样常规，主要的适用场景是：

被合并方股东不希望新增出资，合并方则希望不用现金就能收购被合并方的整体或核心经营性资产；

各方能接受合并带来的债务风险（因为合并后公司要承继被合并公司债务）。

合并也可能对部分股东支付现金（现金补价），但肯定不会是大部分股权的现金收购。如果是，就不如直接选择股权转让了。

4. 分立一般是现有股东调整架构。

分立只会使现有股东股权结构变化，可以减少股东（部分股东退出），但不能

作为新股东加入的方式。所以，分立不能算是一般的股权交易方式，主要是现有股东之间调整公司架构的方式。

例如，现有A、B股东想在公司的两块业务中各有侧重，于是分立出两家公司，一家由A作为大股东，另一家由B作为大股东。

四、特殊情形补充：目标公司股权被质押或冻结时，能否增资

目标公司股权被质押或冻结时，如果公司增资，则质押或冻结的股权比例会降低（也就是被"稀释"），事实上降低了质押或冻结的股权的价值。如果增资额较大，质押或冻结的股权可能被稀释很多倍。

（1）股权被质押，公司能否增资？

对此法律没有规定，理论和实务上均有不同观点。司法裁判中，深圳市汇润投资有限公司与隆鑫控股有限公司欠款、担保合同纠纷案[1]的法院裁判说明股权质押情形下可以增资。在深圳市盛康达投资有限公司、天津隆侨商贸有限公司侵权责任纠纷二审案[2]中，最高人民法院在二审判决书中作了更为明确的分析，认为增资方认缴出资到位的，未对质权人造成实际损害，可以增资；未实际到位的，则不应允许公司在此情形下增资，增资扩股行为无效。

实务中，各地市场监督管理部门尺度不一，有的市场监督管理部门认为股权质押时，不能办理公司增资相关变更登记。

（2）股权被冻结，公司能否增资？

对此法律也没有明文规定，原国家工商总局、最高人民法院有针对此问题的个案答复，但意见相悖。前者持肯定态度（《国家工商行政管理总局关于未被冻结股权的股东能否增加出资额、公司增加注册资本的答复意见》[3]），后者持否定态度（最高人民法院关于济南讯华传媒广告有限公司与威海海澄水务有限公司股权确认纠纷案中涉及法律问题的请示答复[4]）。司法实践中存在认为此种情形下不得增资的案例，但也有观点认为上述案例的裁判法律依据不足。

综上，目标公司股权被质押或冻结时进行增资，存在一些风险。如果是外部投资人增资，应考虑咨询当地市场监督管理部门，或考虑改为受让原股东未被质押或冻结的股权的交易方式。

---

[1] 最高人民法院（2010）民二终字第104号。
[2] 最高人民法院（2018）最高法民终281号。
[3] 工商法字〔2011〕188号。
[4]（2013）执他字第12号。

2.2 合同类型：名股实债的起草审查

“名股实债”也叫作“明股实债”，是公司法司法实务中一个热点问题，相关案例、文章很多，但主要是从诉讼角度考虑。基于本课程目的，仅对“名股实债”这类资金回报型合同的起草审查要点进行说明。

1. “名股实债”有担保的作用，也有“股”的风险，需要权衡利弊使用。

第一单元中已经提到，一般的“名股实债”就等于“股权让与担保 + 借贷”。

担保的作用是说：投资方持股，比一般的股权质押的效力还强一些。投资方可以同时安排人员担任董事甚至法定代表人、财务人员，名正言顺地对公司监管。如果未能还钱，投资方就继续持股，也不用像股权质押那样去强制执行了（虽然根据《民法典担保制度司法解释》第 68 条，其实并不能完全支持投资方取得股权，但这需要债务人另外去打官司才能要回股权）。这正是要搞“名股实债”而不是正常借贷的原因。

不过，如果各方协商一致，即使不占股，也未必不能做到（例如，也可以要求公司把法定代表人变更成我方指定的人员之后，我方才提供借款）。

“股”的风险是说：既然工商登记上是股东，就很可能要承担股东的风险，适用股权的相关规则。

“名股实债”下确实也有可能在诉讼中确认“这根本不是股，就是债”，乃至不适用股东与公司之间的相关规则，但这只是可能[1]。从事先角度讲，我们说“只要工商登记是股东，就很可能要承担股东的风险”，这肯定是没错的。

股东的风险是什么？至少包括：要履行出资义务，包括认缴出资时出资义务加速到期的义务——这意味着，“名股实债”下最好出资是实缴的；股东要求公司赔偿、回购等受到限制（可参考第三单元“公司、股东利益输送安排”介绍）；清

[1] 例如，如果认定实为借贷，是可以要求公司清偿的。可参见贺小荣主编：《人民法院民事审判第二庭法官会议纪要——追寻裁判背后的法理》，人民法院出版社 2018 年版，第 64 页。

算义务等。而且新《公司法》强化了这方面责任。

在有名的“新华信托案”[1]中，法院认定：

本院认为，首先在名实股东的问题上要区分内部关系和外部关系，对内部关系产生的股权权益争议纠纷，可以当事人之间的约定为依据，或是隐名股东，或是名股实债；而对外部关系上不适用内部约定，按照《中华人民共和国公司法》第32条第3款“公司应当将股东的姓名或者名称及其出资额向公司登记机关登记，登记事项发生变更的，应当办理变更登记，未经登记或者变更登记的，不得对抗第三人”之规定，第三人不受当事人之间的内部约定约束，而是以当事人之间对外的公示为信赖依据。本案不是一般的借款合同纠纷或股权转让纠纷，而是港城置业破产清算案中衍生的诉讼，本案的处理结果涉及港城置业破产清算案的所有债权人的利益，应适用公司的外观主义原则。即港城置业所有债权人实际（相对于本案双方当事人而言）均系第三人，对港城置业公司的股东名册记载、管理机关登记所公示的内容，即新华信托为持有港城置业80%股份的股东身份，港城置业之外的第三人有合理信赖的理由。

该案出来后，一时间“新华信托名股实债玩砸了、名股实债小心！”之类文章满天飞。但其实，这个风险在“名股实债”下本来就是存在的。

“股”的风险还包括通过股权转让取得股权和日后的股权回购环节还有税负成本。

总之，“名股实债”不是完全不能用，律师需要综合风险利弊，建议当事人选择“名股实债”或正常的债权投资。

另外，考虑“新华信托案”这种风险，在“名股实债”合同签订后，在被投资公司有破产风险时，要考虑提前退出股权，转为公司的普通债权人来主张债权。

2. 如果用“名股实债”来规避监管政策，要考虑违规风险。

前面第一单元已经提到，“名股实债”常常是监管政策要求进行股权投资下的不得已之举，也是变相违规之举，因此就要考虑违规的风险。不过，这一违规风险不足以导致“名股实债”类合同（包括其中的回购条款）无效。

3. 如果被认定“实为借贷”，那么约定的超出民间借贷利率上限的资金回报很可能不被支持。

---

[1] 新华信托股份有限公司与湖州港城置业有限公司破产债权确认纠纷案，湖州市吴兴区人民法院（2016）浙0502民初1671号。

实务中的资金回报型合同，约定的回报很可能超过民间借贷利率上限，尤其是回报采取“收益分成”模式的时候，如果收益超过预期，分成金额可能远超过利率上限。这种情况下，如果接受投资一方反悔，主张“实为借贷”，主张按民间借贷利率上限来支付利息，是很可能得到支持的。

如果改成“投资方承担风险，没有保底回购约定”，那资金回报当然就不受利率上限约束，但这等于换成另外一类交易结构了。这要看当事人是否愿意调整。

2.3 合同类型、合同主体：有限责任公司、股份有限公司与合伙企业的选择

当我们审查主体设立的有关协议（如出资协议、发起人协议、合伙协议）时，必然要适当考虑：究竟设立什么主体合适呢？有限责任公司、股份有限公司还是合伙企业？选择不同，对应的合同类型也就不同。因此这也可以归类于合同类型问题。

合伙企业与有限公司最大的不同是：普通合伙人要承担连带责任。就这一点已经决定了合伙企业不太适合作为一般的经营主体，只能在特定的场景下采用。在本课程第五单元“合伙企业”中对合伙企业的使用场景有专门介绍。

有限责任公司和股份有限公司对股东来说都是“有限责任”，也谈不上哪个“门槛”更高。二者的差异见表 2.3–1 所示：

表 2.3-1　有限责任公司与股份有限公司的区别

区别	有限责任公司	股份有限公司
出资义务	可认缴，五年内要缴清	发起人必须实缴
股东人数	50 人以下； 超过 50 人可以采取设立持股平台等间接方式	发起人 1~200 人，过半数在中国境内有住所； 2023 版《公司法》允许一人股份有限公司
公司治理	治理结构较简单； 股东会、董事会、监事会无年度召开最低次数限制，议事方式、表决程序自由约定限度大	2023 版《公司法》修订后，股份有限公司与有限责任公司的治理结构比较接近，只有少数特别要求； 股东会、董事会、监事会有年度最低召开次数的限制，议事方式、表决程序自由约定限度小
章程的自由约定限度	较高	较低

续表

区别	有限责任公司	股份有限公司
股权 / 股份的流动性	较低； 股东享有当然的转让股权优先购买权和增资的优先认缴权（“当然”指权利由法律直接赋予）	较高； 股东不享有当然的转让股份优先购买权和增资的优先认缴权
能否直接上市/新三板挂牌	不能； 需在上市 / 挂牌前整体变更为股份有限公司	能； 但必须符合上市 / 新三板挂牌条件，包括但不限于对经营期限、盈利等持续经营能力的要求

就实务来说，目前有限责任公司约 4800 万家，股份公司 100 万家左右，其中 5000 多家上市公司。

综合这些特征和实务，大致上：

1. 只在特定场景下使用合伙企业的组织形式，其他场景下基本不考虑。

2. 作为一般的经营主体，设立有限责任公司是更符合实际的、常规的做法，设立股份公司是非常规做法。

2023 版《公司法》要求股份公司发起人必须在公司设立时完成全部注册资金实缴，是一个新增的不利因素。

尤其是对于规模不大、没有特殊的内部治理要求的公司，基本上是设立有限责任公司。

3. 在特殊情况下，如股东人数超过 50 人且不愿采取间接持股方式，或者股东希望股份流动性较高、公司治理更为规范等，可以考虑选择设立股份有限公司。

4. 对于以未来尽快上市 / 新三板挂牌为目的成立的公司，可以考虑直接设立股份有限公司，也可以先设立有限责任公司，在申请上市 / 挂牌前整体变更为股份有限公司。

2.4 合同主体：股东

对于外商投资的问题（也就是外国投资者能否作为股东的问题），请参见第六单元“外商投资”。

一、股东资格

1. 关于自然人的股东资格的说明。

（1）法律法规等规范性文件明确禁止或限制从事营利性活动的自然人，在禁止或限制范围内不得成为股东。这类主体主要是军人、具有或曾经具有公职身份或国企领导职务的人士。

如军人（《中国人民解放军内务条令（试行）》第105条），在职国家公务员不得违反有关规定从事或者参与营利性活动，在企业或者其他营利性组织中兼任职务（《公务员法》第59条）；原系领导成员、县处级以上领导职务的公务员在离职（辞去公职或者退休）三年内，其他公务员在离职两年内，不得成为与原工作业务直接相关的公司的股东（《公务员法》第107条）；中纪委、国资委发布的规范性文件中对国家机关领导干部、国有企业领导人员的对外投资行为的限制，导致其不得或被限制作为股东的自然人。

就违反禁止或限制规定的法律后果，以下分为自持与委托他人代持两种情形分析：

自行持有股权：一般认为以上规范性文件的有关规定并非效力性强制性规定，不影响民事行为的效力，即出资协议、股权转让协议等效力不受影响；在市场监督管理部门办理工商登记时，所需提交资料中并不包含自然人的职业、职务情况，因此办理工商登记应无障碍。不过一旦产生争议，尽管主流裁判观点对违反以上规范性文件的投资行为和投资收益予以认可，但要求办理工商登记的主张可能无法得到法院支持。

此外，上述违反规定的个人营利性行为会受到其所在单位及相关部门的行政处理，通常还会要求限期改正。

委托他人代持股权：一般认为代持协议并非无效，但显名的主张可能无法得到法院支持。

（2）无民事行为能力人、限制民事行为能力人能否成为股东？

尽管学理上存在争议，但实践中，《国家工商行政管理总局关于未成年人能否成为公司股东问题的答复》（工商企字〔2007〕131 号）认为，“《公司法》对未成年人能否成为公司股东没有作出限制性规定。因此，未成年人可以成为公司股东，其股东权利可以由法定代理人代为行使”，市场上也不乏此类公司，如北京银行 IPO 前的股东中就存在多名未成年人股东。同理，不能辨认或者不能完全辨认自己行为的成年人基于监护制度的存在，也可以成为公司股东，其股东权利可以由监护人（法定代理人）代为行使。

2. 关于部分法人或非法人组织的股东资格的说明。

（1）被限制成为其他行业股东的组织：

法律明确禁止某些专业机构不得投资其他行业的，这些专业机构就不得成为这些行业内的公司的股东。

比如，《律师法》第 27 条规定：“律师事务所不得从事法律服务以外的经营活动”，因此律师事务所不得作为其他行业的公司股东。《商业银行法》第 43 条规定：“商业银行在中华人民共和国境内不得从事信托投资和证券经营业务，不得向非自用不动产投资或者向非银行金融机构和企业投资，但国家另有规定的除外。”因此，商业银行原则上不得成为非金融机构和企业的股东。

（2）村委会、村集体经济组织能否作为股东？

村委会、村集体经济组织均是《民法典》规定的法人的类型。二者能否作为股东，换言之，也就是村集体财产能否对外进行股权投资，以及以谁的名义投资。

根据农业农村部发布的《农村集体经济组织示范章程（试行）》（农政改发〔2020〕5 号）对农村集体经济组织的职能描述，“本社依法履行管理集体资产、开发集体资源、发展集体经济、服务集体成员等职能，开展以下业务：（一）保护利用本社成员集体所有或者国家所有依法由本社集体使用的农村土地等资源，并组织发包、出租、入股，以及集体经营性建设用地出让等；（二）经营管理本社成员集体所有或者国家所有依法由本社集体使用的经营性资产，并组织转让、出租、入股、抵押等……”由此可以看出，村集体资产可以进行股权投资，并由集体经济组织来履行投资者职能，村集体经济组织是可以作为股东的。

结合《民法典》第 101 条“未设立村集体经济组织的，村民委员会可以依法代行村集体经济组织的职能”的规定，村委会也是可以作为股东的。

（3）工会、职工持股会能否做股东？

首先，工会、职工持股会的法律性质是：

基层工会是用人单位中以工资收入为主要生活来源的劳动者自愿组成的组织。根据《工会法》第15条以及《民法典》的相关规定，符合条件的基层工会可以依法取得社会团体法人资格。

职工持股会则是负责管理企业内部职工股份、代表持股职工行使股东权力、履行股东义务、维护持股职工利益的内部组织。尽管《关于外经贸试点企业内部职工持股会登记暂行办法》（总工发〔2001〕22号）规定：“外经贸试点企业成立的职工持股会，依托本企业工会法人，以工会法人作为股东或发起人，办理工商登记注册。”但目前民政部门已不再接受职工持股会的社团法人登记，职工持股会不再具备法人资格。

其次，关于工会、职工持股会能否成为股东的问题：

《中国证券监督管理委员会法律部关于职工持股会及工会持股有关问题的法律意见》（法协字〔2002〕第115号）指出：“工会成为上市公司的股东与其设立和活动的宗旨不符。”也就是说，工会法人可以作为非上市公司的股东，但不得作为上市公司股东。

总工发〔2001〕22号文则规定，职工持股会的资金不能进行本公司以外的其他投资活动。结合法协字〔2002〕第115号法律意见：“对于工会或职工持股会持有拟上市公司或已上市公司的子公司股份的，可以不要求其清理。”可见，职工持股会不得成为股东，已登记为股东的职工持股会也已是历史状态，不再有新增。

（4）事业单位能否做股东？

根据《国家工商行政管理局关于企业登记管理若干问题的执行意见》（工商企字〔1999〕第173号）的规定，事业单位具备法人资格的，可以作为公司股东或投资开办企业法人，但依照中共中央、国务院的规定不得经商办企业的除外，不过该文件已经失效。根据目前有效的《事业单位登记管理暂行条例实施细则》第57条的规定，事业单位进行从事经营活动或者兴办企业，申办有关执照时，应当向有关部门出示《事业单位法人证书》，由该规定可以看出，目前事业单位是可以投资做股东的。

（5）机关法人、社会团体法人可以成为股东，但法律法规明确禁止从事投资和经营活动的除外。

3. 特殊行业的股东资格要求。

某些特殊行业对股东资格（也可以说是"股东条件"）有特别要求。工商登记前置审批中，对某些特殊行业企业资格或资质类的行政许可，一般对股东资格均有要求；金融类企业对股东资格一般有特别要求。因此，在具体的股权类交易中，需注意检索相关法律法规及其他规范性文件，确认是否存在对股东资格的强制性要求。

例如，《公开募集证券投资基金管理人监督管理办法》要求一家机构或者受同一实际控制人控制的多家机构参股基金管理公司的数量不得超过 2 家，其中控股基金管理公司的数量不得超过 1 家；《保险公司股权管理办法》区分出财务类、战略类、控制类股东，并规定了不同的股东资格条件。

在合同起草审查层面，可以将出资人承诺主体资格符合法律法规及监管规范的要求，作为出资协议中陈述与保证条款的一部分，但更为重要的是通过事先审查，确保没有不得作为股东的情形。

相关模板：19540 设立非一人有限责任公司成套文本（内资）—出资协议

关于公司设立与出资的陈述与保证

协议各方均承诺：

该方确认自身符合法律法规及监管规范等规范性文件规定的拟设公司股东所需满足的条件，不存在不得作为拟设公司股东的情形。

二、股东人数限制

根据《公司法》第 42 条，有限责任公司的出资人不得超过 50 人。

如超过人数上限，将无法办理公司登记。因此，设立、增资、转让交易中均需预先审查，看交易完成后目标公司的股东人数是否超过人数限制。

如果发现交易的实施将会导致超过人数上限的，应考虑下列措施中的一种或多种：

1. 考虑通过间接方式取得目标公司股权，如设立持股平台间接持股、受让目标公司母公司的股权等。

持股平台常见形式有有限责任公司、有限合伙企业或资产管理计划等金融产品。

2. 股权代持。多个出资人 / 增资方 / 受让方委托一个主体代持。不过股权代持有其固有风险，在多个投资方之间系关联方的情况下可考虑，除此之外建议尽量不采用这种方式。

相关课程：《合同起草审查指南：公司卷》“股权权能安排（二）：股权代持协议”

3. 在股权转让或增资场合，受让方/增资方可以要求目标公司调整股权结构减少股东人数，并将完成上述调整作为支付股权转让价款或实缴出资的前提条件。

三、特定情形下可能构成违法公开发行证券

违法公开发行证券的，会导致责令退还所募资金、罚款、取缔等责任（《证券法》第180条），严重的可能构成“擅自发行股票罪”（《刑法》第179条）。——虽然在实务中这主要是针对股份公司的，但如果有限责任公司存在公开面向众多人发行“股票、股权证书”的类似操作（如“股权众筹”），则同样属于违法公开发行证券。如在起草审查出资、增资、股权转让等协议时，发现当事人可能构成违法公开发行证券的行为，应立即提示风险，建议当事人停止此类做法。

四、是否存在“共有人”

1. 股权是否存在共有？

是否存在“共有人”也就是说股权能否“共有”，这既可以说是合同主体的问题，也可以说是合同标的问题。

物权、知识产权均存在共有，这种共有可以登记；即使只登记在一方名下（如房产），也很可能属于夫妻共同财产。在对物权、知识产权进行买卖转让、抵押质押等处置时，都需要充分考虑共有人的意见。

股权登记中也不存在像房产一样的共有登记，只能登记在一个主体名下。股权是否存在“共有”，包括最容易出现的“股权是否可以夫妻共有”，一直以来都饱受争议。不过《最高人民法院第二巡回法庭2020年第3次法官会议纪要》中提到：

股权是股东基于其股东身份和地位而在公司中享有的权利，包含资产收益权、参与重大决策和选择管理者等，兼具财产权与人身权属性。

根据《公司法》规定，取得完整无瑕疵的股东资格和股东权利，应同时符合向公司出资或认缴出资这一实质要件和被记载于公司股东名册等相关文件这一形式要件。换言之，出资并非取得有限责任公司股权的充分条件，不能仅因出资来

源于夫妻共同财产而认定该股权为夫妻共同共有。当股权登记于夫妻一方名下时该股权的各项具体权能应由股东本人独立行使，股东有权单独处分该股权。如无恶意串通损害另一方利益等导致合同无效的情形，登记为股东的一方应按合同约定履行股权转让义务，但根据原《婚姻法》及其司法解释的相关规定，因转让该股权而取得的收益属于夫妻共同财产。

上述不应作为共有财产的观点应该算是主流裁判观点。

2. 风险应对措施：

从上面分析可以看出，"股权共有"的风险比类似房产共有的风险少一些（对于股权处置类交易而言），但仍存在。为尽可能地降低交易风险，建议：

（1）从"共有人"的角度，不建议约定以共有的方式持有股权。确有必要的，可以确定各自持股份额、单独持有，同时如有需要可以通过表决权委托、一致行动等方式统一行动。

（2）从受让股权一方的角度，出让股东是个人且有配偶的，尽量取得其配偶对股权处分行为的书面同意或共同签署协议。

配偶不参与签署的，应在协议中由股东承诺其对股权享有所有权和独立的完全的处分权，该股权上无他人合法权益。

五、一人公司（含实质一人公司）的风险

一人公司，就是只有一个股东的公司。

2023 版《公司法》删除了"一人有限责任公司的特别规定"这一节，原来"一个自然人只能设立一个一人公司、一人公司不能再设立新的一人公司"等规定都没有了。所以现在，对一人公司和多个股东的公司的股东资格要求是一样的了。

1. 一人公司股东对公司债务承担连带责任的风险。

（1）《公司法》第 23 条规定，"只有一个股东的公司，股东不能证明公司财产独立于股东自己的财产的，应当对公司债务承担连带责任"。

实务中，原告起诉一人公司时，也常常将股东作为共同被告。[1] 而在执行程序中，根据《最高人民法院关于民事执行中变更、追加当事人若干问题的规定》第 20 条，一人公司作为被执行人时，申请执行人可以要求追加股东作为被执行人。

---

[1] 如（2020）最高法民申 4652 号、（2020）最高法知民终 499 号、（2020）最高法知民终 1152 号、（2016）最高法民申 1464 号等案件。

（2）一人公司股权转让时的股东责任问题。

假设先股权转让、后发生债务，这肯定没有理由要求原股东承担责任，只会考虑一人公司现股东的责任。需要讨论的是，一人公司先发生债务、后股权转让，原股东（这是指债务发生期间的股东）、现股东如何承担责任？

第一种情形“股权转让前后均是一人公司”：原股东、现股东都可能承担连带责任。

第二种情形“股权转让前是一人公司，转让给多个股东成为一般有限责任公司”：原股东可能承担连带责任，现股东不承担责任。[1]

（3）“实质一人公司”可能参照一人公司规定。

“实质一人公司”表面上有多个股东，但多个股东之间因为亲属、控制、代持等关系实质上类似一人公司的公司。在最高人民法院（2019）最高法民再 372 号判决书中，法院认为夫妻两人作为股东的公司与一人公司在主体构成和规范适用上具有高度相似性，股东要承担公司财产独立于股东自身财产的举证责任。但需要注意的是，“实质一人公司”的认定和法律适用是有争议的，只能说“实质一人公司”可能导致股东对公司债务承担连带责任。[2]

2. 律师如果发现股权取得类合同的交易结果会形成一人公司（包括实质一人公司），或者成为一人公司的股东，应该提示风险，适当考虑调整交易结构。

特别是股东是自然人的情况下，股东的风险更大。

律师要主动为当事人考虑新设有限公司、增加其他股东等方式，避免形成一人公司或实质一人公司。

---

[1] 可参见白昊律师团队：《诉说合同审查——诉讼案例视角辨析合同漏洞》，法律出版社 2023 年出版，第 33～35 页。

[2] 可参见《实质一人公司的法律问题探析》，载微信公众号“德和衡商事争议解决”，2023 年 3 月 27 日发布。

2.5 合同标的：出资方式

一、出资方式要点总体归纳

1. 关于出资方式，总体上分为货币出资与非货币资产出资。

需要注意的是，《公司法》虽然取消了最低注册资本金的规定，出于监管需要，根据现行法律法规，一些特殊行业的公司注册申请或者某些资质的申请[1]仍必须达到一定注册资本金额，同时对实缴出资、出资方式也多有要求。比如，基金业协会发布的《私募投资基金登记备案办法》要求“实缴货币资本不低于1000万元，应当以货币出资”（第5条、第8条）。

相关知识点：152 特殊行业最低注册资本金要求

2. 货币出资方式是最典型最常见的出资方式，也是《公司法》第48条列明的出资方式，因此无须进一步分析。

3. 非货币资产出资的应对较为复杂。

非货币资产出资需要二步审查：

第一步，审查法律法规等对特殊行业的股东出资方式是否有特别要求，是否允许非货币出资以及出资比例有无限制。在允许非货币出资的前提下，进入下一步审查。

第二步，审查非货币资产是否符合法律规定的一般条件。

《公司法》第48条对公司出资方式的规定采用了概括与列举相结合的立法技术，从文义解释的角度，非货币出资需具备三个条件：可以货币估价，可依法转让，非法律法规禁止出资财产。

此外，根据《市场主体登记管理条例》等规定，非货币出资还需权属清晰、无担保等权利负担。

在合同条款的处理上，则需确保合同条款对非货币资产信息的约定足以指向特定资产，并对资产状况作出陈述与保证。

---

[1] 如公司的业务经营需要该资质，那么在公司设立之初或增资时就应考虑资质申请的要求。

4. 对于不能用于出资或实务中存在争议的非货币资产出资：

律师应与当事人沟通，了解其目的，建议当事人优先采取变通的出资方式。根据最终沟通一致的出资方式选择相配套的合同条款。

二、非货币资产出资特别说明

1. 常见非货币资产归纳。

根据相关法律法规并结合实务，常见的可以用于出资、不能用于出资，以及是否能用于出资在实务中存在争议的非货币资产情况梳理如表 2.5–1 所示：

表 2.5-1　常见非货币资产是否可用于出资归纳

类别	非货币资产
可以用于出资	动产（常见的有机器设备、车辆等）； 房产； 国有土地使用权、集体土地使用权（建设用地）； 土地经营权（农村土地）； 知识产权（商标权、专利权、著作权、植物新品种权、技术秘密）； 股权、股份； 探矿权、采矿权（矿业权）、取水权等（用益物权）； 债权
实务中存在争议	知识产权许可使用权； 动产或不动产使用权（非用益物权）；
不能用于出资	信用； 自然人姓名； 商誉； 特许经营权； 设定了担保的财产； 劳务

2. 非货币出资与资产评估、出资补足责任。

《公司法》第 48 条规定，非货币出资应当评估作价，核实财产，不得高估或者低估作价；法律、行政法规对评估作价有规定的，从其规定。另有规定的典型如国家出资企业以非货币资产对外进行股权投资。

不过《公司法》对评估作价无具体程序要求。在实务中，认缴制施行后，市场监督管理部门也已经不要求非货币出资必须提交评估报告、验资报告。因此，非货币出资是否存在虚假出资、瑕疵出资，成为一个事后判断问题。

根据《公司法司法解释（三）》第 9 条的规定：“出资人以非货币财产出资，未依法评估作价，公司、其他股东或者公司债权人请求认定出资人未履行出资义务的，人民法院应当委托具有合法资格的评估机构对该财产评估作价。评估确定的价额显著低于公司章程所定价额的，人民法院应当认定出资人未依法全面履行出资义务。”同时第15条也规定：“出资人以符合法定条件的非货币财产出资后，因市场变化或者其他客观因素导致出资财产贬值，公司、其他股东或者公司债权人请求该出资人承担补足出资责任的，人民法院不予支持。但是，当事人另有约定的除外。”因此，对于因市场变化或者其他客观因素导致出资财产贬值的，如要求出资人承担补足责任，需要明确约定。反向的，非货币资产在投入之初也存在价值被低估的可能。实务中，可考虑对价值被高估、被低估的情形下调整股东持股比例进行约定。

3. 可用于出资资产的补充说明。

（1）集体土地使用权出资必须是建设用地，且需经批准。

根据《土地管理法》第60条规定，“农村集体经济组织使用乡（镇）土地利用总体规划确定的建设用地兴办企业或者与其他单位、个人以土地使用权入股、联营等形式共同举办企业的，应当持有关批准文件，向县级以上地方人民政府土地行政主管部门提出申请，按照省、自治区、直辖市规定的批准权限，由县级以上地方人民政府批准；其中，涉及占用农用地的，依照本法第四十四条[1]的规定办理审批手续”。

综上，农村的集体建设用地土地使用权在依法经有审批权限的政府机关批准后，可以用于出资。

（2）土地经营权用于出资需取得权证。

根据《农村土地承包法》第53条的规定，“通过招标、拍卖、公开协商等方式承包农村土地，经依法登记取得权属证书的，可以依法采取出租、入股、抵押或者其他方式流转土地经营权”。《民法典》第342条有相同规定。

因此，上述情况下可以用土地经营权出资。应注意的是，这里的土地经营权，不是承包人从集体经济组织取得的农村土地承包经营权，而是从土地承包经营权中分离出来的土地经营权。

[1]《土地管理法》第44条规定，建设占用土地，涉及农用地转为建设用地的，应当办理农用地转用审批手续。永久基本农田转为建设用地的，由国务院批准。在土地利用总体规划确定的城市和村庄、集镇建设用地规模范围内，为实施该规划而将永久基本农田以外的农用地转为建设用地的，按土地利用年度计划分批次按照国务院规定由原批准土地利用总体规划的机关或者其授权的机关批准。在已批准的农用地转用范围内，具体建设项目用地可以由市、县人民政府批准。在土地利用总体规划确定的城市和村庄、集镇建设用地规模范围外，将永久基本农田以外的农用地转为建设用地的，由国务院或者国务院授权的省、自治区、直辖市人民政府批准。

（3）划拨土地使用权不得直接用于出资。

划拨土地使用权不得直接用于出资，需要国家收回变更为出让土地，才能用于出资，才能变更到公司名下。

根据《公司法司法解释（三）》第8条规定，出资人以划拨土地使用权出资的，公司、其他股东或者公司债权人主张认定出资人未履行出资义务的，人民法院应当责令当事人在指定的合理期间内办理土地变更手续；逾期未办理的，人民法院应当认定出资人未依法全面履行出资义务。

在海南三亚国家级珊瑚礁自然保护区管理处、周春梅等股东出资纠纷再审案[1]中，法院对《公司法司法解释（三）》第8条作了如下解读："《最高人民法院关于适用〈中华人民共和国公司法〉若干问题的规定（三）》第八条规定的本意就是考虑到在司法实践中如果划拨土地使用权存在的权利瑕疵可以补正，且在法院指定的合理期限内实际补正的，可以认定当事人以划拨土地使用权出资的效力。但能否补正瑕疵的决定权在于土地所属地方政府及其土地管理部门，人民法院判断出资行为的效力应以瑕疵补正的结果作为前提。"

（4）符合条件的股权、股份可以用于出资。

根据《公司法司法解释（三）》第11条之规定：

出资人以其他公司股权出资，符合下列条件的，人民法院应当认定出资人已履行出资义务：

（一）出资的股权由出资人合法持有并依法可以转让；

（二）出资的股权无权利瑕疵或者权利负担；

（三）出资人已履行关于股权转让的法定手续；

（四）出资的股权已依法进行了价值评估。

股权出资不符合前款第（一）、（二）、（三）项的规定，公司、其他股东或者公司债权人请求认定出资人未履行出资义务的，人民法院应当责令该出资人在指定的合理期间内采取补正措施，以符合上述条件；逾期未补正的，人民法院应当认定其未依法全面履行出资义务。

股权出资不符合本条第一款第（四）项的规定，公司、其他股东或者公司债权人请求认定出资人未履行出资义务的，人民法院应当按照本规定第九条的规定处理。

---

[1] 最高人民法院（2016）最高法民再87号。

根据以上规定，符合法定条件的股权、股份可以用于出资。这意味着，可以面向其他公司股东增发股权，其他公司股东以其股权作为出资，就实现了增发股权而无须现金（或只需部分现金）来收购其他公司股权的目的。

（5）技术秘密可以用于出资。

《公司法》第48条规定知识产权可以作为出资,《民法典》第123条规定知识产权包括商业秘密。

技术秘密作为企业的商业秘密，属于知识产权的范畴，因此应可用以出资。但反过来，商业秘密未必都能出资，如客户名单属于商业秘密，但显然不能作为出资的内容。

4. 实务中存在争议的出资说明。

（1）知识产权许可使用权出资，目前存在争议。

知识产权有专有权转让与许可使用两种利用方式。前者是指权利人将其知识产权的专有权，依照法定的程序移转于受让人的法律行为，在效果上与物权所有权之移转相同。后者是指权利人保留所有权，通过订立许可合同的方式，许可他人使用其知识产权的法律行为。转让（专有权转让）无疑是知识产权出资最为传统可行的做法，理论界的主要争议在于权利人能否以许可使用的方式投资于公司，也即以使用许可权出资。[1]

肯定观点认为许可使用权属于知识产权中的财产性权利，可以依法转让、可以货币估价，法律法规未禁止用以出资，因而符合非货币出资的标准。

否定观点认为许可使用权仅是知识产权的一项权能，并非完整的资产，不宜作为出资的方式。一般情况下，股东将出资财产投入公司，该项财产即应完整地脱离股东而成为公司财产。公司可以任意且自由地处分自身财产，无须出资人的配合及协助。但知识产权许可使用权作为出资财产后，公司对于自身财产的保有和处置，仍需知识产权所有权人协助（如按时交纳专利年费以维持专利的有效性），这与一般非货币财产出资的规定存在区别。况且，如何办理知识产权许可使用权权属变更登记，使之转移至公司名下，现行法律未作出明确规定。因此，不宜将许可使用权单独作为股东出资予以认定。

实务中，各地的市场监督管理部门（原工商局，现市场监督管理部门）对知

[1] 最高人民法院民事审判第二庭编著:《最高人民法院关于公司法解释（三）、清算纪要理解与适用》（注释版），人民法院出版社2016年版，第172～173页。

识产权许可使用权能否用于出资的理解不同。例如，北京市工商部门对专利使用权出资持否定态度；但也有部分地区出台了允许专利使用权出资试点的规范性文件。例如，上海市工商部门曾于2011年颁布《上海市工商局关于积极支持企业创新驱动、转型发展的若干意见》（已废止），提出“扩大知识产权出资范围，开展专利使用权、域名权等新类型知识产权出资试点工作”。湖南省科学技术厅、湖南省工商行政管理局、湖南省知识产权局2014年12月9日颁布《关于支持以专利使用权出资登记注册公司的若干规定（试行）》也允许使用专利使用权出资，但该规定的试用期为2年，现已失效。

综上，知识产权许可使用权出资，目前在理论和实务层面仍存在较大争议。

（2）动产或不动产使用权（非用益物权）能否用于出资，目前存在争议。

《公司法》第48条列举了实物、土地使用权可用以出资，除土地使用权及其他规范性文件中明示可以用以出资的用益物权外，动产与不动产使用权可否用作出资存在争议。

理论上，只要符合出资条件，就可以用作出资。

实务中，各地的市场监督管理部门对动产或不动产使用权（非用益物权）能否用于出资的理解并不统一。如北京市朝阳区与南京市江宁区市场监督管理局对以厂房使用权或机器设备使用权作为出资均持否定态度，而深圳市市场监督管理局则持肯定态度。

（3）对目标公司的债权肯定可以作为出资，对第三方的债权能否作为出资以前存在争议。

2023版《公司法》第48条新增了债权可以用于出资。《市场主体登记管理条例实施细则》第13条规定，“依法以境内公司股权或者债权出资的，应当权属清楚、权能完整，依法可以评估、转让，符合公司章程规定。”

在实务中，对目标公司的债权作为出资是很常见的，即“债转股”。但是，对第三方的债权能否作为出资，“有观点认为债权虽为财产权，但同时也是一种请求权，债权实际回收金额依赖于债务人或担保方的履约能力、履约意愿等，无法保证公司资本的充足性，不宜用于出资；也有观点认为‘债权是一种只有在一定期限届满后才能实现的权利，因此，债权出资属于信用出资，如以债权出资，公司在未能实际享受权利，即债权未能实现前，股东不应享有股东权利。’”[1]实务中市

[1] 施天涛：《公司法论》（第4版），法律出版社2018年版，第181页。

场监督管理部门也有不接受的。

2023 版《公司法》施行后，对第三方的债权作为出资应该会被允许。

5. 非货币出资方式的注意事项。

这主要是从目标公司、其他股东的角度。

（1）对于可用于出资的资产：

除了在出资协议、增资协议、公司章程中对出资方式进行约定以外，各方还可能在配套协议中专门约定非货币出资的具体安排，这包括：

- 用于出资的资产详细信息、范围。
- 资产评估作价的安排。
- 资产转让过户到目标公司名下的时间、具体安排。
- 出资方对资产承担的价值、质量、权利无瑕疵方面的担保。包括可以约定资产严重贬值时的补足出资责任。
- 出资方出资被低估的某些特定情形下，持股比例调整安排。
- 出资方对资产承担的维护、配套服务等责任。

（2）实务中存在争议的出资：

尽量不要直接使用前述有争议的财产出资，优先采取变通出资方式。

如果不同意使用变通出资方式，且经咨询该地的市场监督管理部门允许该出资方式，则可采取直接出资的方式，并可参照上面几点处理，特别是资产的详细信息、对资产价值及权利无瑕疵方面的担保。

6. 变通出资方式：本课程建议采取专门的“配套协议”来处理，请参考第三单元中“变通出资（代出资）安排”介绍。

三、认缴出资制的重大变化：谨慎约定认缴出资金额

1. 股东出资义务大大强化，谨慎约定出资金额。

2023 版《公司法》最引人注目的变化之一就是：第 47 条要求，“全体股东认缴的出资额由股东按照公司章程的规定自公司成立之日起五年内缴足”。对于之前设立的公司的认缴出资，估计国务院很快将出台如何过渡的文件。

除了原有的“设立时的其他股东承担连带责任”（第 50 条）的规定以外，2023 版《公司法》还新增加了股东未履行出资义务的赔偿责任（第 49 条）、董事会的催缴义务和未履行催缴义务的赔偿责任（第 51 条）、未缴纳出资的股东失权制度（第 52 条）、股东抽逃出资时董事监事高管的连带责任（第 53 条）、不能清

偿到期债务时的加速到期制度（第 54 条）、股权转让双方的连带或补充责任（第 88 条）。

这一套“组合拳”的目的就是全面落实股东的出资义务，“认缴”基本上就等于“延期付款的实缴”了。

这意味着：“为了显示公司实力，注册资本 1 亿元、出资期限 100 年”的时代一去不返了（其实原来也有加速到期的风险）。律师应该建议股东，根据实际出资意愿和能力来设置注册资本金额，如果拿不准，可以日后再增资，不宜轻易地写一个难以承受的出资金额。

2. 取得“老股”时出资责任的风险增大。

不仅是股权转让，用股权作为出资（等于目标公司受让了股权）也有这个问题。

（1）法律上的规则：后续出资义务由受让方承担，转让方承担补充责任；原出资瑕疵责任，如果受让方知道或应当知道，则可能承担连带责任。

上述规则来自《公司法》新增的第 88 条，对股权转让下的双方来说，责任都加重了，需要有所应对。

（2）实务中的约定：

如果没有瑕疵出资问题，也没有未到期的认缴出资，就比较简单，合同中只需要约定：由转让方、目标公司确认已经全部实缴，否则应承担违约责任。

如果有未到期的认缴出资义务：原来一般是约定由受让方承担出资义务。现在也仍然可以这样约定，但转让方需要考虑“如果受让方日后未履行出资义务，转让方要承担责任”，也许可以要求受让方在本次交易中就完成出资义务（这会增加现金支出），或者要求受让方提供一定担保直至受让方履行完成出资义务。

如果有已经披露或者账簿、审计中能够发现的瑕疵出资（包括未出资、出资不实、抽逃出资等）：原来一般也是约定受让方在一定期限内缴足出资，由目标公司、其他股东豁免逾期出资、抽逃出资的责任；虽然法律上是由转让方承担责任，但既然受让方要出钱受让股权，受让方自己出钱来解决更好。

请注意，在新规之下，上述未到期的认缴出资、瑕疵出资的处理下，转让方都会有一个风险，“如果受让方日后未履行出资义务，转让方要承担责任”，也许可以选择现在就完成出资义务（如由受让方从转让价款中支付一笔钱给公司，用于完成出资义务，但这等于减少了转让方的现金收入），或者要求受让方提供一定担保直至受让方履行完成出资义务。——总之，这方面会增加一些麻烦。

2.6 合同程序：股权取得类交易的合同程序

这里把“合同程序”知识分为两部分，先主要介绍出资、增资、股权转让、合并、分立等股权类交易的合同程序，再介绍资产收购的合同程序。

“合同程序”是《合同起草审查指南：三观四步法》的原创概念，关于合同程序的一般知识请参考《合同起草审查指南：三观四步法》中“宏观—合同程序”方面的内容。

相关课程：合同程序（一）：批准

一、股权类交易“合同程序”简要归纳

与其他民商事合同相比，公司类合同涉及的合同程序较为多样，《合同起草审查指南：三观四步法》中几乎所有的合同程序类型在公司类合同中都有出现，其中有些程序是公司类合同所特有的，如转投资内部决议程序、股权内部登记程序、工商登记。

表 2.6–1 中，参考《合同起草审查指南：三观四步法》中的“合同程序类型归纳”，结合公司类合同的具体要求、场景，简要介绍了公司类合同所涉及的主要合同程序。交易当事人可自行选择的附加程序（包括一般合同公证、公证债权文书、律师见证等）未予以说明，但仍可以在实务中根据相关程序的特点而采用。

表 2.6-1　公司类合同中的“合同程序”概览

类型	细分	说明
批准	具体交易类批准	1. 股权取得类交易：如银行、保险、证券、期货公司的股权重大交易类合同（具体以法律规定为准），根据相关法规需经批准。审查此类合同时，需要审查是否会触发审批要求； 此类批准相当一部分是工商登记前置审批［见《市场监管总局关于调整企业登记前置审批事项目录的通知》（国市监注发〔2021〕17号）］，即未经批准，无法办理相应工商登记； 2. 有关经营者集中的合同：根据《反垄断法》第 25 ~ 27 条需经批准； 3.《外商投资安全审查办法》申报范围内的外商投资，实施投资前需进行申报
	资质类批准	出资协议、分立协议等均可能涉及主体从事某类业务、交易，而该类业务、交易可能需要资质类批准。例如，设立证券公司须经证监会审批； 这些审批可能是工商登记前置审批，也可能是工商登记后置审批（工商登记之后再取得批准）
	其他批准	除前两类批准程序外，规范性文件规定的其他批准要求。例如，《保安服务管理条例》第 12 条规定，保安服务公司变更法定代表人需经原审批公安机关审核
登记	物权类权利登记	涉及资产转移的公司类合同需关注该程序，如公司合并协议、公司分立协议、资产收购协议
	知识产权类权利登记	涉及资产转移的公司类合同需关注该程序，如公司合并协议、公司分立协议、资产收购协议
	工商登记及其他主体登记	包括主体设立、变更、注销登记，一般企业均由市场监督管理部门进行登记，也有部分其他主体由其他主管机关登记； 其中“股权工商登记”（股权外部登记 / 股权变更登记）影响股权的对抗效力，因此对股权取得类合同有重大意义，需特别注意
备案	合同或行为需向国家机关进行备案	例如，涉及外商投资企业的，根据《外商投资法》第 34 条确立的外商投资信息报告制度履行信息备案
主体内部程序	公司内部程序	有限责任公司、股份有限公司作为交易主体或目标公司均可能涉及内部程序，主要包括决议程序（股东会决议或股东大会决议、董事会决议）、股东同意与优先权程序、股权内部登记程序等
	合伙企业内部程序	合伙企业作为合同主体时，可能需要履行合伙企业内部程序（全体普通合伙人一致同意等）
	村集体内部程序	村集体经济组织、村委会作为合同主体时，可能需要履行成员（代表）大会、村民（代表）会议审议程序
	其他主体内部程序	根据相关规范性文件及该主体内部治理或管理文件执行

续表

类型	细分	说明
特殊交易程序	国有资产交易特殊程序	国有资产交易的合同涉及批准（国家机关或上级单位）、评估、进场（产权交易所）交易等程序，受《企业国有资产法》《企业国有资产交易监督管理办法》等诸多专门法规约束
	上市公司特殊程序	上市公司作为主体的重大交易类合同，可能涉及证监会核准（或称批准）或注册、交易所核准（或称批准）程序以及信息披露规则等
通知公告程序		合并分立操作中，需要以通知、公告等方式告知债权人

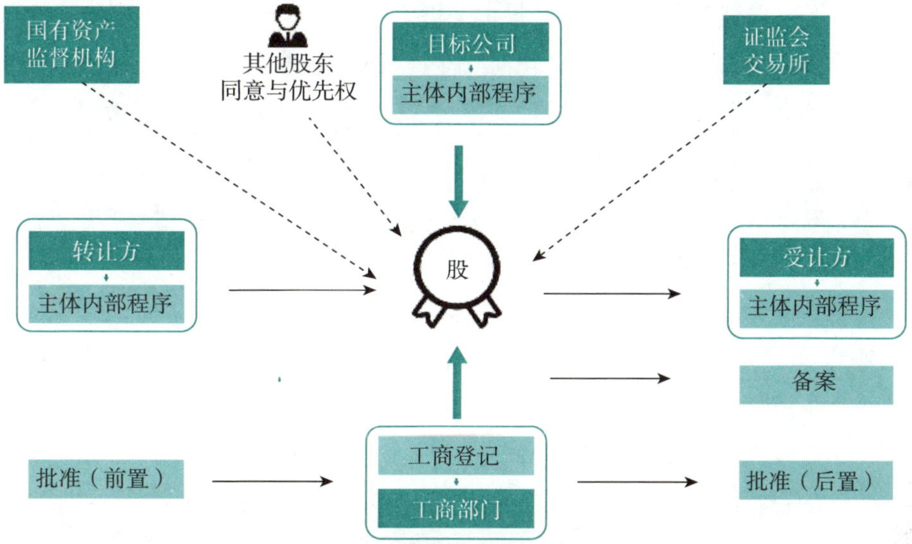

图 2.6-1　股权转让合同程序

接下来，我们对几类重点程序进行说明。

二、公司内部程序之决议程序

1. 决议程序与公司类合同。

股东会、董事会作为公司治理机构，可以对职权范围内的事项作出决议。这些事项包括一些公司类合同的签订履行。因此在起草审查公司类合同时就必须考虑这些决议程序。

为便于表述，这里将股东会、董事会统称为有权机构；这里所说的公司是指有限责任公司，但股份公司也可以适当参照。

2. 涉及决议程序的合同类型。

哪些合同要考虑决议程序，取决于哪些交易事项在有权机构职权范围内。而有权机构的职权又来自《公司法》的规定，包括第 59 条（股东会职权）、第 67 条（董事会职权）、第 15 条（公司担保）等；公司章程的规定；股东之间的约定或者说是股东协议约定。也就是既有法定，又有约定。因此具体什么事项属于有权机构的职权，是由股东会还是由董事会决议，决议的比例的要求等，需要根据法律规定和章程、股东协议约定综合来判断。

在公司及并购类合同中，一般需要注意考虑的是：

（下面这些类型有一定交叉）

（1）公司向其他企业投资（转投资）相关合同。

根据《公司法》第 15 条，公司向其他企业投资应经决议。而公司对其他企业投资对应的合同类型包括出资协议、增资协议、股权转让协议（作为受让方）、合并协议、分立协议。

股权转让（作为受让方）、合并、分立是否一定属于“向其他企业投资”？这存在争议。但为了避免争议，考虑决议程序是有必要的。

（2）涉及合并、分立、解散、清算或者变更公司形式的合同。

注意 2023 版《公司法》第 219 条新增了不需要股东会决议只需要董事会决议的简易合并程序。

（3）涉及公司增资、减资的合同。

（4）配套安排（见本课程第三单元）中涉及股权权能安排（如股权托管）、收益分享转移安排（如向某个股东支付一笔款项）的一些重要交易。

（5）涉及公司章程修订的合同。

（6）董事、监事、高管与公司签订的合同，股东与公司的关联交易合同，为了避免违规损害公司利益，有必要考虑决议程序。——这不限于公司及并购类合同。

上面所列并非全部。前面也说过，究竟什么事项、怎么决议，是要根据法律规定和章程、股东协议约定综合判断的，可能在这家公司不需要决议的事项，在另一家公司就需要决议。

总体来讲，律师应该形成一种习惯：审查与公司签订的重大交易合同特别是涉及股权、重大资产处置的合同时，都要考虑决议问题；哪怕法律、对方公司章程没有决议要求，有备无患总是好的。

3. 决议瑕疵对合同的影响。

（1）决议瑕疵是指需要决议的事项未经决议，或者决议不符合法律、章程等规定。

需要注意的是，“特定比例以上的有权机构成员同意”不等于“特定比例以上的有权机构成员作出决议”，如“三分之二以上表决权的股东同意”不等于“三分之二以上表决权的股东决议通过”。如果没有依法召开会议，即使同意交易行为的股东、董事超过特定比例，仍属于决议瑕疵，不同意的成员可以主张决议不成立或者无效，进而主张交易无效。这是一种“程序正义”要求，法律的潜台词是：如果正常召开会议讨论，各方有可能改变观点。

不过《公司法》第 59 条第 3 款规定：“对本条第一款所列事项股东以书面形式一致表示同意的，可以不召开股东会会议，直接作出决定，并由全体股东在决定文件上签名或者盖章。”意味着全体股东共同签订交易文件，不就交易事项召开股东会决议，等同于已经决议，不影响合同效力，不属于决议瑕疵。董事会与之同理。

（2）法定要决议的事项，相对人已经尽到合理审查义务的，不影响合同效力，否则不生效。

这一规则不仅限于公司及并购类合同。2023 年出台的《合同编司法解释》第 20 条对此有了明确规定：

法律、行政法规为限制法人的法定代表人或者非法人组织的负责人的代表权，规定合同所涉事项应当由法人、非法人组织的权力机构或者决策机构决议，或者应当由法人、非法人组织的执行机构决定，法定代表人、负责人未取得授权而以法人、非法人组织的名义订立合同，未尽到合理审查义务的相对人主张该合同对法人、非法人组织发生效力并由其承担违约责任的，人民法院不予支持，但是法人、非法人组织有过错的，可以参照民法典第一百五十七条的规定判决其承担相应的赔偿责任。相对人已尽到合理审查义务，构成表见代表的，人民法院应当依据民法典第五百零四条的规定处理。

合同所涉事项未超越法律、行政法规规定的法定代表人或者负责人的代表权限，但是超越法人、非法人组织的章程或者权力机构等对代表权的限制，相对人主张该合同对法人、非法人组织发生效力并由其承担违约责任的，人民法院依法予以支持。但是，法人、非法人组织举证证明相对人知道或者应当知道该限制的除外。

也就是说，对于公司与相对方签订关于 A 交易的合同：

如果 A 交易是法律、行政法规规定需要进行公司决议的交易类型：相对方需要进行合理审查，未经决议且相对方未尽到合理审查义务的，合同对公司不生效。

如果A交易并不是法律、行政法规规定需要进行公司决议的交易类型，仅公司章程规定要决议：无论相对方是否尽到合理审查义务，合同都对公司生效。公司能证明相对方知道或应当知道公司章程的除外。

《担保制度司法解释》第7条就“公司对外担保违反决议程序”的规定，与上述规则是一致的。

另外，决议瑕疵时，无论是否生效，公司还可能拒绝按照合同约定去办理相应的变更工商登记、变更章程等手续。

（3）高管可能对决议瑕疵承担责任。

根据《公司法》第188条的规定，“董事、监事、高级管理人员执行职务违反法律、行政法规或者公司章程的规定，给公司造成损失的，应当承担赔偿责任”。即从事交易一方的公司高管，可能要为给公司造成的损失承担赔偿责任。

所以，即使是作为公司方的律师，从合规和避免公司方高管承担责任的角度，也需要考虑合同的决议程序问题。

4. 内部决议程序的合同起草审查要点：

（这里以签订合同时已经有决议为背景，因为目标公司是有限责任公司时，这样做比较常见；如果是先签订合同再走决议，那一般就是将取得决议作为合同生效条件）

首先，确定该合同或者合同中的哪些部分需要经过有权机构决议以及决议的要求。

如前所说，律师应该形成一种习惯：与本公司签订的或与对方公司签订的，涉及股权、重大资产处置、对外担保、重大交易的合同时，都要查阅章程，考虑决议问题。

注意，同一份合同就涉及多个主体，如目标公司、转让方、受让方，可能这几类主体都存在决议程序问题。

其次，经识别确需经有权机构决议的，交易各方从己方立场均应有所应对，具体而言：

（1）对本公司来说：公司自身有必要根据章程规定履行有权机构决议的程序，无论相对方是否有要求。

（2）对合同相对方来说：应将决议作为合同附件+要求对方承诺决议有效。

对合同相对方来说，出于稳妥，只要与对方公司签订重大交易合同，都应该争取让对方提供股东会或董事会决议并作为合同附件。

（3）律师还要适当注意决议与交易的一致性。

例如，贵州省高级人民法院在余某与贵州泰邦生物制品有限责任公司、贵阳大林生物技术有限公司、贵州益康制药有限公司等股权确认、盈余分配纠纷案一审中认为，公司股东会增资决议未明确指明引进多少个投资者或具体的投资者，也没有授权公司及其法院代表人与战略投资者签订增资协议，更没有其他任何股东会决议或董事会决议明确签约投资人是公司可以引进的战略投资者，故公司及其法定代表人签订增资协议的行为越权，签约投资人也没有尽到谨慎合理的注意义务。

所以，最好决议直接明确"同意与哪一家公司就某某事宜签订某某合同"。如果合同相对方发现虽有决议，但决议内容并非直接同意该具体交易，建议进一步要求补充决议，或者按下面第（4）种处理方式"由全体股东共同签署或确认"。

（4）例外：如果是全体股东都作为合同签署的主体，就等同于股东会决议通过，无须再进行决议程序了。

当然，全体股东出具书面文件确认对合同无异议，效果也是类似的。

三、股东优先权程序

这是主体内部程序中的一种。对于有限责任公司来说，涉及公司股权结构变化时，都要考虑优先权程序。这里所说的优先权程序是对优先购买权和优先认缴权的统称。具体而言，凡有股权转让行为的，均应考虑现有股东对标的股权的优先购买权；凡有注册资本增加的（未分配利润、公积金转增除外），均应考虑现有股东对新增注册资本的优先认缴权。

1. 优先权的相关法律规定。

（1）对于股权转让过程中的优先购买权，《公司法》第84条规定如下：

有限责任公司的股东之间可以相互转让其全部或者部分股权。

股东向股东以外的人转让股权的，应当将股权转让的数量、价格、支付方式和期限等事项书面通知其他股东，其他股东在同等条件下有优先购买权。股东自接到书面通知之日起三十日内未答复的，视为放弃优先购买权。两个以上股东行使优先购买权的，协商确定各自的购买比例；协商不成的，按照转让时各自的出资比例行使优先购买权。

公司章程对股权转让另有规定的，从其规定。

2023版《公司法》删去了股权对外转让“应当经其他股东过半数同意”的规定，只保留了其他股东的优先购买权。为表述之便，将上述第84条规定的优先购买权称为法定优先购买权。注意，仅在股东对外转让时，其他股东有法定优先购买权。

（2）对于公司增资过程中原股东的优先认缴权，《公司法》第227条第1款规定如下：

有限责任公司增加注册资本时，股东在同等条件下有权优先按照实缴的出资比例认缴出资。但是，全体股东约定不按照出资比例优先认缴出资的除外。

为表述之便，本课程将第277条第1款规定的优先权称为法定优先认缴权。

2. 公司对优先权的特别约定。

（1）公司章程对优先购买权的特别约定。

有限责任公司具有明显的“人合性”特点，因此《公司法》在赋予有限责任公司股东优先购买权权利的同时，也允许公司对优先购买权进行特别规定，《公司法》第84条第3款规定，“公司章程对股权转让另有规定的，从其规定”。

通过公司章程排除或者变通股东优先购买权属于公司自治的范畴，是公司人合性的一种体现方式，通常来说都是有效的。因此，应审核公司章程来判断股权转让中的股东优先权程序。

资　料：实务中常见的公司章程对优先购买权的特别约定

实务中，公司可能在章程中约定其他股东或特定股东的优先购买权。这常见于私募股权投融资领域，投资方可能会要求在章程中明确：无论创始人内部转让还是对外转让股权，投资方均享有优先购买的权利。

对于“股权对外转让时其他股东的法定优先购买权”，公司章程也可能加以限制、排除或给予更强的保障。比如：

（1）约定股东没有法定优先购买权。被排除法定优先购买权的，既可以是全体股东，也可以是部分股东。

（2）设置行使法定优先购买权的条件、比例、时间等。这样，不满足前述条件的股东就被排除或限制了法定优先购买权。

（3）通过公司章程对转让股东“滥用”反悔权进行一定程度的限制，更好地保障优先购买权。

实务中常出现这种情况：一旦其他股东主张优先购买权，转让股东反悔不同意转让股权，或者又通过签订新的补充协议提高股权转让价格，从而阻止其他股东行使优先购买权[1]。对此，《公司法司法解释（四）》第20条规定，“有限责任公司的转让股东，在其他股东主张优先购买后又不同意转让股权的，对其他股东优先购买的主张，人民法院不予支持，但公司章程另有规定或者全体股东另有约定的除外……”可见，法律允许通过公司章程事先约定，限制转让股东滥用“反悔权”。

（4）对“间接股权收购”等规避优先购买权的情形事先进行限制。

因为存在“间接股权收购”等规避优先购买权的情形，章程可以约定这类情形下，其他股东同样有权行使优先购买权。但实务中章程中这样做似乎较少见。

（2）公司股东对优先认缴权的特别约定。

《公司法》第227条允许全体股东约定不按照出资比例优先认缴出资。因此，应根据全体股东的一致约定来判断增资的优先认缴权，如无全体股东一致约定，则应依法按照实缴的出资比例享有优先认缴权。

注意，公司章程仅可以对增资时股东行使优先认缴权的时间等程序性问题加以明确，除程序性问题之外，对于增资时的优先认缴权，只能由全体股东约定才能调整，仅通过股东会决议、公司章程调整是不够的。当然如果股东会决议或公司章程的作出已经得到全体股东一致同意，也就相当于全体股东约定调整，自然也是可以的。

部分股东可以在增资时放弃优先认缴权，但其他股东能否就放弃部分行使优先认缴权，法律未作规定，要看全体股东之间的约定，有约定的，从约定；无约定的，实务中对优先认缴权存在与否有争议[2]。

3. 可能触发优先权程序的合同类型。

（1）涉及股权转让行为的合同：股权转让协议、股权置换协议、股权转让型股权激励协议。

（2）涉及注册资本增加的合同：增资协议、以增资方式收购资产协议、增资型股权激励协议。

（3）是否触发优先权有争议的合同。

---

[1] 钟家全、杨秀淮股权转让纠纷再审民事判决书，四川省高级人民法院（2019）川民再418号。

[2] 参见贵州捷安投资有限公司与贵阳黔峰生物制品有限责任公司、重庆大林生物技术有限公司、贵州益康制药有限公司、深圳市亿工盛达科技有限公司股权确权及公司增资扩股出资份额优先认购权纠纷案，最高人民法院（2009）民二终字第3号；聂某诉天津信息港电子商务有限公司等公司决议侵害股东权案，天津市高级人民法院（2006）津高民二终字第0076号。

这包括以股权作为出资方式的出资协议或增资协议。是否触发出资股权所在公司其他股东的优先购买权？有观点认为不涉及优先购买权，理由一是相关法律法规要求的是可依法转让，并未将放弃优先购买权作为出资条件；理由二是允许股权出资是对股权的特殊处分，与股权转让不同，如做同一要求将有违法律精神。

合并分立时如果被合并公司或被分立公司持有某子公司部分股权，所持有的股权在被合并、被分立后会转到合并公司、分立公司名下，等于这个非全资子公司的股权也发生了变动，这是否要考虑优先购买权？一般认为不需要，因为这不能算股权的转让。

对于这类有争议的合同，如果想避免风险，也可以按照触发优先权来应对。

（4）其他涉嫌侵犯股东优先权的合同：最典型的就是“间接股权收购”类合同。

例如，恶意收购方不直接购买目标公司股权，而是收购目标公司的股东的100%控制权，间接实现对目标公司股权的收购，从而规避目标公司其他股东行使优先购买权[1]，这种间接收购方式客观上剥夺了目标公司其他股东的优先购买权[2]，法院可能以恶意串通损害他人合法权益（优先购买权或优先认缴权）为由认定合同无效。

在后文“股东优先权的应对方式归纳”中除“正常方式”以外的其他方式，都有一定的涉嫌侵犯股东优先权的风险。

4. 程序瑕疵的后果与风险。

（1）股权转让交易侵害股东优先购买权的，合同有效，但可能无法履行。

《公司法司法解释（四）》第21条规定：

有限责任公司的股东向股东以外的人转让股权，未就其股权转让事项征求其他股东意见，或者以欺诈、恶意串通等手段，损害其他股东优先购买权，其他股东主张按照同等条件购买该转让股权的，人民法院应当予以支持，但其他股东自知道或者应当知道行使优先购买权的同等条件之日起三十日内没有主张，或者自股权变更登记之日起超过一年的除外。

前款规定的其他股东仅提出确认股权转让合同及股权变动效力等请求，未同时主张按照同等条件购买转让股权的，人民法院不予支持，但其他股东非因自身原因导致无法行使优先购买权，请求损害赔偿的除外。

---

[1] 对有限责任公司股东来说，被恶意收购方规避其优先购买权的风险是存在的，主要预防措施是，通过制定或修改公司章程条款，从而事先限制公司股权的实际控制权发生变更。

[2] 参见“上海外滩地王案”，上海市第一中级人民法院（2012）沪一中民四（商）初字第23号。

股东以外的股权受让人，因股东行使优先购买权而不能实现合同目的的，可以依法请求转让股东承担相应民事责任。

那么，侵犯了其他股东优先购买权的股权转让合同的效力如何呢?《九民纪要》第9条规定：

审判实践中，部分人民法院对《公司法司法解释（四）》第21条规定的理解存在偏差，往往以保护其他股东的优先购买权为由认定股权转让合同无效。准确理解该条规定，既要注意保护其他股东的优先购买权，也要注意保护股东以外的股权受让人的合法权益，正确认定有限责任公司的股东与股东以外的股权受让人订立的股权转让合同的效力。一方面，其他股东依法享有优先购买权，在其主张按照股权转让合同约定的同等条件购买股权的情况下，应当支持其诉讼请求，除非出现该条第1款规定的情形。另一方面，为保护股东以外的股权受让人的合法权益，股权转让合同如无其他影响合同效力的事由，应当认定有效。其他股东行使优先购买权的，虽然股东以外的股权受让人关于继续履行股权转让合同的请求不能得到支持，但不影响其依约请求转让股东承担相应的违约责任。

可见,《九民纪要》的基本立场是兼顾其他股东的优先权与外部股权受让人的权益之平衡。如无其他影响合同效力的事由，应当认定股权转让协议有效，不过其他股东有权向法院主张以同等条件行使优先购买权，这可能导致受让人最终无法获得股权，该情形下受让方将只能请求转让方承担相应民事责任，如退还股权转让价款、支付违约金等。

（2）增资行为侵害股东优先认缴权的，合同有效，但可能无法履行。

在童某芳等13人诉上海康达化工有限公司确认决议无效纠纷案中[1]，针对案涉公司章程第25条关于股东“按照出资比例分取红利，公司新增资本时，按照股东会决议可以优先认缴出资”的规定，法院认为，“考虑到有限责任公司的人合因素，可以不按照出资比例优先认缴出资，但必须经过全体股东的约定，涉诉公司章程的相关条款的内容违反了《公司法》第34条的规定，应确认无效”。股东会有权对公司增加注册资本作出决议，但对股东是否认缴公司新增资本、认缴多少则不能作出决议，未经其他股东同意擅自剥夺股东优先认缴权的决议内容是无效

[1] 上海市第一中级人民法院（2007）沪一中民三（商）终字第172号。

的[1]。《公司法》中没有关于增资优先认缴权受侵害的相关法律规定，具体后果在实务中亦存在一定争议。但总体而言，侵害优先认缴权的增资决议会部分或整体无效，根据《公司法》第25条规定，人民法院宣告该决议无效后，公司应向公司登记机关申请撤销变更登记。[2]由此可见，此时虽然增资协议仍然有效，但会因为优先认缴权受侵害的股东主张权利导致增资方无法正常完成增资取得股权。

5. 公司类合同起草审查措施。

简单地说，可以分为“审核程序要求 + 书面确认 + 先决条件”三项措施。

（1）涉及股权转让的合同。

股权对外转让时：

- 审核章程对股权转让有无特别规定，特别规定是否合法有效。
- 如章程无合法的特别规定，则股权转让时，一般应将其他股东作为合同当事人，明示同意标的股权转让并放弃优先购买权，或者由其他股东书面明示放弃优先购买权。其他股东放弃优先购买权的文件可作为合同附件，或者可将取得其他股东放弃优先购买权的声明作为付款先决条件。
- 章程无合法的特别规定，如果其他股东不放弃优先购买权，则触发优先购买权行使条件，其他股东有权在同等条件下就转让的股权行使优先购买权。

股权内部转让时：同样应适当审核章程有无特别要求，并遵循章程的要求。

（2）涉及增资的合同。

外部增资：

如前所述，仅有增资决议、公司章程的特别规定都不足以对抗原股东的优先认缴权。因此，外部增资方为避免程序瑕疵带来的风险，均应要求不参与增资的股东出具不享有或放弃优先认缴权的书面确认文件，或者均作为合同主体明示放弃优先认缴权。在目标公司全体股东确实有书面协议对优先认缴权作出特别约定的前提下，经审核确认该协议的真实性后，外部增资方才能放松该要求。

内部增资：

如果不是按照实缴比例增资，除非该安排已在股东会上经全体股东一致同意或经全体股东一致通过的公司章程中有此安排，否则也应由全体股东签署协议或其他书面方式确定该增资方案。

[1] 最高人民法院（2010）民提字第48号。
[2] 黎家骏：《有限责任公司侵犯股东优先认缴权之增资决议的效力分析》，载微信公众号“法治地平线”，2016年6月2日发布。

（3）其他涉嫌侵犯股东优先权的合同。

前述“被法院以恶意串通损害他人合法权益（优先购买权或优先认缴权）为由认定合同无效”的合同，对于有此嫌疑的合同，也应尽量取得相关股东对优先权的放弃，如交易目的就是规避其他股东的优先权，则律师应提示客户合同有被认定为无效的风险。

相关知识点：151 优先购买权是否适用于股权赠与？

资 料：股东优先购买权的应对方式归纳

有限责任公司股权转让时，其他股东享有法定的优先购买权。不仅如此，公司章程还可能对股权转让的程序有特别要求（如需要所有表决权的“三分之二”以上才能对外转让）。那么，如何应对其他股东的优先权和类似章程的特别限制呢？实务中有下列一些方式：

（下面所说的转让方是目标公司的股东）

1. 正常方式（一）：通知其他股东行使优先权。

转让方与受让方先签订意向书或框架协议，然后履行“通知其他股东行使优先权”的程序。

这种方式适用于转让方希望减持目标公司股权或退出目标公司，只要把股权卖出去就行，而无所谓谁“接盘”。这种方式无法保证标的股权一定能够卖给拟受让方。另外，“通知其他股东行使优先权”的程序完成前，双方不好达成具有约束力的协议。

2. 正常方式（二）：先签转让合同，以其他股东放弃优先权为生效条件或履行条件。

对转让方来说，相对于第 1 种方式的优势在于将受让方锁定了，只要其他股东放弃优先购买权，双方就得履行股权转让合同。对受让方来说，如果转让方无法取得其他股东放弃优先购买权，那么股权转让合同也就不生效了，受让方也就无法取得股权。

上述这两种方式都属于“正常方式”，是比较基础的操作。

3. 股权间接收购：转让目标公司母公司的股权。

如果转让方是公司，受让方可以通过与转让方的股东（“目标公司母公司的股东”）交易，购买转让方的 100% 股权，实现通过持有 100% 的转让方股权间接持有转让方持有标的股权。

这种方法可以规避目标公司其他股东的同意权和优先购买权，但需要目标公司母公司的全体股东共同向其出让股权。另外，如果受让方只希望取得标的股权，而转让方持有除标的股权以外的其他股权、资产，那么在做股权转让交易时就要提前对这部分股权、资产进行处理（“资产剥离”），这会产生一些成本。

4. 先设壳公司，再进行股权间接收购。

转让方先将标的股权“放进”转让方的全资子公司（壳公司），再由受让方取得壳公司的全部股权，也就间接地持有了标的股权。

这其实就是在上述第3种方式的基础上，增加了一个“把标的股权放进壳公司”的操作。

“把标的股权放进壳公司”的方式有多种，可以是转让给已经设立的壳公司，也可以是以标的股权作为出资，设立新的壳公司。将标的股权作为新设公司的出资是否涉及优先权存在争议（请见前面“可能触发优先权程序的合同类型”介绍），因此有可能绕过优先购买权。就算是转让，其他股东也很可能因为“壳公司也是转让方控制”而对股权转让放行。

注意，上面这两种方式虽然客观上可以达到绕过优先购买权的效果，但有被认定为违法、无效的风险[1]。

5. 先少量参股，再收购。

如果目的是收购并控制一家公司，而一次性购买大量目标公司股权难以取得其他股东的同意的，可以采取多次购买的方式。受让方先购买少量目标公司股权成为目标公司股东，此时，如果目标公司章程没有特别约定，受让方作为目标公司的现有股东再对目标公司股权做进一步收购也就不需要考虑其他股东优先购买权了。

需要特别注意的是，如果受让方通过先高价购买目标公司少量股权，在取得股东身份后又以较低价格受让大量股权的，在司法实务中这种股权转让交易可能被认定为损害股东的优先购买权进行属于无效或可撤销的交易，参考吴嵚崎等诉吴汉民确认合同无效纠纷再审案[2]、马斌雄等诉浙江康桥汽车工贸集团股份有限公司股权转让纠纷案[3]。

6. 先转移资产，再收购。

如果股权收购的目的是取得目标公司名下的资产，那么转让方（通过控制目标公司）可能先进行资产收购交易转移资产，再将资产转让给受让方，或者将持有资产的关联公司的股权转让给受让方（资产剥离＋股权收购）。

这种情况下，如果是低价转移资产，则属于滥用股东权利、损害其他股东合法权益，交易可能违法、无效，可能导致对其他股东的赔偿责任。

四、股权的“内部登记＋外部登记”

股权内部登记是“主体内部程序”的一种，而外部登记是指“登记”程序由

[1] 参见“上海外滩地王案”，上海市第一中级人民法院（2012）沪一中民四（商）初字第23号。
[2]（2015）苏商再提字第00068号。
[3]（2016）浙民申3254号。

市场监督管理部门进行的工商登记中的一种。虽然一个是有限责任公司的内部行为，一个是国家机关的行为，但都对股权有重大影响，适合综合起来考虑。

1. 一般认为，股权内部登记影响股权的归属（经过股权内部登记即取得股权），外部登记则赋予股权对第三人的效力（经过工商登记的股权才能对抗第三人）。

物权的交易中，需要考虑“物权类合同与物权登记”（以房产买卖合同与房屋所有权登记为典型）两者的关系。物权类合同的成立生效与物权登记是两回事，物权登记只是影响物权的产生、变动或者对抗第三人的效力。

股权取得类合同存在类似问题，也就是说，股权取得类合同的效力不受内部登记或外部登记的影响，股权的取得和对抗效力则与登记程序直接相关。更为复杂的是，股权的登记包括两个层面的登记。

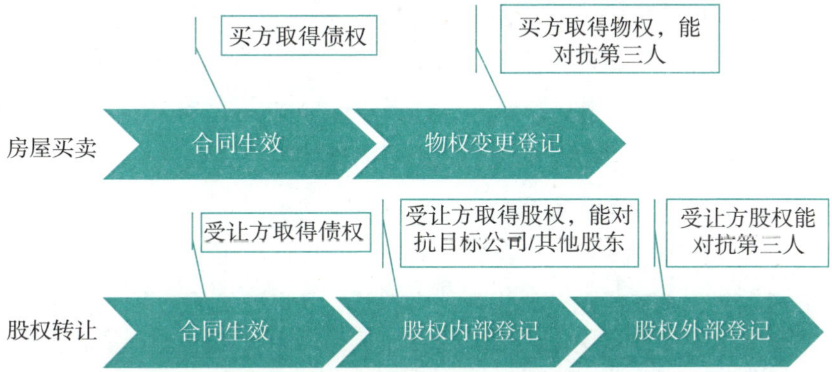

图 2.6-2　房屋买卖与股权转让对比

2. 有限责任公司股权内部登记程序的复杂性。

股权是股东对公司享有的权利，只有公司确认“具有股东身份”的主体才可以向公司行使股东权利。我们将公司内部确认并记载股东身份的行为称为股权内部登记。但股权内部登记程序在实务中不像工商登记程序那样清楚，理论上对“何时取得股东身份”或者说“股权权属何时变更”也存在争议。

（1）立法与实践的脱节。

《公司法》第 56 条规定有限责任公司应当置备股东名册，规定“记载于股东名册的股东，可以依股东名册主张行使股东权利”，而且新增了第 86 条规定：

> 股东转让股权的，应当书面通知公司，请求变更股东名册；需要办理变更登记的，并请求公司向公司登记机关办理变更登记。公司拒绝或者在合理期限内不予答复的，转让人、受让人可以依法向人民法院提起诉讼。

股权转让的，受让人自记载于股东名册时可以起向公司主张行使股东权利。

可见股东名册登记的重要性。

最高人民法院民事审判第二庭在其编著的《最高人民法院关于公司法解释（三）、清算纪要理解与适用》（注释版）一书中对《公司法司法解释（三）》第22条的相关原理作出解释说明时，并未认可股东名册的“设权登记”地位，而是将其效力归纳为权利推定效力、对抗效力、免责效力，其中关于对抗效力的说明是“权利人以合法的原因及方法受让股权，如果未进行名义更换，仍然不是股东，不可以对公司行使股权。这就是股东名册的对抗效力，它是权利推定效力的自然延伸。股东名册推定效力的必然后果是，凡是未在股东名册上记载的人，均不能视为公司股东”。[1]

但在实践中，大量的公司并未置备股东名册，或者股东名册因未予记载或记载错误而无法反映真实的股权状况。

（2）根据最高人民法院的观点，在对内认定股东身份时，采取以下原则：

● 股东名册并非“设权登记”，而是具备“权利推定效力”。在公司与股东之间的关系上，股东名册上被记载的股东可以被认定为公司股东，否认股东名册记载的当事方需要承担举证责任。

《九民纪要》第8条规定：“当事人之间转让有限责任公司股权，受让人以其姓名或者名称已记载于股东名册为由主张其已经取得股权的，人民法院依法予以支持，但法律、行政法规规定应当办理批准手续生效的股权转让除外。未向公司登记机关办理股权变更登记的，不得对抗善意相对人。”——体现了这一观点。

● 在特殊情况下，如公司未置备股东名册，或者股东名册未予记载或记载错误时，股东名册对于股东资格及股权的确认效力大大削弱，需结合其他证据确认股东资格。

● 公司章程记载的有关股东身份的内容可以作为确认股权的依据。

● 出资证明书在其对股东情况的记载与股东名册记载一致的情况下，可以用于印证股东身份。如果与股东名册记载不一致则以股东名册为准。出资证明书在认定股东身份时无决定性效力，持有出资证明书不能证明具备股东身份，不持有出资证明书也可能被认定为股东。

[1] 最高人民法院民事审判第二庭编著：《最高人民法院关于公司法解释（三）、清算纪要理解与适用》（注释版），人民法院出版社2016年版，第361～362页。

● 除章程和出资证明书外，法院还会综合考虑当事人是否实际行使了股东权利、有无实际成为股东意图等因素，综合判断当事人是否具备对内的股东身份。

实践中，也可能未经股权内部登记而实际行使了股东权利，也就是说，公司未进行记载行为但事实上认可了股东身份，这种情况如何理解？[1]最高人民法院民事审判第二庭在对《公司法司法解释（三）》第22条的相关原理作出解释说明时，认为“股东权利的享有、股东义务的履行，是取得股东资格的结果，而不是取得股东资格的条件，在股东资格和股权确认时，只能起到辅助性的作用。理论上，以享有股东权利为由主张股东资格不能被支持。但是，为了维护公司的稳定性，如果当事人已经实际享有股东权利，应当认定其具有股东资格；如果否定其股东资格，将导致其在公司中的行为无效，使许多已经确定的公司法律关系发生改变，影响交易安全和社会稳定……”[2]

结合最高人民法院的观点，关于股权内部登记，我们可以这样理解：内部登记方式可扩大理解为股东名册和公司章程，行使股东权利原则上具有事实性确权效果，[3]出资证明书则起到重要辅助作用。

3. 起草审查措施。

为保护受让方/增资方的利益，应当在合同中约定受让方/增资方取得股权及开始享有分红权益的时间节点、办理股权内部登记的方式、办理内部登记与工商登记的期限和违约责任，并建议将完成股权内部登记与工商登记作为支付股权转让价款（至少是部分股权转让价款）或增资实缴出资的前提条件。

鉴于股权内部登记立法与实践的脱节问题，如目标公司置备股东名册，应约定将受让方/增资方记载于名册；如目标公司未置备股东名册，应约定目标公司相应修改目标公司章程，将受让方/增资方记载为目标公司股东，且在目标公司现实可行的情况下也可同时要求目标公司开始置备股东名册并将受让方/增资方记载于名册。

五、批准之“经营者集中审查”

1. 法律规定与对应公司类合同。

根据《反垄断法》，“经营者集中是指下列情形：（一）经营者合并；（二）经

[1] 这一做法在法理上类似于《合同编》第490条规定的“当事人一方已经履行主要义务，对方接受时，该合同成立”。也就是说虽然公司未进行登记但已经以行为确认了股东身份。

[2] 参见最高人民法院民事审判第二庭编著：《最高人民法院关于公司法解释（三）、清算纪要理解与适用》（注释版），人民法院出版社2016年版，第356～363页。

[3] “事实性”是指理论上不带有确权效果，但实际上有此效果。

营者通过取得股权或者资产的方式取得对其他经营者的控制权；（三）经营者通过合同等方式取得对其他经营者的控制权或者能够对其他经营者施加决定性影响”。[1]“经营者集中达到国务院规定的申报标准的，经营者应当事先向国务院反垄断执法机构申报，未申报的不得实施集中。”[2]“具有或者可能具有排除、限制竞争效果的经营者集中”属于该法规定的垄断行为。[3]由上可知，公司类合同，更具体的地说是股权取得类合同（出资、增资、股权转让、合并等）与资产取得类合同（资产收购），均有可能涉及该程序。

2. 法律后果（以达到了法定的申报标准为前提）。

第一种，依法申报，经审查构成垄断行为的，协议效力视具体审查结果而定。

对于申报的经营者集中行为，经审查构成《反垄断法》第 3 条的，集中行为可能被禁止，也可能被附条件批准。如 2021 年 7 月 10 日，国家市场监督管理总局发文表示，依法禁止虎牙公司与斗鱼国际控股有限公司合并。

被禁止的，协议效力涉及交易的部分确定不生效，其他部分视当事人协议约定。被附条件批准的，协议有效，但如未履行附加条件，后续仍可能被施以行政处罚措施。

第二种，依法申报，经审查不构成垄断行为，可以实施集中，协议效力不受影响。

第三种，未依法申报的，将会被采取行政处罚措施，协议效力一般视集中后果而定。

《反垄断法》第 48 条规定了违法集中的后果，“经营者违反本法规定实施集中的，由国务院反垄断执法机构责令停止实施集中、限期处分股份或者资产、限期转让营业以及采取其他必要措施恢复到集中前的状态，可以处五十万元以下的罚款”。但没有直接明确未依法进行经营者集中申报的协议的效力。

实践中，对于未依法主动进行经营者集中申报，但经市场监督管理局评估，该项集中不会产生排除、限制竞争影响的，通常只给予罚款处罚，并不采取其他更为严厉的处罚措施。因此，一般来说，对于不会产生排除、限制竞争影响的协议的效力并不受经营者集中审查程序的影响；反之，则协议可能被认定为无效或确定的不生效。

---

[1]《反垄断法》第 25 条。
[2]《反垄断法》第 26 条。
[3]《反垄断法》第 3 条。

3. 合同起草审查建议。

首先，对于前面说到的可能面临“经营者集中审查”的公司类合同，需要判断是否达到国务院规定的申报标准。对于肯定没有达到申报标准的，自然可以忽略本程序。

其次，对于达到或可能达到申报标准的，均应对该程序有所应对，建议约定申报义务履行方、其他方的配合义务、办理期限以及期满未获得审查结果的后续处理（如合同解除），期内审查未通过或附条件批准的后续处理等。

实务中有的当事人可能会因为“不确定是否达到了申报标准而不申报”或者“有意冒一定风险不做申报”。在这种情况下，也需要在合同中对这种风险予以应对。

2.7 合同程序：资产收购的合同程序

资产收购协议与单项资产转让协议很重要的不同之处：需履行的合同程序不同，资产收购交易的合同程序 = 单项资产转让交易合同程序 + 资产收购特别合同程序。

单项资产的买卖、转让（如注册商标权的转让）也有一些程序，是需要同时遵循的；这里重点说明一下作为整体或核心经营性资产收购这种大型交易本身的特别程序。

1. 资产收购的特别合同程序归纳：

表 2.7-1 资产收购涉及的合同程序归纳（含特定主体、特定场景）

合同程序类型	细分	说明
批准	具体交易类批准	《反垄断法》确立的经营者集中审查； 《外商投资法》确立的外商投资安全审查
备案	合同或行为需向国家机关进行备案	例如涉及外商投资企业的，根据《外商投资法》第 34 条确立外商投资信息报告制度履行信息备案
主体内部程序	公司内部决议程序	决议程序（股东会决议、董事会决议）； 职工民主程序（职工安置方案）
特殊交易程序	国有资产交易特殊程序	一般涉及批准（国家机关或上级单位）、评估、进场（产权交易所）交易等程序，受《企业国有资产法》《企业国有资产交易监督管理办法》等诸多专门法规约束
	上市公司特殊程序	主要包括证监会注册、交易所核准或注册程序以及信息披露等

注：本表将上市公司、国有资产、外商投资等场景下的程序都归纳了进来；如果不涉及这些特殊主体、场景，则一般公司的资产收购涉及的合同程序主要是公司内部决议程序。

2. 主体内部程序之决议程序：

（1）收购方：

2023 版《公司法》中没有收购方必须经过股东会、董事会决议的规定（原

《公司法》第 37 条、第 104 条有类似规定）。

从收购方的角度，重大资产收购肯定还是要考虑适当的决议程序，这是董事、高管受信义务的一部分。

从被收购方的角度，不一定需要查看收购方的决议程序文件，只不过在重大收购中适当核实也能一定程度上避免风险。

（2）转让方：

有限责任公司：根据《公司法》第 89 条的规定，异议股东回购请求权形成基础之一是股东会通过公司转让主要财产的决议，有些司法判例认为公司转让主要财产应由股东会决议；鉴于其与合并分立并列，还有个别司法实践判例认为需经 2/3 特别多数决。

由此可见，有限责任公司受让、转让主要财产，是否需经股东会审议在法律并未明确规定，但至少存在争议，未履行决议程序（而且最好经过 2/3 特别多数通过），合同效力可能存在瑕疵。如果公司章程明确规定需经股东会决议的，则肯定要遵循公司章程的规定。

资　料："转让主要财产"内部决议程序的典型案例

第 1 个判例：中山市捷龙厨具有限公司、彭安涛请求公司收购股份纠纷二审民事判决书[1]

关于该会议决议是否属于公司股东会决议的问题。有限责任公司作为独立的民事主体，具有相应的民事行为能力，公司的正常经营活动比如购买原材料、转让公司的库存产品等，可以独立于全体股东，由公司法定代表人签名代理或加盖公司公章即可处分。尽管我国《公司法》第 37 条关于股东会职权的规定中并没有公司"转让主要财产"这一情形，第 43 条中规定的三种须经代表 2/3 以上表决权的股东通过的情形中也没有"转让主要财产"，且捷龙公司的公司章程关于股东会的职权也未约定公司"转让主要财产"的内容，但有限责任公司"转让主要财产"属于公司的重大行动，是公司的基础性事务，会动摇公司的基本结构，深刻影响股东的权益，显然不属于公司的正常经营活动，应由公司的最高权力机构即股东会进行决议。本案中，捷龙公司 2015 年 5 月 16 日的会议决议仅仅是在形式上没有冠名股东会决议，但从该会议召开形式上看，公司的全体股东均有参加会议；从会

[1] 广东省中山市中级人民法院（2016）粤 20 民终 4064 号。

议决议的内容来看，该会议决议已构成公司“转让主要财产”，因此，本院认定捷龙公司2015年5月16日的会议决议属于股东会决议。[1]

第2个判例：张a诉李a等股权转让纠纷案[2]

公司转让主要财产也需参照公司合并、分立时的要求即形成的决议必须经代表2/3以上表决权的股东通过。在“(2013)闵民二(商)初字第603号”民事判决书中，上海市闵行区人民法院认为,《公司法》第75条(注：按照2018年修订的《公司法》应为第74条，下同)和第105条(注：按照2018年修订的《公司法》应为第104条，下同)对于转让公司主要财产的、转让、受让重大资产的均有所规定，且第75条中将公司转让主要财产行为与公司合并与分立并列为同一条款之中，其实质是将转让主要财产行为与公司合并与分立行为同等对待，因此，尽管对于公司转让主要财产行为并未另行规定须由公司股东会特别多数表决，但参照有关公司合并与分立之表决机构及表决票要求执行，更符合立法之本意。[3]

3. 主体内部程序的起草审查应对：

(1)公司自身有必要根据章程经过董事会或股东会决议；

(2)交易对手也有必要进行适当审核；

(3)协议层面，可将有权机关决议作为协议附件，并由公司在协议中承诺已通过有权机关决议程序；或将该等程序/决议作为付款先决条件或合同生效要件，以避免可能出现的合同效力瑕疵。

[1] 类似案例：江苏省镇江市中级人民法院(2020)苏11民终798号。

[2] 上海市闵行区人民法院(2013)闵民二(商)初字第603号。

[3] 类似案例：上海市第二中级人民法院(2020)沪02民终2746号。

2.8 交易结构：资本之税及交易结构选择

投融资、并购、重组等资本项目的税负及税务筹划是一门很复杂、很深的学问，很多交易结构设计是基于税务考虑。如果律师对相关税务知识没有足够的了解，是做不好公司及并购类交易的法律服务的。

限于课程主题，这里无法全面深入说明税务筹划知识，仅作为背景知识介绍一下与公司及并购类合同（尤其是交易结构层面）密切相关的基础税务知识。

为了简化，我们围绕资产（不含房地产、股权）、房地产和股权这三项最重要的“资产”，且以增值税、土地增值税、企业所得税这三项最重要的税种（实际上还要考虑契税、印花税、附加税等小税种）来作简要说明。

一、主要税种简介（一般税务政策）

注意，这里的介绍是基于“一般税务政策”（不适用“特殊税务政策”的一般情形），“特殊税务政策”在后一点中说明。

1. 增值税。

简单地说，“卖”东西就要开增值税发票，就要缴纳增值税。

这里的东西包括各类货物、服务、出租、知识产权、房地产。因此资产、房地产的转让都涉及增值税，但转让股权没有增值税。

并购交易中的下列情形视为对资产、房地产的转让：

- 资产收购中，转让货物资产、房地产、无形资产
- 非货币资产出资，视同出资方转让资产给目标公司
- 非货币资产支付股权转让价款，视同向股权出让方转让资产
- 公司合并时，解散公司向存续或新设公司移交非货币资产，视同转让资产
- 公司分立时，被分立公司向新设公司移交非货币资产，视同转让资产

- 公司减资时，公司用非货币资产向减资股东支付减资对价，视同转让资产
- 用非货币资产抵债

基本上（但并非完全准确），只要是把资产、房地产的所有权从 A 转移到 B，就等于是 A 向 B 销售该资产，就应该开发票、缴纳增值税。

2. 土地增值税。

简单地说，转让土地使用权、房产就要缴纳土地增值税。

“土增税”（实务中俗称）不是增值税的一种，是与增值税并行的税种。

并购交易中的下列情形也视同转让房地产：

- 用房地产作价出资
- 用房地产作价支付股权转让价款
- 资产收购中，收购房地产
- 公司合并时，解散公司向存续或新设公司移交房地产
- 公司分立时，被分立公司向新设公司移交房地产
- 公司减资时，公司用房地产作价向减资股东支付减资对价

类似于其他资产的转让，只要是把房地产物权从 A 变更到 B 名下，就等于是 A 向 B 转让房地产，就应该开发票、缴纳土地增值税。

土地增值税 =（转让房地产所取得的收入 – 扣除项目金额）× 税率。税率从 30% 增至 60%。扣除项目包括取得土地使用权所支付的金额、房地产开发成本。也就是说土地增值税是对“增值”部分收税，如果按原值转让（没有增值），就没有土地增值税。

3. 所得税。

（1）对于企业，就是企业所得税；对于个人，就是个人所得税。

企业所得税：

对于居民企业（企业注册地及主要管理机构所在地是在中国境内），根据每年企业的盈亏情况，如果有盈利则应缴纳企业所得税，税率为 25%，优惠税率 15%。居民企业按月或季预缴，年终汇缴，多退少补。

也就是说，一年下来企业算总账，如果赚了钱就交所得税，亏了钱就不交所得税。当前这笔交易的收入赚了不一定就要交所得税，但归根结底，企业算总账也就是根据每一笔交易的赚和亏来计算的，因此每一笔交易赚多少、亏多少最终还是与所得税的交纳直接相关。

个人所得税：

对于财产转让所得扣除财产原值和合理费用后的余额，应该按 20% 的比例纳税。与企业不同，个人是按每一笔计算所得税，不存在算总账的问题。

（2）所得税要看盈亏，没有赚钱就没有所得税。

1 万元进的货，8000 元卖出去，就没有所得税。对企业来说，这一笔交易亏损了 2000 元，还会减少企业整体的利润（减少计算所得税的基数）。

正因如此，后面讲到的特殊税务政策如果是允许交易各方按“原值”计税，就等于不赚不亏，没有所得税。

4. 通过做低价格难以达到节税效果。

上面这些税种大多与交易价格有关，“赚”还是“亏”也直接与交易价格相关，所以自然让人想到：降低交易价格就能节税。如果一项房地产原价 5000 万元，我们仍然在合同中约定按 5000 万元卖出去，就不会有土地增值税、所得税了，增值税、契税这些也都低了；而我们的实际价格是 1 亿元，毕竟天底下的交易大部分都是有得赚才会去做的。

但是这样做一般是行不通的：

（1）卖方不会同意。

（2）如果是通过“阴阳合同”来伪造假的低价，那么税务局是会核查，会根据正常交易价格来调整的。

（3）逃税是违法犯罪行为。

另外这也说明，如果税务政策允许这次交易按原价 5000 万元计算，所得税就省了。——这也就是后面的特殊税务政策的要点。

什么情况下能人为“做低价格”呢？在以资产置换资产时，有可能双方达成一致适当降低价格，从而节税。

5. 简要归纳：

因为只是基础知识，为了便于理解，我们简要但并不准确的归纳一下：

- 资产（不含房地产）转让要缴纳：增值税、所得税、印花税
- 房地产转让要缴纳：增值税、土地增值税、所得税、印花税、契税
- 股权转让要缴纳：所得税、印花税
- 不论是出资、增资、减资、作为交易对价，只要涉及资产、房地产、股权的交付或者变更登记，就涉及上述税种
- 土地增值税、所得税取决于“赚”多少钱，不赚钱就没有土地增值税和

所得税

从上面这些基础知识已经能看出，股权转让比资产转让、房地产转让一般来说要节税。

二、非货币支付≈两重转让

如果甲向乙按1000万元的含税价格销售A产品，那么：甲应当向乙开具1000万元发票，其中含增值税应该缴纳，乙取得含增值税的发票，可以进行增值税抵扣。甲收入1000万元，该怎么交所得税，就要怎么交所得税。——这是正常的货币支付的情形。

那么甲用A产品置换乙的B产品，双方协议作价1000万元，这就等于：甲以1000万元将A卖给了乙，乙以1000万元将B卖给了甲。从税务的角度，这就同两笔买卖是一样的。对于甲向乙的销售，该怎么交增值税，就要怎么交增值税，该怎么交所得税就要怎么交所得税；对于乙向甲的销售，同样如此。所以对于甲、乙来说，虽然都没有收到一分钱现金，但都要按收到1000万元现金一样去计税。

就像这个以物易物的例子一样，所有的非货币支付（包括股权、房产、知识产权、货物、债权等作为支付方式），在税务部门看来都可以理解为是“双重转让”，并不会因为你不给现金就不计税。所以仅仅非货币支付本身并不会节税，除非是能够享受特殊税务政策。

三、公司与并购交易中的主要特殊税务政策

前面我们所讲的都是正常的、一般的税收政策。就正常税收政策而言，用股权、资产、房地产来置换股权、资产、房地产，或者用股权、资产、房地产向公司出资，就跟正常的股权、资产、房地产转让是一样交税的。如果没有特殊税务政策，对交易各方来说，采取现金支付的交易结构最为清楚、简单；但正由于公司与并购交易中有重要的几项特殊税务政策，使得交易各方有必要采取“非现金支付”的交易结构。

（注意以下说明中，没有考虑印花税、契税、附加税等小税种；例子中的交易主体均为公司，对应企业所得税）

1. 财税〔2009〕59号文（2014年修订）——特殊性税务处理——节省所得税。

这是并购交易最重要的税务优惠政策，出发点是为了减少企业重组的税务负担，促进具有合理商业目的的重组（包括困难企业的重组解困）。

（1）债务重组、股权收购、资产收购、合并、分立都可能运用到该政策。

（2）该政策的重点是：如果是以企业重组为目的，且以股权支付为主，则按“原价”计税。

（严格来说应该是：“按公允价值计价，暂不确认所得”，但因为这里仅仅是简要介绍，为了便于理解，使用了“原价”的说法）

举例：如果双方作价1亿元（不含增值税）收购资产，资产的成本是6000万元，那么涉及的税费：

被收购方：增值税（1亿元×税率13%）+所得税（该交易盈利4000万元，年终汇总，25%）

收购方：出1亿元现金+1300万元增值税，拿到包含1300万元增值税的增值税发票。

换成：收购方支付价值1亿元的股权来收购资产，那么按特殊性税务处理所涉及的税费：

被收购方：增值税（1亿元×税率13%)+所得税（该笔交易按原价6000万元，无盈利）

收购方：出1亿元现金+1300万元增值税，拿到包含1300万元增值税的增值税发票。

被收购方少交了1000万元左右的所得税。

需要注意的是：收购方取得资产之后，以后再转让时，还是会要交税，因为下次转让时资产的成本还是6000万元（不享受特殊性税务政策时，原资产成本是1.13亿元），增值部分会很高。

（3）根据这个政策，尽量采取股权支付（包括通过合并、分立来分配股权）会有节税效果。

这种时候，第一单元中“合并式收购、股权置换股权、股权置换资产”等交易结构就会用得上了。

2. 财税〔2014〕116号——非货币出资递延纳税——节省所得税。

《财政部、国家税务总局关于非货币性资产投资企业所得税政策问题的通知》（财税〔2014〕116号）的主要内容是：企业用非货币性出资所取得的转让所得，可以分成5年缴纳企业所得税。

前面我们提到，用以房地产出资就如同将房地产转让给被投资企业，出资方如果是按1亿元作价出资，即等于出资方按1亿元价格转让了房地产，需要依法计算缴纳企业所得税。假设这笔转让赚了5000万元，就要按5000万元计算所得税。但这项优惠政策，允许企业把这次赚的5000万元分成5年，相当于每年赚1000万元这样去计算所得税。

3. 财税〔2015〕41号——个人非货币出资递延纳税——节省个人所得税。

与上述财税〔2014〕116号效果类似，只不过这个政策是针对个人出资的。

4. 国税〔2015〕40号——资产划转按原值——节省所得税。

《国家税务总局关于资产（股权）划转企业所得税征管问题的公告》（国家税务总局公告2015年第40号）的意思：某些情况下的母子公司、关联公司之间，可以按原值划转资产。——注意这不限于国有企业，民营企业也可以适用。

也就是说，这些情况下企业按原值来作账，税务机关不会来查。原值划转，等于不赚不亏，自然就没有所得税了。

例如，甲、乙想合作设立公司，甲公司用原值1000万元的一块地出资，作价5000万元，乙公司出资5000万元现金，合作公司的注册资本1亿元。如果直接这样做，就相当于甲公司向合资公司5000万元转让原值1000万元的这块地，赚了4000万元，对应所得税都很高。

试问，甲公司能不能直接按原值1000万元作价出资，以避免所得税呢？不能，因为在不按资产原值划转、不能适用国税〔2015〕40号文的情况下，即使甲、乙双方合同中约定按1000万元作价出资，税务机关也有理由按这块地的正常合理价值（5000万元左右）来征税。

现在利用上述政策，将交易结构改为：甲公司将这块地按原值1000万元（原来拿地的成本）作价出资设立子公司，子公司的注册资本1000万元。这样就没有所得税了。同时乙方与子公司合作，以借款方式投入资金。1年之后，乙方再将债权转为股权，对子公司进行增资。

之所以“1年之后再增资”（或者股权转让等方式），是因为这项政策要求“股权或资产划转后12个月内不改变被划转股权或资产原来实质性经营活动”。

相关模板：699 远期交割补充协议（适应资产股权划转税务政策）

上述情况下这块地划转是否免征土地增值税？有争议，有地方政策和实际案例免征。[1]

[1] 参见《资产划转涉不动产是否缴纳土地增值税》，载微信公众号“中汇信达深圳税务师事务所”，2022年7月26日发布。

5. 财政部、国家税务总局公告 2023 年第 51 号——企业改制重组暂不征土地增值税——节省土地增值税。

企业改制、合并、分立、房地产作价出资等，均可暂不征土地增值税。但是：不适用于房地产转移任意一方为房地产开发企业的情形；改制重组前后出资人不能变动。具体见该公告要求。

这种情形暂不征土地增值税的逻辑是：这只是企业改制重组下导致的不动产过户，不是真正的不动产交易。

6. 财税〔2016〕101 号文——技术成果出资的所得税递延纳税——节省所得税。

如果甲有一项专利技术，账面价值是 500 万元，评估价值为 1 亿元，按 1 亿元作价对乙公司增资。根据前面所介绍的，这等于是甲按 1 亿元的价格将专利转给了乙公司，增值部分很大，所得税很高。

但该税务政策允许甲方仍按 500 万元“原价”转让，这样就没有所得税了，直到下次甲转让这个“账面价值 500 万元，实际价值 1 亿元”的股权时，才会产生所得税。

7. 国税公告〔2011〕13 号、财税〔2016〕36 号——资产重组的增值税优惠政策——节省增值税。

财税〔2016〕36 号的附件 2《营业税改征增值税试点有关事项的规定》中提到：在资产重组过程中，通过合并、分立、出售、置换等方式，将全部或者部分实物资产以及与其相关联的债权、负债和劳动力一并转让给其他单位和个人，其中涉及的不动产、土地使用权转让行为。

根据该政策，在资产收购时如果将债权、负债和劳动力一并受让，可免增值税。这是实务中采取“承债式资产收购”的原因之一。

8. 归纳：

总体来说，用股权作为对价支付而不用现金支付，以及用非货币资产作为出资，常常是有特殊税务优惠政策的。这常常是并购交易中需要采取类似“先非货币出资，再股权转让”“把现金支付转为特定股权置换”之类交易结构的目的。

当然，这些税收优惠政策使用起来是有很多限制和条件的，例如前面所说的“股权或资产划转后 12 个月内不改变被划转股权或资产原来实质性经营活动”。这就使得交易各方往往要评估节税的收益与导致的风险，理性决策，采取最为合适的交易结构。

2.9　公司类合同综述（六）：宏观—交易结构设计

2.9.1　强化公司控制权的若干措施

“天下熙熙皆为利来，天下攘攘皆为利往”。公司及并购类交易所为之“利”，可以分为“钱”与“权”两方面。“钱”主要是分红权，比较好理解，主要体现在“微观—合同条款”层面的分红比例、金额方面。“权”主要是公司控制权，也是公司及并购类交易各方的重要争夺对象，则与合同的各个层面都密切相关。

与控制权相关的股权架构设计的书不少，涉及很多细节，这里不再具体分析，只简要介绍一下强化公司控制权的一些措施：

1. 有限合伙企业作为持股平台。

在第五单元“合伙企业”中有进一步介绍。

2. 股权的金字塔架构。

类似下面这样的股权架构，就使得实控人用 676 万元，取得了注册资本 1 个亿的目标公司的控股权。

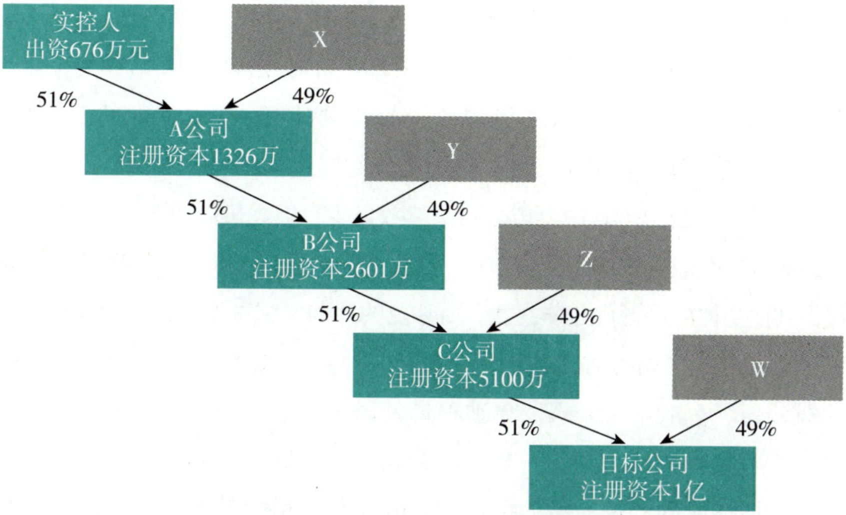

图 2.9-1　股权的金字塔架构

3. 股权权能安排：一致行动、表决权委托、表决权放弃等。

在本课程第三单元“股权权能安排”中有进一步说明。

4. 三会一层安排。

包括股东会、董事会或董事、经理的职权安排，董事、经理的人选安排。

5. 表决权的特殊安排。

有限责任公司的表决权安排可以非常灵活，例如：表决权与股权比例不一致；一票否决权；特定事项同意权等。

而 2023 版《公司法》也允许了股份公司设置不同表决权的类别股。请见第五单元股份公司相关知识。

前面 3 点涉及专门的协议、章程等文本，第 4、5 点则对股权取得类合同、章程的“微观—合同条款”有影响。

总的来说，这些措施的综合运用，完全可以达到“只出小钱、控制大公司”的目的，要在整体股权架构安排和交易结构设计时予以考虑。

2.9.2　经营主体与特殊目的载体（“SPV”）

1. 经营主体与特殊目的载体的含义。

“特殊目的载体”（Special Purpose Vehicle，简称为“SPV”）并没有明确的、统一的法律定义。

既然有“特殊目的载体”，就应该有“正常目的载体”，将两者对照来认识更有利于理解。“正常目的载体”是什么？其实就是正常对外开展经营活动的企业，它们有正常的办公场地、有员工，对外开展经营活动，这是绝大多数企业的正常状态。本课程称之为经营主体。在中国大陆，绝大部分的经营主体是有限责任公司的组织形式，少部分是股份公司（其中上市公司虽然数量少，但规模巨大），另外还有第五单元所提到的合伙企业、农民专业合作社、个人独资企业等。但除了有限责任公司、股份公司，其他主体应该说都是非主流，所涉及的并购类交易很少、一般金额也不大。

基于经营主体在整个股权架构中的不同作用，可以进一步分为：单独项目公司、控股公司、一般经营公司。单独项目公司以房地产项目公司为典型，控股公司主要用于对单独项目公司、一般经营公司投资持股，不同于 SPV，一般是长期存续的、长期持股的、较大型的公司。一般经营公司则是大多数对外开展经营活动的公司。但这几类主体对应的公司及并购类合同是相通的。

SPV 与经营主体相对，并不是为了开展经营活动而设立，一般没有办公场地（虽然有一个法律上的注册地址）、没有员工，除了所持资产的特定收益或者所持股权的分红之外，没有其他收入。SPV 像是一个连接两端的“转接头”，一头连接股东、合伙人等投资方和实际控制人，并把这些主体的资金“输入”，另一头连接目标公司，用来持有股权、资产。

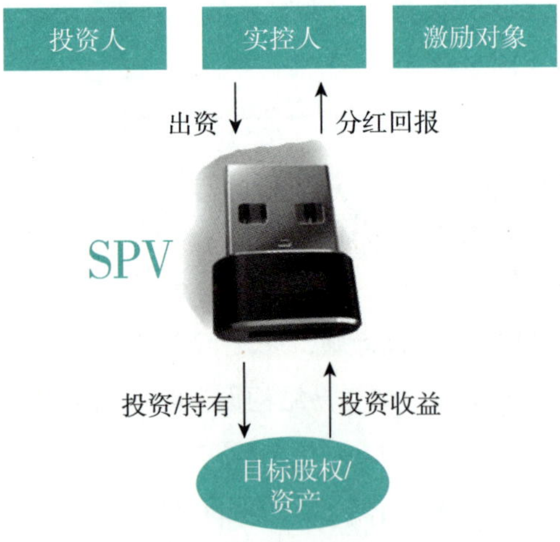

图 2.9-2　作为“转接头”的 SPV

2. 为什么要设立 SPV？

上图中也能看出，投资人、实控人、激励对象的“醉翁之意不在酒”，目的其实是要投资、持有目标股权、资产，为什么要多设一层“转接头”，肯定是有一些额外的好处或是不得已，这包括：

（1）节税。

不同的场景下，公司、合伙企业、个人独资企业都可能用于避税。

合伙企业是“税收透明体”，个人独资企业的个人所得税相对于自然人及一般公司也有一些优势。

公司虽然在一般情况下没有什么税收优势，但是公司作为股东取得分红并不征收企业所得税（《企业所得税法》第 26 条），而个人直接取得分红要缴纳个人所得税），因此用公司来留存分红而不分给个人是有节税优势的。

（2）优化股权架构，强化控制权。

SPV 一方面可以使得投资方间接持股而不是直接持股，另一方面类似有限合伙企业可以由普通合伙人取得控制权来行使股东权利。这样目标公司自身的股东数量减少，控制权更集中。

（3）资产相对独立。

相对独立的资产，由相对独立的主体来单独持有，比一个主体持有众多资产要好得多。

好处有很多：风险隔离；有利于管理、激励，可以单独核算；有利于单独抵押、融资；可以通过股权转让的方式实现资产转让。

所以，对于短期持有、准备要单独转让的资产，设立一个 SPV 来专门持有是合适的。

（4）作为持股平台，容纳更多主体。

由于有限责任公司的股东上限是 50 个，这一限制也导致不得不设立 SPV 来容纳更多投资方或持有激励股权的员工。

（5）隔离风险。

有限公司的“股东有限责任”自然可以用于隔离项目的风险。有限合伙企业中的有限合伙人也只承担有限责任，也可以用来隔离风险，不过有限合伙人风险隔离的代价是不能执行合伙事务。

（6）隔离财产。

这其实也是隔离风险。只不过前面强调的是将“人”（股东、有限合伙人）与风险隔离，这里强调将“特定财产”与风险隔离。我们把特定财产（资产或各类权益）装入到 SPV 之中，与其他主体适当隔离，也就等于把特定财产引发的风险责任装入了 SPV（合伙企业除外）中，从而隔离了财产。例如，信贷资产资产证券化中的信托型 SPV。

（7）间接交易或幕后交易。

假设这种情形：A 公司想收购 B 公司股权，但 AB 公司之间有竞争关系或矛盾，B 公司不会同意 A 公司收购。那么 A 公司可能通过 C 公司来收购，C 公司收购之后再按事先与 A 公司的约定，再将股权转让给 A 公司。

C 公司可能之前已经存在，也可能是新设。如果新设 C 公司，那么设立时 A 公司并不作为股东，而是通过第三方，与第三方通过协议来控制 C 公司。

基于不同的出发点，可以选择不同的 SPV 形式，设立多个 SPV。在大型公司的整个股权架构中，有几十个 SPV 也是很常见的。

3.SPV 的形式。

主要包括有限责任公司、有限合伙企业、个人独资企业等形式，股份有限公司很少作为 SPV。

有限合伙企业是最常见的 SPV 形式。它的特点、使用场景，在第五单元“合伙企业”中有进一步介绍。

相对于有限合伙，有限责任公司的最大优势还是“有限责任”，可以隔离实控人个人风险，常常与有限合伙企业组合起来使用，在第五单元“合伙企业”有介绍。除此之外，因为有限责任公司的税收成本，作为 SPV 不是很合适。

SPV 还会体现为证券金融中的信托计划、资产管理计划、基金等形式——但这已经超出本课程的范围了。

4. 作为 SPV 的有限责任公司、有限合伙企业本身的设立、出资乃至转让等协议一般都不复杂，比收购型合同简单。

（合伙型基金合同复杂一些，但也比较模式化）

主要需要律师从整体交易结构和股权架构的高度去考虑：是否设置 SPV、设置多少个 SPV、采取何种形式 SPV 等问题。

2.9.3 排斥式合并与分立

1.“排挤式合并”。

施天涛教授提到：

现金合并允许利用合并程序来“挤走”（freeze out）特定股东。其实质是强制收购（compulsory buy-out）特定股东的股份。假设多数股东是个人或者由个人组成的利益集团，或者假设母公司并不愿意承担其子公司的责任，在这两种情况下，多数股东可以专门为排挤式合并设立一个新公司，多数股东可以将其在原公司的多数股份转让给新公司以换取新公司的全部股份。然后，将新公司与原公司进行合并。按照合并计划，结果是新公司的股东，即原来公司的多数股东，最终取得存续公司的全部股票，原公司少数股东接受现金或者其他证券。例如，X、Y和Z是一家封闭公司即XYZ公司的三位股东。Z与X、Y不和，为了将Z挤走，X和Y组建了一家新的公司，即XY公司，用现金买下了Z的股份，并将XYZ公司剩余的股份注销。其结果是X和Y成为该企业[1]的仅有股东。由于X和Y[2]拥有XYZ公司发行在外股份的多数，所以只要他们投票支持该项合并，该项交易就会得到通过。尽管Z可以投票反对该项合并，他却无力阻止该项合并，但Z却享有法定评估权。Z还可以指控该项合并是一种自我交易，但该项合并是有效的。再如，一公司由其全资子公司合并，多数股东依照股份置换原则获得了对该子公司的股份，而少数股东却被迫接受特定数额的现金作为其股份的对价。

现金合并还可以用作两步合并（a two-step merger）的第二步，即当第一步收购完成后，目标公司中尚有一部分股东不愿意出售其股份，这时即可利用这种现金合并形式来挤走这些留存股东（remaining shareholders）。这种合并通常被称为“扫尾”（back end）或者“清扫”（mop up）式合并。……[3]

注意上述操作中，根据《公司法》的规定，必须由代表2/3以上表决权的股东对合并达成一致，才能“排挤”其余股东。此外，“多数股东可以将其在原公司的多数股份转让给新公司以换取新公司的全部股份”可能涉及一个操作前提，即股权出资是否构成股权转让交易，其他股东是否享有优先购买权，这个问题存在争议。如果存在优先购买权，则该操作需要其他股东放弃优先购买权。

2. “排挤式分立”。

因为代表2/3以上表决权的股东可以作出决议对公司进行分立，这意味着可能出现这种情形：

A公司有甲、乙、丙三个股东，代表2/3以上表决权的股东甲、乙经股东会决议，从A公司分立出A1公司，将A公司部分不重要的资产划归至A1公司由丙作为股东，而甲、乙继续作为A公司股东，丙不再是A公司股东。

---

[1] 指合并后存续的XY公司。

[2] 通过XY公司。

[3] 施天涛：《公司法论》（第4版），法律出版社2018年版，第535～536页。

可见，公司分立可能实现大股东“挤出”小股东的目的。

3. 排挤式合并、分立都存在股东会决议因违反股权平等性侵害小股东利益进而被认定为无效的风险。[1]

[1] “排挤式合并”这一交易结构在美国法律语境下其合法性和规制程度也经历了一个司法认知调整演进的过程。参见施天涛:《公司法论》(第4版)，法律出版社2018年版，第535页。

03

第三单元

宏观—交易结构：配套安排

前面已经说过，“主交易结构 + 配套安排”的拆解，是“公司及并购类合同拼图”认识框架的重中之重。本课程前面已经说明了主交易结构的典型类型（第一单元）和相关起草审查要点（第二单元），这一单元就全面介绍一下配套安排有哪些类型和相关的起草审查知识。

3.1 配套安排概述

一、配套安排的含义

“配套安排”是本课程专门定义的一个术语，是指公司及并购类合同中补充、配套性质的操作。

也就是说，“配套安排”与本课程前面所介绍的“主交易结构”的主要区别是，“配套安排”一般是某一种主交易结构配套的，不是一种独立的交易。就像对赌协议肯定是因为双方存在一个股权收购或者股权投资的交易，不会在没有这些交易的情况下双方无缘无故地进行对赌。

简单但不太准确地说：主交易结构是为了股权和资产，配套安排是为主交易结构保驾护航。

“配套”并非不重要，也往往涉及巨大的利益，如对赌安排就关系重大，可能让公司创始股东出局。

“配套安排”并非公司运营中的所有事项的归纳，有些事项（如正常分红、公司解散注销等）并不是“主交易结构”的补充、配套，本单元中也就不涉及。

二、“配套安排”体现为专门配套协议或主交易合同中的特殊条款

因为配套安排体现在协议中往往只是简单的协议或若干个条款，本课程中不再把配套安排按单独的协议一样去进行三观分析，只说明配套安排起草审查的要点，特别是梳理出主要的类型。对于具体的内容、条款，可以直接查看该配套安排对应的协议、文本。

如上所述，配套安排可以体现为主交易合同（“主交易合同”的含义见第四单元中“中观—合同形式”相关说明）的一个专门配套协议，也可以直接整合到主交易合同中作为几个专门条款。在“中国合同库”中，为了便于分类，也便于用户使用，一般都采用“专门配套协议”的方式。在具体使用时，用户也可以将这些专门配套协议文本中的条款（首尾、通用配套条款除外）直接整合到主交易合同中来使用。

需要说明的是，本课程是围绕合同起草审查的，因此只重点讲述可能需要各方签订协议来处理的各类安排。有一些交易、事项由公司作出决议、执行即可，并不涉及合同签订，那么本课程就不会介绍，或者仅一笔带过。

3.2 公司及并购类合同背后的受信义务

这一节不是介绍某一种交易结构、配套安排，而是介绍一个在审查公司及并购交易结构时不可忽视的知识点：受信义务。

一、从代理成本到受信义务

A与B签订合同，这个合同可能损害合同之外的C——对于大多数民商事合同，这种情形并不常见，就算有也未必影响A、B的合同效力，律师重点考虑的是合同是否满足A、B的需求。

然而，对于公司及并购类合同来说，律师却往往需要考虑合同之外的C。

这背后其实就是法律经济学中至关重要而基础的“代理成本”问题，是讨论公司治理时不可不知道的基础理论。本课程无法深入讨论，只是从本课程的目的出发，简单解读如下：

当A公司签订一份合同时，表面上是A公司的事，实际上涉及A公司背后的三组利益主体（也就是三组“委托人+代理人”）之间的博弈：

委托人——代理人

少数股东——控股股东、实际控制人（以下合称双控人）

股东——董事监事高管（以下简称董监高）

公司债权人——股东

于是，《公司法》不得不出台一系列规定，要求这些代理人不要通过这份合同来损害委托人的合法权益，这就是“受信义务”。例如，股东不能变相“掏空”公司，使得公司债权人无法获得清偿。受信义务又叫诚信义务、信义义务，同样是一个很大的话题，本课程也无法深入讨论，从本课程主题出发，我们需要重点强调：

当A公司签订一份合同时，肯定是在双控人、董监高的安排之下签订，那么，这份合同是否损害其他股东、债权人的合法权益，双控人、董监高是否违反了受信义务呢？

如果是，那这份合同有风险。既可能影响合同的效力，导致合同履行受阻，还可能使得双控人、董监高直接承担赔偿责任。而双控人、董监事很可能是决定聘请律师的人。

所以，是否违反受信义务，是律师在审查 A 公司的这份合同时必然要考虑的一个“宏观—交易结构”层面的重要问题。

这一问题其实并不仅限于“公司及并购类合同”，但在“公司及并购类合同”（特别是其中的各种配套安排）的起草审查中最为常见、重要，因此是本课程中的一个重要、基础的知识点。

二、2023 版《公司法》对双控人、董监高受信义务的强化

只要认真对照一下 2023 版《公司法》与原《公司法》的修订，就不难看出这一强化。这应该是 2023 版《公司法》最重要的一个修订方向。例如下面这几个法条：

第 23 条　公司股东滥用公司法人独立地位和股东有限责任，逃避债务，严重损害公司债权人利益的，应当对公司债务承担连带责任。

股东利用其控制的两个以上公司实施前款规定行为的，各公司应当对任一公司的债务承担连带责任。

只有一个股东的公司，股东不能证明公司财产独立于股东自己的财产的，应当对公司债务承担连带责任。

第 180 条　董事、监事、高级管理人员对公司负有忠实义务，应当采取措施避免自身利益与公司利益冲突，不得利用职权牟取不正当利益。

董事、监事、高级管理人员对公司负有勤勉义务，执行职务应当为公司的最大利益尽到管理者通常应有的合理注意。

公司的控股股东、实际控制人不担任公司董事但实际执行公司事务的，适用前两款规定。

第 191 条　董事、高级管理人员执行职务，给他人造成损害的，公司应当承担赔偿责任；董事、高级管理人员存在故意或者重大过失的，也应当承担赔偿责任。

第 192 条　公司的控股股东、实际控制人指示董事、高级管理人员从事损害

公司或者股东利益的行为的，与该董事、高级管理人员承担连带责任。

上面加下划线的部分都是新增的规则。董事高管、双控人要直接对第三人承担赔偿责任，简直可以说石破天惊，足以让双控人、董事高管瑟瑟发抖！也正因此，一个审查合同时不考虑双控人、董事高管责任的律师，显然是失职的，不受欢迎的。

三、律师要加强受信义务的应对

《公司法》规制的重点，必然也是实务中高发的行为，值得律师警惕。也许在原《公司法》下，这些行为风险不大（如不足以让双控人直接承担责任），但在2023版《公司法》下，就已经不太可行。

公司向股东、董事高管提供好处的合同（如回购、减资、公司与股东对赌、关联交易等）最容易违反受信义务，是律师审查的重点。而股东与股东之间的合同，如果不直接影响公司利益，一般是意思自治、约定即有效的。

法律上允许某种交易结构，不代表这种交易结构不违反受信义务。律师要关注交易结构的实质是不是在向股东、董事高管提供好处，而不只是只看表面。

对于公司向股东、董事高管提供好处的合同，律师除了关注合法性、可行性以外，要主动考虑通过股东会决议、董事会决议（关联股东、董事要考虑回避）等合同程序来保障其效力，降低股东、董监高的风险。

在新法强化受信义务背景下，律师还要为当事人考虑：注册资本金额是否合适；是否有必要担任董监高；是否要调整股权架构、增设SPV来隔离风险。乃至帮助当事人规范公司的日常治理、运作。

一定程度上，2023版《公司法》意味着创业风险的加大，小公司、创业公司多数在公司治理上不够规范，这很容易导致作为股东、董事高管的创始人个人对外承担违反受信义务的责任。在经济下行的背景下，这会有什么效果，不得而知——不过，这已经超出本课程要讨论的范围了。

3.3 公司、股东利益输送安排

因为没有找到更好的表述，这里使用“输送利益”这一略带贬意的表述，但这里仅使用其字面意思，不包含合法性判断。

前面已经说明过股东不得抽逃出资、不得滥用股东权利。在这些限制之下，我们分析一下公司、股东之间各类利益输送、利益调整的可行安排。

一、分红权调整安排：必须“有利润可分”

正常分红就是股东依据出资合同、公司章程，依法正常分配公司利润（一般是按年度分配）；在出资、增资等合同中会有一些常规条款有所约定，这不属于本单元要讨论的“配套安排”。本单元要讨论的是不同于“正常分红”的特殊安排。

分红安排有一个基本限制，简单地说就是：必须“有利润可分”，不能超额分红。

所有公司对股东的分红安排，无论怎么调整，即使公司、全体股东都无异议，也不能突破一个前提，即必须“有利润可分”。这里的利润是指公司弥补亏损和提取公积金后剩下的税后利润。也就是说，如果公司没有利润，则股东不能分红；如果公司只有 50 万元利润，那么股东不能从公司拿走超过 50 万元的分红。否则这就等于股东在抽逃出资，可以任意“掏空”公司，对公司其他债权人不公平，是明显违法的做法。

只要“有利润可分”，股东之间约定按什么比例、顺序分配，都是有效的。

如果个人股东也是公司员工，可以通过工资、奖金（都是薪酬）从公司获得报酬，这不以公司“有利润可分”为前提。但这就必须按薪资所得缴纳个人所得税了。

股东之间以及某些情况下股东与非股东之间可能就分红，作如下一些配套安排：

1. 优先分红约定。

这其实相当于股份公司“类别股”中的“优先股”约定（可参考第五单元股

份公司类别股相关介绍），只是有限责任公司可以更加“随心所欲”的约定。

这类约定有几种使用场景：

（1）股权投资中，作为“投资人保护”的条款之一“优先分红权”，写在股东协议中。

可参考本单元后面的“投资人保护安排（及股权投资类合同、股东协议）”。

相关模板：17954 股东协议（首轮融资）

（2）单独的优先分红、固定分红协议。

这里的固定是指“有利润可分”的前提下，先向某些股东分配“固定”的利润。

（3）资金回报（名股实债）类合同中，也可能会有优先分红约定，实际上就是先用分红来还钱。

如果不仅有优先分红约定，还约定“没有实现分红目标，公司、其他股东有补偿义务”，那其实就已经算是对赌安排了。

相关模板：21229 优先分红补充协议

相关模板：21230 优先及保底分红补充协议

2. 特定项目单独核算分红。

例如，在房地产并购交易中，各方可能存在这种安排：目标公司有多个地块，而 A 股东只参与其中特定地块开发，其他地块仍由目标公司其他股东自行开发、享有收益。于是各方约定，A 股东取得目标公司一定股权，但只能要求分配特定地块的收益。——这会给财务核算带来麻烦（需要就目标地块的成本、收益专门核算），但在法律上是可行的，实务中也确实有这种做法。

此时 A 取得的股权相当于一种担保，项目结算完成之后 A 的股权一般要由其他股东回购回去。

上面这些分红安排涉及所有股东的权益，需要全体股东同意（《公司法》第 210 条第 4 款也要求全体股东约定），可以单独签订协议，也可以约定在出资协议中。

3. 分红权的处分。

股东与非股东、部分股东之间就分红权转让、分红分享、分红调整签订协议，就自己持有的分红权益进行处置，在协议各方之间是有效的。当然，目标公司没有义务对非股东进行分红，非股东也没有资格要求目标公司分红，目标公司也没有义务按照部分股东之间的私下约定进行分红。

相关模板：18720 分红权转让协议

在股权托管协议（后面的“股权权能安排”中会介绍“股权托管”）中，就常有分红转让、分红分享的安排。

分红权能转让也就能回购，就能形成分红权的让与担保，这在第一单元“资金回报型交易结构（名股实债）”中有介绍。

二、公司减资安排：受到严格限制

关于减资与增资、出资组合形成的特殊资产、股权转让交易结构，请见第一单元“复合型交易结构类型”中的介绍。

1.《公司法》第224条、第225条、第226条等对公司减资有实体和程序上的要求，如果违反会导致股东、董事、监事和高管的责任。

2023版《公司法》对于公司减资有新增规定：

第224条　公司减少注册资本，应当编制资产负债表及财产清单。

公司应当自股东会作出减少注册资本决议之日起十日内通知债权人，并于三十日内在报纸上或者国家企业信用信息公示系统公告。债权人自接到通知之日起三十日内，未接到通知的自公告之日起四十五日内，有权要求公司清偿债务或者提供相应的担保。

公司减少注册资本，应当按照股东出资或者持有股份的比例相应减少出资额或者股份，法律另有规定、有限责任公司全体股东另有约定或者股份有限公司章程另有规定的除外。

第225条　公司依照本法第二百一十四条第二款的规定弥补亏损后，仍有亏损的，可以减少注册资本弥补亏损。减少注册资本弥补亏损的，公司不得向股东分配，也不得免除股东缴纳出资或者股款的义务。

依照前款规定减少注册资本的，不适用前条第二款的规定，但应当自股东会作出减少注册资本决议之日起三十日内在报纸上或者国家企业信用信息公示系统公告。

公司依照前两款的规定减少注册资本后，在法定公积金和任意公积金累计额达到公司注册资本百分之五十前，不得分配利润。

第226条　违反本法规定减少注册资本的，股东应当退还其收到的资金，减免股东出资的应当恢复原状；给公司造成损失的，股东及负有责任的董事、监事、高级管理人员应当承担赔偿责任。

如果只减资，不向股东返还出资，这叫形式减资，公司的净资产并未减少。

这种情况下，如果减资程序存在瑕疵，是否要对公司债务承担责任？原来存在争议。[1]但根据2023版《公司法》第225条第2款，应该是没有责任的。

总体来讲，涉及向股东返还出资的减资可能引起法律责任，并非公司和股东作个决议、签个协议就万事大吉，律师需要严肃对待。

2. 减资时，公司能向股东返还多少出资？

这里的前提当然是公司没有亏损。有亏损就只能形式减资，不能向股东返还出资。

这一问题缺少明确法律规定和权威结论。但根据资本维持原则，公司至少应该保证减资后的公司净资产金额不能低于减资后的注册资本，否则就等于抽逃了出资。因此返还出资金额上限应为“公司净资产金额–减资后注册资本”。

如果公司赚了钱，净资产金额超出原注册资本，那么向股东返还的出资有可能超出股东原出资，即股东不仅拿回了投资，还赚了钱。从税务角度，股东赚的这部分钱，也应该缴税。[2]

3. 多数情况下公司减资是向股东返还现金，但在法律上也可以是返还资产。

这取决于股东决议与各方签订的协议约定。

4. 减资所使用的文本：

如果是股东同比例减资（也就是减资后，所有股东的持股比例还跟原来一样），那么一般由公司作出决议、执行即可，无须签订协议。

如果是股东非同比例减资，或者叫定向减资（也就是减资后，特定的股东持股比例减少了或者不再持股，其他股东的持股比例则增加了），而且向减资股东返还出资，那么除决议之外，一般还会签订协议来明确交易细节。

相关模板：19515 有限责任公司定向减资成套文本

三、公司回购股东股权安排：受到严格限制

就像本课程前面所说，本课程不是讨论“公司回购股权”这一操作的全部法律问题，而是讨论“各方就公司回购股权”可能签订什么合同及条款。

[1]《最高人民法院第二巡回法庭法官会议纪要》。转引自《最高法二巡：在减资程序违法的情形下，形式上减资是否构成抽逃出资？》，载微信公众号“民法典之家”，2022年8月25日发布。

[2] 股东为企业可参见《国家税务总局关于企业所得税若干问题的公告》（国家税务总局公告2011年第34号）“五、投资企业撤回或减少投资的税务处理”；股东为个人可参见《股权转让所得个人所得税管理办法（试行）》（国家税务总局公告2014年第67号）、《国家税务总局关于个人终止投资经营收回款项征收个人所得税问题的公告》（国家税务总局公告〔2011〕41号）。

1. 公司收购股东股权的协议需要判断合法性。

公司收购股东股权，并支付对价，这实际上等于股东抽回了部分出资，必然要受到严格限制。

现有法律中,《公司法》第 89 条规定了特定情况下的“异议股东回购请求权”，其中增加了第 3 款“公司的控股股东滥用股东权利，严重损害公司或者其他股东利益的，其他股东有权请求公司按照合理的价格收购其股权。”《公司法司法解释（五）》第 5 条第 1 项还规定，当股东出现了重大分歧时，当事人可协商签订回购协议。

如果公司与股东不是在诉讼过程中、在司法机关主持下签订调解协议，而是自行签订回购协议，那么律师首先要判断这一操作是否符合法律要求，是否构成抽逃出资，要考虑改成定向减资或其他股东受让股权。

其他股东受让股权并支付对价，这肯定是合法的。而减资则需要遵守减资的法律要求，请见前面说明。

2. 对于公司回购股权的事先约定。

大部分情况下，公司章程、出资协议并不需要对股权回购作出约定，只有特别详细的章程、出资协议才会涉及这类约定。至于对赌中的回购，请见后面关于对赌的分析。

（1）对于《公司法》第 89 条规定的法定回购情形，可以约定回购价格。

可以约定以原出资额和对应净资产额中较高者为准，或者以评估价值为准。

（2）对法定回购情形之外的股权回购约定。

公司章程或全体股东签署的出资协议中约定在一定条件下公司有权回购股权，或者股东有权要求公司回购股权，这是否有效？没有直接的法律依据，虽然最高人民法院发布的指导案例第 96 号（宋文军诉西安市大华餐饮有限公司股东资格确认纠纷案）对此支持，但仍然有争议。

考虑这种风险，律师应该尽量把回购方式改为“其他股东受让”或者“公司有权选择由公司或其他股东受让”，回购的条件与价格应该比较合理（可参考下列模板中的条款）。

相关模板：19540 一般通用出资协议（详细版 + 配套条款）

1. 股权回购

1.1 法定回购

1.1.1 有下列情形之一的，对股东会该项决议投反对票的股东<u>在股东会决议通过之日起 30 日内</u>可以请求公司收购其股权：

（1）公司连续五年不向股东分配利润，而公司该五年连续盈利，并且符合公司法规定的分配利润条件的；

（2）公司合并、分立、转让主要财产的；

（3）公司章程规定的营业期限届满或者章程规定的其他解散事由出现，股东会会议通过决议修改章程使公司存续的。

1.1.2 股权回购价格

发生前款约定的回购情形的，股权回购价格按照以下方式确定：

提出回购时标的股权对应的以下两种价格较高者为准：

（1）截至回购时，标的股权对应的实际出资额。

（2）截至回购时，标的股权对应的公司净资产价值。

1.2 约定无过错回购

1.2.1 有下列情形之一的，股东有权要求公司收购其股权：

（1）股东会作出变更公司主营业务的决议的，投反对票的股东有权在股东会决议通过之日起 10 日内要求公司回购其股权；

（2）其他情形：____。

1.2.2 发生前款约定的回购情形的，股权回购价格按照以下方式确定：

以提出回购时标的股权对应的以下两种价格较高者为准：

（1）截至回购时，标的股权对应的实际出资额。

（2）截至回购时，标的股权对应的公司净资产价值。

发生前款约定的回购情形的，公司有权选择由公司回购或由公司指定的其他股东进行回购。

1.3 约定过错回购

1.3.1 任何股东出现下列之一的，则其余股东有权回购该股东（指出现下列情形的股东）的全部股权：

（1）股东因故意给公司造成重大损失；

（2）股东因故意犯罪被判处承担刑事责任的。

1.3.2 回购价格由各方协商，协商不一致的，按如下标准确定：

以提出回购时标的股权对应的以下两种价格较低者为准：

（1）标的股权所对应的公司最近一次股权融资的估值的 20%；

（2）截至回购时，标的股权对应的实际出资额。

1.3.3 有权回购的股东应向被回购股东发出书面回购通知，被回购股东须在收到上述通知之日起10个工作日内配合办理股权回购全部相关事项，包括但不限于签署相关的股权转让协议、配合办理工商变更登记等。否则每延迟一日，应承担相当于回购价款总额1‰（千分之一）的违约金。

四、对赌安排（盈利预测补偿）：要求公司赔钱很难

1. 对赌的含义。

对赌大致是说：投资人与目标公司、原股东约定，如果目标公司发展未达到一定条件，则目标公司、原股东需要对投资人进行股权补偿（让投资人多得到一些股权）或金钱补偿。例如，投资人A与目标公司B、原股东C约定，如果2022年12月31日前，B未上市，则B、C应向A补偿2000万元。

对赌多数用于股权投资，但也可能用于收购型交易。

据说“硅谷无对赌”[1]，但不知从何时起，在中国“对赌”成为一个热门话题，因为对赌成功或失败引发了不少悲、喜剧。法律实务上也似乎是个热门话题，以至于有对赌的几本法律实务专著。

2. 对赌协议的法律效力：要求公司赔钱很难。

关于对赌协议的效力、风险问题，已经有很多文章、书籍进行分析，而且从前面“公司向股东输送利益”的各种限制，结合“股东不能掏空公司、不能抽逃出资”的基本法理，已经不难得出结论：股东要求公司赔钱，无论是回购、减资，都是很难的，但要求其他股东赔钱、“赔股权”，应属有效。

确实，根据《九民纪要》第5条等规定，投资方要求目标公司支付金钱补偿、减资补偿等不能说是完全无效，但必须以“公司有利润可分”或者符合“减资”流程为前提。这在对赌失败、公司财务状态肯定不乐观的情况下等于没有可执行性。

3. 对赌协议的起草审查。

基于上面的法律效力介绍，从投资人的角度，不难得出结论：应该将原股东或实际控制人拉入“赌局”承担责任，作为索赔的主要对象，不能仅由目标公司承担责任。

另外，对赌协议中一般会约定投资人有权选择要求股权补偿或现金补偿。

从原股东（创始股东）的角度，则必须认识到对赌协议中股东、保证人的现

[1] 张巍：《资本的规则》，法律出版社2017年版，第一章第1节。

金或股权补偿的约定一般是有效的，要谨慎签署，否则甚至可能沦为“已经不是股东了，还要倾家荡产赔钱”的“最惨创业者”，乃至连带配偶一并承担责任。[1]

4. 与对赌协议类似的安排。

（1）单独的售股权安排。

没有业绩的约定，仅仅约定有权以约定价格向对方出售股权。

相关模板：395 股权售出期权协议

（2）创始股东之间的“动态股权”安排与对赌的安排有相通之处，请参考第六单元中“股权激励（含分红激励）”中的介绍。

（3）上市公司重大资产重组中也有“业绩补偿协议”的做法，不过一般不叫“对赌”，请见第五单元“上市公司”相关知识。

（4）价格生成机制安排。

本单元后面有介绍。价格生成机制安排与对赌安排的区别是，前者的效果是给不给、给多少，后者的效果是退不退、赔不赔。两者都有激励效果。

五、认股权安排

1. 认股权的含义。

认股权就是有权在约定条件下、按约定价格取得约定股权。

取得股权的方式可以是从其他股东手中受让，也可以是向公司增资。无论是哪一种，都不涉及公司向股东输送利益，只要约定清楚都是有效的。

所谓有权，是说我方有权行使认股权或售股权，也有权不行使。如果是各方确定，在约定条件下必须按约定价格转让股权，这就不是这里的认股权安排了。这实际就是一个正常的股权取得主交易结构，只是交割、付款或者合同解除条款上有一些特殊。如果股权要在很久之后过户，那么可以使用本单元后面所说的“远期交割股权安排”。

对于上市公司来说，认股权就是股票期权中的“买入期权”，是交易所提供的金融衍生产品。而对于一般公司，就只能通过各方约定了。

2. 认股权安排的一些场景：

（1）“借贷 + 认股权” = 可转债。

公司借款融资时，出借方可能要求获得一定条件下“债转股”权利，实际上

[1] 可搜索《中国最惨创业者：3 年前我被投资人赶出公司，3 年后公司没上市说让我赔 3000 万！》。

就是“借款+认股权”的组合。（上市公司有“可转债”这种债券的发行与购买，有限责任公司就只能靠双方约定了）

相关模板：18160 可转股债权投资合同

（2）股权投融资中的认股权安排。

投资方可能要求额外的“认购权”，将来一定条件成就时，投资人有权以一定价格对公司额外增资（投资），增加投资人的股权比例。

相关模板：18492 认股权合同

（3）股权激励。这也是很常见的“期权”应用场景。

如果员工在公司工作满一定年限，且在工作表现、业绩方面符合要求，即可以约定价格获得一定的股权（行权）。

不仅是针对员工，为了能让其他人为公司提供某种资源、服务，也可能给予其他人“要钱还是要股权”的选择权。实务中甚至有律师事务所为创业公司提供法律服务而约定取得一个转化为股权的权利。其实这也是一种股权激励。

相关模板：19601 有限责任公司股权激励全套文本（期权+行权后直接持股）

（4）融资租赁中的“风险租赁”。

融资租赁业务中存在这种“风险租赁”模式，就是在正常的固定租金之外，融资租赁公司、承租人另外签订一份期权协议，约定：租赁期内，出租人有权以约定价格取得承租方的一定股权；如果租赁期内出租人放弃行权（不要求取得股权），那么在租赁期满时承租人需要另外向出租人支付一笔现金补偿（相当于另外一笔租金）。

六、售股权

售股权与认股权相对，相当于上市公司的“卖出期权”。

同样地，售股权的意思是有权卖也有权不卖。

实务中，一般不会有无缘无故的“售股权”。如果是与股权取得相匹配，那等于就是“股权取得+有权要求回购”，类似于“资金回报型”交易结构了。

七、补充介绍：其他公司向股东输送利益的安排

除前面的分红、减资、回购股权、对赌之外，公司向股东输送利益，还可能有以下方式：

1. 公司为股东提供担保：比一般对外担保更严格。

担保本身就为股东提供了好处，一旦担保实现就等于公司真金白银的替股东付了钱。

根据《公司法》第15条第2款，公司为公司股东或者实际控制人提供担保的，应当经股东会决议。——这比公司为其他主体担保的要求（根据公司章程由董事会或股东会决议）严格一些。

反之，如股东为全资子公司提供担保，则无须考虑决议程序。

对于对外担保的决议程序、未履行程序的法律效果等具体分析见《合同起草审查指南：常用合同卷》第五单元“担保类合同”介绍，这里不再具体说明。

相关课程：504 抵押、质押合同（四）：宏观—合同程序

上面说的是为股东的一般民商事交易提供担保。如果公司为股东收购其他股东股权或为对赌提供担保，那本质上跟公司承担回购责任、对赌责任相通，根据前面三、四点的分析，效力是很有限的。

2. 归还股东借款与利息：要有真实借款。

如果股东对公司有借款，那么公司就要还钱、支付合理利息给股东。这没有问题，无论公司是否有利润。公司没有利润，就不存在分红；但公司没有利润，仍然应该还钱。——当然，前提是要有真实的借款存在，否则就是在抽逃出资。

因为这个原因，在需要股东对项目公司投入大量资金的房地产开发行业，股东对公司的大量投入体现为借款方式而非资本投入。这样股东就能方便的、合法的以还款名义从公司取款。如果股东投入的是资本金，就不能随意“抽逃出资”了。

另外，股东借款可以收取利息，有节税效果。

本单元后面“股权收购下目标公司对转让方债务的处理方式：特殊交易对价的支付”中对股东借款清偿问题还有相关介绍，可参考。

3. 公司向股东提供借款。

2023版《公司法》删除去了原《公司法》第115条“公司不得直接或者通过子公司向董事、监事、高级管理人员提供借款”的规定（针对股份公司，增加了公司为他人取得本公司股份提供财务资助的限制）。因此法律上对此没有特别限制。

不过很多公司章程会对此有特别限制（私募基金等“专业”投资人投资时，往往会要求此类限制），而且公司向股东提供借款，也属于关联交易。

4. 正常民商事交易支付合理交易对价。

股东可以与公司正常交易，签订正常的民商事合同，如公司购买股东的设备，公司正常付钱。但基于两者的特殊关系，要考虑以下限制：

（1）股东如果同时是董事、监事、高管，那就属于“董事、监事、高管与本公司订立合同”，根据《公司法》第182条，应当向董事会或者股东会报告，并按照公司章程的规定经董事会或者股东会决议。

（2）根据《公司法》第180条，公司的控股股东、实际控制人不担任公司董事但实际执行公司事务的，适用董事的忠实、勤勉义务。

（3）前面一节提到的股东的受信义务，不得损害公司、其他股东、债权人合法权益。

（4）公司章程可能对这类交易规定了特别的决议程序。

为了符合这些规定，股东与公司的交易的对价应合理，最好经过专门的决议程序。由于双方的关联关系，合同本身往往可以比较简单。

股东对公司的借款、其他交易产生的债权，即使真实存在，也可能适用“股东债权劣后清偿”，即应该劣后于其他主体对公司的债权（如借款、货款）。但因为这与本课程关系不大，这里不再分析。[1]

5. 股东作为高管、员工领取薪酬。

个人股东可以作为公司高管、员工取得薪酬，公司股东也可以安排人员担任公司高管、员工取得薪酬，还包括报销、其他福利等，变相的从公司取得利益。

这可以参考后文“公司向员工支付：以工资薪金为主”的介绍。

考虑个税成本、公司治理结构的限制等原因，通过薪酬能输送的利益是有限的。

八、补充介绍：公司向非股东、员工输送利益安排

1. 公司向非股东输送利益的安排。

公司作为商事主体，与非股东签订民商事合同，进行交易并支付价款，只要没有违反相关法律规定的，当然是合法的。例如，公司与非股东建立合作经营关系约定按收益分成，通过买卖、服务等合同关系向非股东支付货款、服务报酬等。

如果是采取承包经营类操作，则要注意“违法出租、出借、转让行政许可”

[1] 敬玲：《股东债权劣后清偿规则的司法实务》，载微信公众号“高杉LEGAL”，2019年9月2日发布。

的问题。

相关课程：205 合同类型（二）：常见合同类型说明（下）

从《公司法》的角度，要注意到：

（1）不能利用关联关系损害公司利益，董事、监事、高管不能违反忠实和勤勉义务。

如果高管虚构交易转移公司的财产，不仅相关合同是无效的，还可能构成职务侵占罪等犯罪行为。

（2）公司对外提供担保，一般情况下应经股东会或董事会决议，否则担保合同对公司不发生效力（具体参见《民法典担保制度司法解释》相关条款）。

相关知识点：交易结构审查补充：需经股东会董事会批准的合同与交易

2. 公司向员工支付：以工资薪金为主。

公司向员工支付工资薪金，这当然是合法的，但也要注意：

（1）安排向董事、监事、高管支付工资薪金（或劳务费用）时，不能违反董事、监事、高管的忠实和勤勉义务，也不能违反公司章程的规定。

（2）工资薪金的个人所得税率较高，需要考虑到较高的税务成本。

（3）实务中工资薪金可能以奖金、分红等各种名义发放。“虚拟分红权、股权增值权”等并不实际取得股权的激励方式，员工所取得的回报，无论叫什么名义，其实质也只能是工资薪金。

（4）公司章程中可能对高管薪酬的调整有特别要求，如需要特定的股东同意、2/3 股东表决权通过等。

3.4 股权权能（身份权）安排

一、股权权能安排概述

股权是一系列权能的组合，主要包括从公司获取经济利益的权利和参与公司经营管理的权利两大类，前者以分红权为核心，可简称“财产权”，后者以表决权为核心，可简称“身份权”。

股权可以转让，即所有权能都发生转移，那就是正常的股权转让，是第一单元中所说的“主交易结构”。

股权不转让的前提下，股权中的部分权能也可以调整、转移，这就好像房屋产权不转让的前提下，也可以通过出租来转移使用、收益权一样。图 3.4–1 简单归纳了一下常见的股权权能安排的做法。

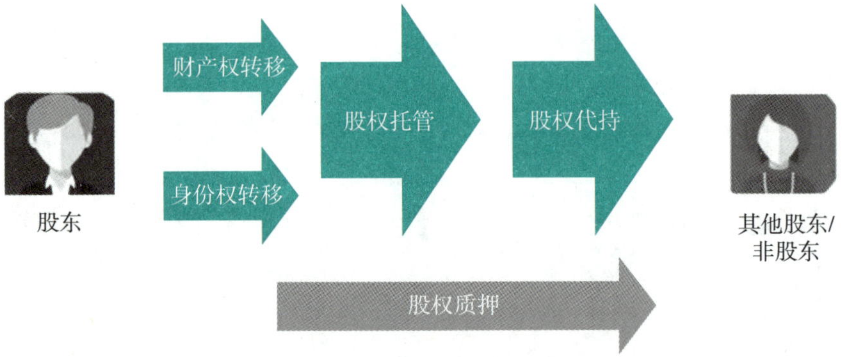

图 3.4-1　股权权能安排

财产权转移的核心就是分红权的转让，而分红权转让在前面一节“‘公司向股东分红’和‘分红权转让’”中已经介绍了。这里重点说一下其他方面的股权权能转移的安排。

1. 身份权转移的做法包括一致行动、表决权放弃、表决权委托等。

股权权能能否单独转让存在争议，实务中几乎看不到表决权转让的做法。

一致行动、表决权放弃、表决权委托等都发生在股东之间，都可以签订协议，通过违约责任来约束各方。

上市公司因为股东众多，收购并购交易活跃，股东之间采取这些安排比较常见。有限责任公司理论上也可以采用这些做法，但由于股东较少，各方通过正常的“三会一层”、股东间的沟通博弈，就能对公司经营管理进行调整、安排，采取这些做法并专门签订协议的较少见。如果要签订协议，则与上市公司的类似协议文本基本类似。

2. 股权托管：相当于财产权、身份权都转移给了对方。

3. 股权代持：不仅财产权、身份权都转移给了对方，而且双方还确认，股权实际上应属于隐名方所有。

上市公司股份代持是违法、无效的，具体见后面第五单元中的进一步介绍。

有限责任公司的股权代持则比较常见，同时有一定风险，后面会进一步分析。

4. 股权质押：主要是对股东权能的限制（限制其转让）。

这与其他权能转移的做法不同，因此在图 3.4–1 中标为灰色。

5. 图 3.4–1 中，从左至右，股东的权能转移越来越多，右侧的“其他股东 / 非股东”的权利越来越大。

图 3.4–2 反映了这种变化：

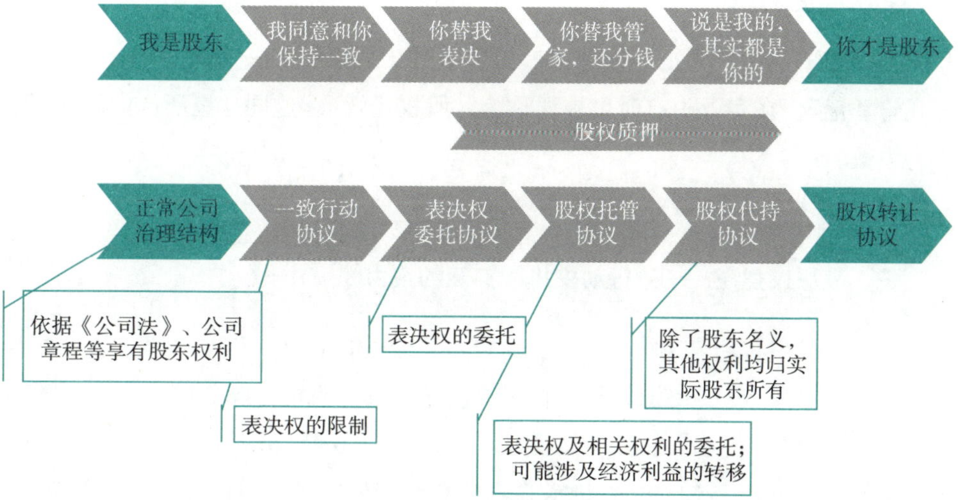

图 3.4-2 股权权能安排

二、股权托管辨析

1. 股权托管的两种典型使用场景。

（1）股权收购中的过渡托管：A 要收购 B 持有的目标公司股权，但交割期限较长，因此双方在股权收购合同之外签订股权托管协议，B 将标的股权交由 A 托管，直至交割完成。

目标公司是有限公司或股份公司，都可能采取这种股权托管。

相关模板：17761 股权托管合同

（2）上市公司股东避免同业竞争：上市公司 A 大股东 B 持有甲公司股权，而甲公司与上市公司有竞争关系，为了避免大股东 B 损害上市公司利益，B 将持有的甲公司股权交由 A 托管。

相关模板：17804 股权（股份）托管合同

2. 对“股权”的托管与对“公司”的托管。

股权托管的直接标的是“股权”，通过行使股东权利，也就能在一定程度上影响、控制公司。如果直接是将公司进行托管，那么就可能是 VIE 架构、承包经营、委托管理等模式。请见第一单元“广义协议控制的常见模式列举”。

3. 股份托管登记。

非上市的股份公司把股份登记、管理事宜交给某个第三方管理，一般叫“股份托管登记”，在实务中有时也被误称为“股权托管”。这同这里所说的股权托管没有关系。

相关模板：3430 股份托管服务服务合同

三、表决权委托、一致行动安排的实际约束力

股权托管中包括表决权委托，也可以参照这里的知识。

1. 表决权委托、一致行动安排有任意解除权，约定排除解除权的效力存在争议。

表决权委托、一致行动安排本身有委托合同的性质（根据《民法典》第 933 条委托合同有任意解除权），而且带有一定身份性质，如果没有特别约定，一般会支持任意解除权。

为此，实务中肯定会有“不得提前解除”之类排除任意解除权的约定，这类

约定的效力如何？存在争议，肯定或否定的判例都有。[1]

2. 一致行动安排能否强制履行？

假如根据一致行动协议，AB 均应在某提案中投赞成票，而在实际投票中 B 投了反对票，那么能否强行将 B 的反对票认定为赞成票呢？对于这个问题，实务中存在争议。有法院认为可以强制履行[2]，也有法院认为尽管签订了一致行动协议，也应该允许签署人表达个人意愿，不能强制履行[3]。

3. 起草审查要点。

根据前面所说，表决权委托、一致行动协议有效，但约束力有限。从合同起草审查的角度，为了强化约束力，除明确不得解除之外，只能是强化违约责任，包括违约金、让几个主体承担连带责任，包括对方违约时我方有权解除、调整主交易合同等。

4. 另外，一致行动等安排可能构成经营者集中，产生反垄断申报的义务，律师也需要注意。

5. 在股东协议或类似约定中，也可能各方反过来要求各方或一方不得采取一致行动、表决权委托安排。

相关条款：6037 无一致行动

1. 各方确认，在本合同签订前，除已经明确披露的以外，与其他任何股东、第三方就公司事务无一致行动、表决权委托或类似安排，否则即构成违约。

2. 各方确认，在本合同签订以后，除各方达成一致，不寻求与其他任何股东、第三方就公司事务无一致行动、表决权委托或类似安排，否则即构成违约。

四、股权代持的风险与应对

股权代持协议又称委托持股协议，即一方实际出资，委托另一方登记为股东，前者即实际出资人，称为隐名股东（以下或称为委托人），后者称为显名股东、挂名股东或名义股东（以下或称为受托人）。

股权代持显然是一种非正常做法，就像自己的房子不登记在自己名下而登记在别人名下一样。虽然合同一般有效，但委托人会存在很大风险：受托人如果擅

---

[1] 针对表决权委托：肯定的，即认为可以约定排除的，（2021）赣 06 民终 375 号、（2020）豫 03 民终 5122 号；否定的，（2021）粤 07 民终 7006 号、（2018）京民申 3631 号、（2017）京 01 民终 4548 号。针对一致行动：肯定的，（2020）云 2501 民初 1514 号；否定的，（2018）京民申 3631 号。

[2]（2017）赣民申 367 号。

[3]（2018）浙 0106 民初 3961 号。

自转让、质押，则第三人可依据善意取得股权或质权；即使受托人不处置，如果受托人出现债务纠纷，债权人可能向法院申请冻结、执行受托人名下的股权，委托人即便能够证明自己是实际权利人，能否阻断保全或执行在实务中也存在争议[1]，很多案例认定不能阻断保全或执行。

由上可知，股权代持是一种非常规的、对委托人来说是一种风险较大的模式。股权代持协议的完善虽然可以降低风险，但仍不能完全规避交易风险。因此在宏观阶段，律师应该首先主动帮助当事人分析、判断有无更好的交易模式。只有在不得已、没有更好的办法的情况下，才能采取股权代持。也就是说，股权代持只能是"不得已而为之"。

从合同起草审查角度来看，在面对股权代持这类交易需求时，应注意以下几点：

1. 宏观—合同主体。

（1）公务员、外国投资者隐名持股问题在第二单元"合同主体：股东"已作阐述。

（2）股权代持模式本身就有风险，受托人自身的债务风险直接影响委托人的风险。因此应提示委托人选择可信人员作为受托人。

2. 宏观—合同标的。

核心是判断代持是否存在无效风险。主要涉及两个层面的判断：

（1）规避特殊行业公司股东资格要求的代持存在无效风险。如外商投资禁入行业的代持安排。

（2）因目标公司所处行业或公众公司性质关系到共同利益、社会秩序而导致代持无效。如目标公司为保险公司、商业银行、基金管理人、上市公司。

3. 宏观—合同程序：从委托人角度考虑，应事先考虑显名的程序与可行性，提前做好准备。

（1）有限责任公司股权代持协议履行过程中，如隐名股东要求显名，需要征得其他股东半数以上同意，或能证明过半数的其他股东知道其实际出资的事实且对其实际行使股东权利未曾提出异议。

---

[1] 对于"能否对抗法院强制执行"存在三种观点：观点1：否定说。不得对抗强制执行。案例：（2016）民申字3132号、（2019）最高法民再46号、（2019）最高法民再99号、（2020）最高法民终844号。观点2：肯定说。可以对抗强制执行。案例：（2015）民申字第2381号。观点3：折中说。应当分情况：股权登记发生在债权之前，债权人基于对名义股东登记股权的信赖产生了债权，则不得对抗强制执行；反之，可以对抗强制执行。案例：（2019）最高法民申1663号。

因此，在采取股权代持安排之初，如果可行，就应该事先由其他股东对股权代持和未来的显名安排表示同意。

（2）如公司章程就对外转让股权的限制较显名的程序更为宽松，也可考虑通过股权转让方式实现隐名股东的显名，但应注意预先取得其他股东对优先购买权（如有）的放弃，并考虑税负区别。

4. 宏观—合同程序：外资的股权代持显名可能涉及审批机关的许可。

5. 中观—合同形式。

（1）建议当事人签署书面股权代持协议，部分情形可采用单方文件。

（2）要求相关利益主体签署配套文件。

为避免相关主体主张权利，由相关主体（常见目标公司、其他股东、受托人配偶或亲属）签署、对股权代持表示知情同意的文件。当然也可以采取共同签订代持协议的方式来取代。

（3）配套股权质押协议。

为了防止受托人私自转让标的股权或为标的股权设立质押，委托人可采用"股权代持协议 + 股权质押协议"的组合，即签署股权代持协议后，另行签署股权质押协议，质押权人可以是隐名股东本人，也可以是隐名股东指定的第三人。

相关模板：130 股权（股份）质押合同

（4）其他可以考虑的配套协议、文件，例如，保证合同、保证函，由受托人一方的保证人签署；授权委托书、表决权委托协议等，这使得委托人可用显名股东代理人的名义行使股东权利，掌握目标公司情况。

6. 微观—合同条款。

无论是与股权转让配套使用的股权代持协议，还是单独使用的股权代持协议，其条款体系是一样的，核心内容是"委托事项 + 委托期限 + 委托报酬 + 税费承担 + 委托权限与委托要求"，此外，再加上常见的配套条款，如保密、违约责任等。

从委托人立场、受托人立场均有需要关注的保障己方权益的条款与措施，具体可参考法天使—中国合同库中的合同模板。

需要注意的是，受托人存在承担出资义务和承担公司债务补充赔偿责任的法律风险。代持协议对公司和公司的债权人不具有法律约束力。因此，发生实际出资人瑕疵出资的，根据《公司法司法解释（三）》第 13 条、第 26 条，将导致受托人被要求承担出资义务以及对公司不能清偿部分的债务在未出资本息范围内承担补充赔偿责任的风险。受托人承担责任后，向委托人的追偿因委托人清偿能力等因素存在回收的不确定性。对于受托人而言，可考虑以下协议安排：

- 代持协议可约定实际出资人将出资提前缴付至双方监管账户，作为代持人签署《出资协议》或《增资协议》的先决条件。
- 约定惩罚性违约责任。
- 要求提供担保。

3.5 主交易相关债务处理安排（承债式收购）

顾名思义，主交易相关债务，就是与主交易结构有关的债务，但又不是主交易结构中的正常转让价款。

最典型的情形就是：资产收购标的中的不动产，已经抵押给了银行，为了使不动产能够过户，各方要协商处理对银行的债务，使得银行能够同意不动产过户。

很多实务书籍都会谈到这方面问题（只是不叫作“主交易相关债务处理”），不过往往缺少系统性。本课程尝试比较全面、系统的归纳一下主交易相关债务的类型与处理方式。

这里有一个相关概念：承债式收购。这个词在并购交易实务经常提到，但定义不一。细究的话，收购的方式有多种、债务的类型有多种，承债（本节说的“债务处理”）的方式也有多种，需要细致、全面的梳理才能说清楚，所以这一节说的“主交易相关债务处理”也可以说是“承债式收购”的具体梳理。

不少实务文章、书籍中会把承债式收购作为并购交易的一种模式。而本课程从“合同文本起草审查”这个角度，仍然把承债式收购合同拆解为“主交易合同+配套协议”来认识，也就是通过第一、二单元所讨论的“主交易结构对应的主交易合同”（与非承债式收购的主交易合同基本一致），加上这一节所讨论的“主交易相关债务处理安排对应的配套协议”（把承债安排单独放在配套协议中），两者组合即构成承债式收购所需使用的合同。

3.5.1 主交易相关债务的几个问题

AB（以资产转让方、受让方为典型）或 ABC（以股权转让方、受让方、目标公司为典型）做交易，如果是 AB 或 ABC 之间的付款问题，那就是主交易对价（也就是转让价款）的支付问题，不属于主交易相关债务。主交易相关债务是 AB、

ABC 中某一方对第三方的债务。

这就引来几个问题。

第一个问题是：这会是 AB 或 ABC 中哪一方的债务呢？

答案是：肯定是转让方或者目标公司的债务，不是受让方这个出钱方的债务。一是因为只有转让方或者目标公司的债务，才会影响标的资产、标的股权的过户，才会影响目标公司的正常运营，需要予以解决；二是转让方或目标公司的债务才可能利用受让方的钱去解决。如果是受让方自己的债务，转让方、目标公司不是出钱的主体，也只能受让方自己去解决。

注意，转让方、目标公司、受让方中某一方自己去解决的债务，那就只需要一方自己与债权人、相关方签订协议去解决，不是本课程中要讨论的、作为主交易配套协议来处理的事情。

例如前面说的不动产抵押的处理，典型的做法就是受让方把转让价款中的一部分支付给银行，换取银行同意解押、资产过户。这个处理方式就把资产收购的转让方、受让方牵扯进来，需要作为主交易结构的配套安排来处理。如果是转让方自己想办法筹资（如借款）去向银行提前还款来解押，那就只需要转让方自己去另外签订借款合同，不是跟资产收购这个主交易密切结合的配套安排了。

归纳一下：主交易相关债务肯定是指“转让方或目标公司对第三方的债务 + 需要受让方出钱、出力解决的债务”。简单归纳一下，主交易相关债务类型包括：

- 资产收购下：转让方对第三方的债务（简称“转让方债务”）
- 股权收购下
  - 转让方对第三方的债务（简称“转让方债务”）
  - 目标公司对第三方的债务（简称“目标公司债务”）

第二个问题是：为什么要处理这类债务？

AB 或者 ABC 之间的一个交易，为什么非要去解决一个 A 对第三方的债务问题？肯定是因为如果不解决，主交易就会受到影响、债权人就会妨碍交易。如果不是影响主交易履行的债务，由一方自行去处理即可，就没有必要画蛇添足的来一个各方共同参与的“主交易相关债务处理”。

实务中最典型、最常见的就是：要转让的资产、股权已经作为担保财产被抵押、质押，债权人不配合，就没有办法过户。

其他债权人妨碍交易的情形类似于：不解决债务，“施工单位就不退场、承租人就不走、出租方就不同意你搬东西、买房人就闹事”之类情形。

第三个问题：怎么处理这类债务？

我们就用普通人的思维也不难想到：要给债权人好处，才能换取债权人的配合；像其他交易、合同一样，有付出有回报。

能给债权人的好处有哪些？不难想到：还钱；同意承担债务；同意另外提供担保；等等。本课程把这叫作“债务处理方式”，后面再专门分析一下。

需要债权人配合做什么？无非就是：同意资产、股权解押；同意“带押过户”；同意退场、退房，同意不再闹事，同意配合交易；等等。

再归纳一下：理清楚需要解决谁对谁的债务，采取什么债务处理方式，需要债权人配合做什么，把“债务类型 + 债务处理方式 + 债权人配合”约定清楚，就是一份“主交易相关债务处理”的配套协议。

一个引申问题：主交易相关债务常见吗？

在真实的公司经营中，通过资产抵押、股权质押等对外贷款、融资，这是经营常态（良性的负债率对一家公司来说是好事），更不用说在需要转让资产、股权时，往往也正是被收购方财务状况不佳、债务缠身的时候，需要利用收购方的资金来解困。因此，在并购类合同中几乎不可避免有相关债务要处理。

在并购交易之外，房产转让、设备买卖、知识产权转让等，这些民商事交易其实都可能有相关债务需要处理。例如普通人之间的二手房买卖，常常要解决按揭贷款的问题。这些民商事交易的相关债务处理，交易结构的认识、对应协议的运用等其实都与本节的“主交易相关债务处理”相通。因此律师掌握本小节知识，对其他民商事合同的处理也很有意义。

3.5.2 典型债务处理方式

如前面所说，能给债权人的好处就可以作为债务处理方式。本课程又进一步区分为“两种典型方式”和“其他方式”。

两种典型方式是“债务清偿”和“债务转移”，其他方式则包括“提供担保、债务加入、债权转让”等。本课程会重点说明介绍“债务清偿”和“债务转移”，本节后面再专门说明一下其他方式。

有的书籍文章会区分现在清偿、将来清偿（或类似叫法）这两类清偿方式，也就是从时间维度来区分，这也有一定意义。本课程中的债务清偿，就是现在清偿，是指当前的这个并购交易中就要清偿。而债务转移，默认就是将来清偿，因为如果是现在就清偿，那么就没有必要把债务转移过来再清偿了，直接用代付款的方式进行债务清偿就可以了。

1. 债务转移：就是债务人变更为受让方，将来清偿债务。

（1）根据《民法典》第551条规定，债务转移需要债权人同意，因此需要债权人签订协议。

在新的债务人同样提供担保、信用更强的情况下，债权人是很可能同意的。例如，在债务人已经陷入困境的情况下，如果债权人不同意债务转移（还可能会同意一定的延期、减免），导致收购交易无法进行，债务人无钱可还，债权人风险更大。

（2）债务转移对保证责任的影响。

债务转移时，必须经保证人同意继续担保，或者是原来的保证合同中就约定了债务转移不影响保证责任，否则保证人对转移后的债务不再承担保证责任。法律依据是《民法典》第697条。

（3）债务转移对第三人提供的物保的影响。

债务转移时，必须经担保人同意继续提供担保，否则担保人不再承担担保责任。

如果担保人同意继续为转移后的债务提供担保，但担保物权没有办理变更登记，担保物权是否受影响呢？没有明确的法律规定（《民法典》第547条仅规定"债权转让下没有变更登记不影响担保物权"），但是《不动产登记暂行条例实施细则》第68条中并没有提到"债务人变更"的变更登记（即使有规定，没有变更登记也不等于就会影响抵押权的效力），本课程认为担保物权应该不受影响。

不过上面这个"担保物权没有办理变更登记，担保物权是否受影响"缺乏明确的法律规定，可能导致实务中债权人对是否同意债务转移心存疑虑。

（4）债务转移对债务人自己提供的物保的影响。

如果是原债务人自己提供的物保，那么债务转移不影响担保物权。与上述情况一样，担保物权没有变更登记的话，也应该不影响担保权利。

（5）"债务转移＋带押过户"。

上述第（4）种情形，如果再加上"担保权人同意担保财产转让过户"，那么就变成了"债务转移＋带押过户"。根据《民法典》第406条的规定，"抵押财产转让的，抵押权不受影响"。

所以，对于债权人来说，是可以考虑接受"债务转移＋带押过户"的。

更多“带押过户”的知识，可参考：

相关课程：102 二手房（存量房）买卖合同

2. 债务清偿：就是受让方提供资金，向债权人付款，是现在清偿。

为了降低受让方风险，一般不会采取“受让方向债务人付款，债务人再向债权人付款”的方式，而是由受让方代债务人直接向债权人付款。所以本节中讨论的债务清偿，实际上是指“代为清偿债务”。

此时债权消灭，担保物权也消灭。不过担保物权在法律上消灭，与抵押质押登记注销手续办理是两回事。为了使资产顺利过户，还是有必要跟债权人说好，要求债权人在收到清偿款项后及时配合办理注销登记。

清偿债务不一定需要债权人签订协议，只不过为了保证债务的真实性、清偿的有效性，同时为了要求债权人配合办理注销登记，往往要求债权人也一并签订三方协议。

3. 两种处理方式的简单比较。

债务转移是将来再清偿，而债务清偿是现在就清偿。因此债务转移能减少现在的资金支出压力，但前提是债权人同意转移。

另外，债务清偿时，担保权利随主债权消灭而消灭；债务转移时，如果担保人表示同意，担保权利仍可继续存续。

3.5.3 “债务类型 + 债务处理方式 + 债权人配合”的具体运用

我们把前面介绍的“主交易相关债务类型 + 典型债务处理方式 + 债权人配合”结合起来，也就得到了“主交易相关处理安排”的具体协议安排。其他债务处理方式也完全可以参考。

一、资产收购下转让方债务的处理方式

此时，受让方用来解决债务的钱，其实都是从应该向转让方支付的转让价款中支出的。

第一种：债务转移

债务转移的好处是不用马上还钱，减少了资金支付压力。

1. 对于特定债务承债的资产转让：

一般要签订“债务转移三方协议”或“合同主体变更协议”，将原债务合同主

体进行变更。

多数情况下是前面所说的“债务转移＋带押过户”。典型场景就是，转让方用房产抵押向银行申请了贷款，尚未还清。现在受让方、转让方、银行协商一致变更原贷款合同主体，由受让方为贷款合同的借款人，继续承担还款义务，房产继续作为抵押。

为什么债权人（如上面的银行）要同意债务转移？因为转让方很可能已经陷入财务危机，后续还款有困难，换成更有实力的受让方来接手，而且仍然有抵押，对于债权人来说也是有利的。

协议中需要约定，债务转移一旦生效，即视为受让方已经向原债务人（转让方）支付了相应转让价款。

相关模板：20986 抵押（质押）借款合同主体变更三方协议

2. 对于整体承债式的资产转让：

这种做法常常是为了适用资产重组下增值税优惠政策（可参见第二单元“交易结构：资本之税及交易结构选择”知识）。该政策允许将全部或者部分实物资产以及与其相关联的债权、负债和劳动力一并转让给其他单位和个人时，对其中涉及的货物转让，不征收增值税。

整体承债涉及很多债务的处理，需要约定的内容多一些，建议在资产收购主交易合同之外单独签订一份《承债式资产收购补充协议》。如果只有一笔或几笔债务，通过一份或几份债务转移三方协议就能解决，那其实就是前面的“特定债务承接”。

《承债式资产收购补充协议》中一般可以这样约定：

（1）将资产收购对价区分为现金支付、债务承担两部分。

进而根据债务承担的实际金额（以债权人配合签订债务转移协议的金额为准），调整现金支付金额。

资产收购主交易合同可以简单约定交易对价、现金支付、债务承担三者金额，并说明现金支付、债务承担金额的调整见附件《承债式资产收购补充协议》。

（2）因为债务转移需要债权人配合签订债务转移协议，需要约定具体安排，约定如果不是全部债权人都同意债务转移，则如何处理，是否解除合同。

（3）应将《债务承担明细表》作为《承债式资产收购补充协议》的附件。

每笔债务对应的合同、凭证又可以作为《债务承担明细表》的附件。

（4）如果要适用国税〔2011〕第 13 号的增值税优惠政策，考虑能否适用该政策，还有一定的不确定性。[1] 因此合同中有必要约定如果不能适用优惠政策，所产生的增值税税负如何承担。

相关模板：17851 承债式资产收购补充协议

第二种：清偿债务

如果需要债权人配合资产解押的，可使用以下模板。

相关模板：18477 资产解押付款三方协议

相关模板：366 产解押付款四方协议

如果不需要债权人配合解押，但可能需要债权人适当确认、配合的，可使用以下模板。

相关模板：563 代付款三方协议

这些文本中需要说明：受让方代付款即视为向债务人（转让方）支付了相应转让价款。

二、股权收购下转让方债务的处理方式

这种情况下的处理，跟资产收购下转让方债务的处理逻辑是一致的，因为都是转让方债务。同样，受让方用来解决债务的钱，也是从转让价款中支出的。

第一种：债务转移

这和“特定债务承债的资产转让”的债务转移处理的逻辑是一致的。

这种场景下，转让方一般是用标的股权作了质押担保。如果不是标的股权被质押导致无法过户，受让方就没有必要去接受债务转移。与第一种情形一样，三方会协商一致，债务人变更为受让方，质权人要配合办理标的股权过户，标的股权继续质押。

相关模板：20986 抵押（质押）借款合同主体变更三方协议

注意对于公司及并购类合同的配套安排来说，上述文本中需要说明：债务转移生效即视为受让方向原债务人（转让方）支付了一定金额的交易对价。

第二种：清偿债务

如果需要债权人配合办理标的股权解押的，可使用以下模板。

相关模板：21079 质押股权转让与解除质押三方协议

如果不是因为标的股权被质押，那么多数情况下，标的股权的受让方不用去

[1] 叶永青、马晓煜、王杰：《整体资产转让的增值税问题研究：原理、规则和实践》，载微信公众号“金杜研究院”，2022 年 11 月 25 日发布。

管转让方清偿债务的事。少数情况下，为了让债权人适当确认、配合，受让人可能代转让方向债权人清偿债务，此时可使用以下模板。

相关模板：563 代付款三方协议（资产转让配套、代转让方付款）

同样地，这类文本中也需要说明：受让方代付款即视为向债务人（转让方）支付了相应转让价款。

三、股权收购下目标公司债务的处理方式

目标公司对第三方的债务，多数情况下并不影响股权转让，无须处理，股权变动不影响目标公司债务的继续存在、继续履行。

在少数情况下会要在股权收购时就由受让方出资处理。例如，标的股权为该债务作了质押担保；债权人要求清偿，否则会给股权收购设置障碍。从受让方的角度，目标公司的债务迟早要清偿，在股权转让时，将来的股东（受让方）来清偿掉也未尝不可。

第一种：债务转移

这种情形比较少见，债权人、受让方双方都没有什么理由要把债务从目标公司名下转移到受让方名下。如果希望债权人配合交易，受让方愿意承担责任，则受让方可以为债务提供担保。

第二种：债务清偿

如果需要债权人配合办理标的股权解押的，可使用以下模板。

相关模板：3045 股权解押及代付款三方协议（股权收购下代清偿目标公司债务）

如果没有标的股权质押，可使用以下模板。

相关模板：3093 代付款三方协议（股权收购下代清偿目标公司债务）

与“股权收购下转让方债务处理方式”不同，合同中会说明：受让方代付款即视为向目标公司提供了相应股东借款。

顺便讨论一个小问题：受让方出钱的方式，理论上其实有两种：

第 1 种：受让方可以向目标公司出资（作为目标公司的注册资本或资本公积金），于是目标公司有了钱，可以清偿目标公司对其他主体的债务。

第 2 种：受让方向目标公司提供股东借款，目标公司清偿对其他主体债务，日后目标公司再向受让方归还。

实务中一般采取第 2 种做法。因为第 1 种模式下，受让方的钱“有去难回”，

正如前面反复强调的，公司向股东输送利益、减资退钱等是很困难的。第 2 种模式下，因为借款是真实的，受让方作为股东可以随时要求公司还钱。如果受让方不想让公司还了，也随时可以“债转股”。因此，没有理由在交易刚开始、后续履行还有风险的情况下，就采取第 1 种出资方式。

所以，相关协议中都是受让方以向目标公司提供借款的方式来清偿目标公司债务。

3.5.4 股权收购下目标公司对转让方的股东借款：特殊交易对价的支付

这是说：A 要将持有的目标公司的股权转让给 B，同时目标公司对 A 有一笔债务。因为债权人就是转让方自己，所以这个债务其实不会妨碍主交易进行，不同于前面那些主交易相关债务，只是说这种情况下，财务处理方式有特殊之处。

这种场景在房地产项目公司的股权收购中最为常见。举例说：目标公司持有目标地块价值 1 亿元，登记的注册资本为 2000 万元，其他现金、资产为 0，并对转让方有 3000 万元欠款（“股东借款 3000 万元”）。转让方持有目标公司 100% 股权，拟按 1 亿元的对价全部转让给受让方。对转让方、受让方双方来说，无非就是这个目标公司价值 1 亿元（因为持有价值 1 亿元的地块），转让方需要收到 1 亿元，受让方需要支出 1 亿元。1 亿元的交易对价是已经谈好的、不变的，需要考虑的只是以什么名义、方式来支付。

此时合同上的处理应该是：受让方应付款项 = “转让价款 7000 万元 + 归还股东借款 3000 万元”，其中股东借款 3000 万元，是由受让方代目标公司向转让方支付 3000 万元，支付之后，变成了目标公司欠受让方股东借款 3000 万元。

这种处理方式有几点值得注意：

1. 作为计算所得税的收入都是 7000 万元，而不是 1 亿元。

实务中，有的合同可能写成这样：交易对价 = 转让价款 1 亿元，同时明确转让方豁免目标公司 3000 万元的债务。此时，作为计算所得税的收入变成了 1 亿元。而且转让方豁免了目标公司 3000 万元的债务，这本身又是目标公司的一笔额外所得，目标公司也需要缴纳所得税。——相对于上面的做法，同样是 1 亿元，转让方、目标公司都分别要为多出的 3000 万元所得纳税，损失巨大，因此这种做法是不应该采取的。

2. 签订合同时，按理说转让方、受让方应该已经要把相关的财务手续、发票等合计好，确保目标公司确实账面上有对转让方的股东借款3000万元。

但在实务中，可能存在财务不规范、股东借款手续不符合税务机关要求的情形，或者直白一点说，这个股东借款可能并不真的存在。而双方有可能都知道这一点，只是想通过股东借款来避税。这种做法当然是不应该的。

从转让方的角度，有必要在合同中进一步明确，交易对价就是1亿元。如果股东借款手续有误，受让方仍应按1亿元的交易对价支付，只是说转让方要自行承担所有税费损失。

3. 从受让方的角度，需要明确：如果转让（收购）合同解除、无效，则转让方、目标公司就合同解除应向受让方承担的责任（包括但不限于返还包含股东借款在内的交易对价）负有连带的清偿责任。

如果转让（收购）合同正常履行了，转让方就不承担清偿责任了，应该由目标公司自行清偿（此时目标公司已经成了受让方控制下的子公司）。

4. 关于上述交易对价的支付，可以直接在主交易合同中约定，也可以通过一个补充协议来约定。

前者可参考：

相关模板：21374 房地产项目公司 100% 股权转让合同（项目转让）

后者可参考：

相关模板：21064 交易对价（含股东借款）支付补充协议

3.5.5 其他债务处理方式

以债务加入、提供担保作为受让方向债权人提供的好处，以换取债权人配合（如同意资产“带押过户”）——这样做的道理，跟债务转移、债务清偿是相通的，只不过比较少见。原因是这些做法并没有清偿债务，对债权人来说好处有限，债权人不见得愿意配合。

债权转让则是一种特殊的处理方式，后面会具体说明。

一、债务加入

债务加入就是受让方或者受让方安排的第三方加入转让方或目标公司的债务，共同承担债务清偿的责任。如前所述，在“主交易相关债务处理”的场景下，肯定是为了换取债权人对交易的配合。

此时的协议有些类似债务转移安排下的协议，当然条款细节不同。这需要债权人、原债务人（转让方或目标公司）、新加入债务人（受让方或受让方安排的第三方）等签订协议。

如果是转让方的债务，则协议中需要约定，如果新加入债务人实际承担了债务，则有权从受让方应该向转让方支付的交易对价中扣除或者向转让方追偿。

二、提供担保

提供担保就是受让方或者受让方安排的第三方为转让方或目标公司的债务提供新的担保。同样地，这肯定是为了换取债权人对交易的配合。

此时的协议也类似债务转移安排下的协议，只是条款细节不同。此时需要债权人、债务人（转让方或目标公司）、担保人（受让方或受让方安排的第三方）等签订协议。

如果是转让方的债务，则协议中需要约定，如果担保人实际承担了担保责任，则有权从受让方应该向转让方支付的交易对价中扣除或者向转让方追偿。

三、债权转让

债权转让也称为债权收购，就是原债权人将债权转让给新债权人。

1. 债权转让的一般知识。

根据《民法典》第 545 条、第 546 条等规定，债权转让一般不需要债务人同意，只需要通知债务人。换言之，债权转让可以在债务人不知情的情况下由原债权人、新债权人私下转让，这不影响债权转让的效力，只有在要求债务人向新债权人还钱的时候，才必须通知债务人。

根据《民法典》第 547 条规定，从权利（含担保权利）一并转让，债权受让人（新债权人）取得从权利不因该从权利未办理转移登记手续或者未转移占有而受到影响。——注意，这是债权转让的一个重要特点，可以使得担保物权持续有效。

对于原债权人来说，债权转让也是现在清偿、现在就拿到了钱。

2. 债权转让的典型使用场景：并购交易中的前期安排。

不难理解：如果我方先安排关联公司把债权“买”过来，债权人变成了自己人，就肯定不会妨碍主交易的进行了。只要主交易合同谈拢，债权人就肯定可以配合按照前面说的这些债务处理方式处理，不会妨碍主交易进行了。

所以，股权转让常常作为并购交易谈判正式开始之前的安排，为日后的交购交易扫清障碍，而且常常是私下的秘密安排（债权人不知道是为了收购做准备）。如果已经到了收购交易进行阶段，债权人也同意配合，那就不如采用正常的债务清偿、债务转让方式为好。

在本课程“引言”开头部分提到的例子中就使用了“债权收购”，为了便于理解，我们改写、简化一下，去掉与“债权收购”关系不大的交易内容，改为：

A 公司名下持有一宗写字楼物业（不动产），已部分出租。不动产抵押给了银行。因 A 公司现金流出现危机，找到 B 公司，B 公司有意收购。

交易准备这样进行：

1. B 公司通过关联公司 C 公司购买银行债权，进而取得了不动产的担保物权。假设债权金额 5000 万元。

2. B 公司收购不动产，A 公司、B 公司签订资产转让合同。

3. C 公司同意不动产“带押过户”；过户交割后，B 公司代 A 公司向 C 公司支付 5000 万元来清偿债权。这 5000 万元同时作为 B 公司向 A 公司支付的转让价款的一部分。

C 公司提前收购银行债权往往能有价格折扣，上面的债权金额虽然是 5000 万元，但实际收购价格也许只有 3000 万元。如果 A 公司、B 公司的资产转让合同已经签了，银行已经知道了（就算 A 公司、B 公司保密，也难免泄露），银行知道没有自己的配合资产无法过户，就会要求全部获得清偿（包括不打折出售债权）。

C 公司收购债权后，抵押权利继续有效，直到最后全部交割完成时，再清偿债权，注销抵押权。——这使得 B 公司、C 公司在不动产过户前、过户后的整个交易过程中都能通过抵押控制不动产，降低交易风险。要达到这个效果，就不能是 B 公司自己直接收购（那样在担保财产过户到 B 公司名下以后，B 公司自己又是债权人，又是抵押人，担保物权会失效），而只能是通过 C 公司来收购。

对于 A 公司来说，可能并不知道 B 公司、C 公司之间的私下安排和关联关系，可能仍然认为要清偿 5000 万元（而实际上对于 C 公司来说，超过 3000 万元以上的清偿都是赚的）。B 公司可以像不存在债权收购那样去与 A 公司谈判交易价格。最终交易价格中的 5000 万元要向 C 公司支付以清偿债务，等于最终交易价格中的一部分（5000 万元减 3000 万元剩下的 2000 万元）实际上又回到了 B 公司、C 公司手中。

当然，B 公司、C 公司提前收购债权意味着有可能“债权买下来了，并购却没谈妥”。但如果是有不动产等有抵押的债权，风险也不大。也正因如此，这种做法往往应用在资产收购之中，收购股权作为质押的债权的风险会大很多（因为股权的价值难以把握）。

3. 上述场景下的合同文本说明。

首先：受让方、第三方之间应该先有一个协议，说明委托收购债权的安排。

也就是上述案例中的 B 公司、C 公司签订一个对外不披露的协议，大概内容是：双方合作收购银行债权，B 公司担保可以回购这笔债权，约定债权收益的分配（如上述 5000 万元减 3000 万元的利润部分，双方对半分）。

其次：第三方公司收购债权。

也就是上面的 C 公司与银行之间签订的债权转让合同。

最后：（1）转让方、受让方签订股权收购合同。能看出来吗？这其实就是“现金支付式股权收购 + 资产剥离”式股权收购的主交易结构。（2）同时，转让方、受让方与第三方（现在的债权人）一起签订一个三方协议，约定：第三方配合办理资产过户手续；在正常交割的情况下，由受让方代转让方向第三方清偿债务、解除抵押，作为转让价款支付的一部分。而这，其实就是前面所说的“债务清偿”的安排。

也就是上述案例中的 A 公司（资产转让方）、B 公司（资产受让方）、C 公司（债权人、抵押权人）签订三方协议，B 公司代 A 公司向 C 公司支付 5000 万元，以清偿 C 公司债权。

通过上面的安排，这个不动产抵押权，会一直到“不动产变更到目标公司名下 + 受让方已经取得目标公司的全部股权”之后，才会随着担保的主债务消灭而消灭。

相关模板：21824 股权收购配套债权收购文本套装

3.5.6 补充说明

一、债权、合同的处置

上面讨论的只是转让方与目标公司的债务，基本上是金钱之债。我们再简单延伸讨论一下债权和相关合同的处理。这里的相关合同特指：转让方或目标公司作为合同主体，在并购交易之前已经签订，尚未解除或终止、仍有权利义务待履行的合同。

1. 资产收购下：

（1）转让方债权的处置。

前面也提到，转让方债权是作为标的资产的一部分，在资产收购的附件《标的资产清单》中要予以披露。

与此同时，就像其他情形下的债权转让一样，考虑就这笔债权转让签订两方协议（转让方、受让方）或三方协议（转让方、受让方、债务人）进一步明确。

也可以在附件《特殊债权债务及合同处置方案》中明确，转让方要对哪些债权承担担保责任。

（2）转让方相关合同的处置。

可能的处理方式包括：

- 转让方负责解除、终止该合同
- 转让方负责协调合同相对方，将合同主体中的转让方变更为受让方

最常见的就是，要转让的房产原来被出租的，继续出租，只不过出租方变更为受让方。各方要约定受让方从什么时间开始收取租金。

2. 股权收购下：

（1）目标公司债权的处置。

可能的方案包括转让方对该债权承担担保责任。

（2）目标公司相关合同的处置。

- 转让方负责解除、终止该合同

目标公司不再对该合同承担责任。

- 转让方担保该合同继续履行

如果对方因为股权收购而要求解除合同，则转让方承担赔偿等责任。

- 各方同意目标公司继续履行该合同

即使各方不明确这一点，股权收购肯定也是不影响目标公司继续对外履行原来对外签订的合同的。这里只不过是再次强调一下。

3. 合同文本上的处理方案。

如果需要约定的东西较多，或者需要与转让方、目标公司以外的主体签订协议，就应该单独签订一份配套协议，如“合同解除协议”（各方确认解除原来签订的合同）、“合同主体变更协议”（各方确认合同主体从转让方变更为受让方）。

如果只需要转让方、受让方简单确认（资产收购下），或者是转让方、受让方、目标公司三方简单确认（股权收购下），那么就可以使用资产收购、股权收购

合同的常用附件《特殊债权债务及合同处置方案》，在这个附件中列明处置方案。

相关模板：770 特殊债权债务及合同处置方案（股权收购）

相关模板：853 特殊债权债务及合同处置方案（资产收购）

二、债转股

1. 现在债转股：对已有债权，现在进行债转股。

债转股可以说是一种债务处理方式，但不适用于前面所说的“主交易相关债务处理”，因为债转股后就变成股东了，显然不是资产收购、股权收购的正常配套安排。

并购交易完成之后或者在公司正常经营中，股东或第三方对公司的债权，有可能“债转股”。

从合同文本的角度，债转股的合同就是一种简单的增资合同，也就是用债权作为出资来增资。因此在本课程中，债转股仍属于第一单元“基础交易结构类型”中“公司增资：增资合同”的一种，不算是一种配套安排。

相关模板：19560 有限责任公司增资合同（简单债权转股权）

2. 将来债转股：给债权附加将来转股权的权利。

本节中的债务处理方式有可能形成股东借款或其他借款，其他情形下因为借款等导致公司欠债也都很常见，这些交易的合同中，都可能附上“债权人有权在约定时间内、按约定条件将债权转为股权”的约定，这其实就是前面介绍过的“认股权安排”。

三、注意资产收购下债务处理方式不公平的特殊后果

如果对部分债权人不公平，可能会导致资产受让方对债权人承担连带责任。

这一点在第二单元“资产收购下受让方可能对转让方债务承担责任”中已经分析，请参考。

3.6 投资人保护安排（及股权投资类合同、股东协议）

一、股权投资的场景

随着近年来各种股权投资基金、创业的兴起，股权投资应该已经是一个律师不陌生的领域，可大致划分为以下几类：

1. PE，即 Private Equity，一般译为私募股权投资。

广义的私募股权投资包含风险投资，狭义的 PE 通常指对相对后期的成熟企业的投资。

2. VC，即 Venture Capital，翻译为风险投资，指对初创企业的投资。

VC 主要指对早期创业企业的投资。

3. 非专业投资机构（包括各类企业、个人）的民间股权投资。

随着经济的发展、投融资的活跃，不是专业投资机构的各类企业、个人都有可能成为股权投资的投资人，这其实就是本来意义上的“天使投资人”。例如，一位有不少积蓄的老太太可能看好几个年轻人的创业项目，而向年轻人设立的有限责任公司投资 200 万元，以取得该公司 10% 的股权。

上述三类投资虽有不同，但大体模式相同：都不是债权投资（对应借款合同），也不像股权并购一样希望取得目标公司的控制权（这类合同条款上会大不相同）；投资人出钱但不具体参与公司管理，风险较大，因此需要对投资人的利益有所保护。

这类股权投资交易属于“合作型交易”中的一种，对应的合同本课程称为股权投资类合同。

上面所列的三类股权投资，交易结构、文本框架其实是相通的，只不过 PE 股权投资的合同整体上更为复杂、细致、规范；而 VC 的股权投资因为其投资金额、规范程度的不同，合同文本相对简单、更灵活一些，非专业投资机构进行投资的股权投资类合同就会更加简单。就像上面这个例子中老太太和年轻人所签署的股权投资合同，肯定会比私募股权投资机构所签署的股权投资合同简单很多。

理解了复杂的、详细的 PE 股权投资合同，自然也就能相应起草、修订相对简单的 VC 和非专业机构的股权投资合同。因此本小节以私募股权投资即 PE 所使用的合同为股权投资类合同的典型分析对象。

理解了复杂的、详细的 PE 股权投资合同，自然也就能相应起草、修订相对简单的 VC 和非专业机构的股权投资合同。因此本小节以私募股权投资即 PE 所使用的合同为典型分析对象。

二、股权投资类合同 = 作为基础交易结构的出资 / 增资 / 股权转让 + 作为配套安排的投资人保护安排

股权投资时，投资人出资并取得目标公司股权，也就是出资、增资或股权转让，使投资人取得股权。实务中大部分是增资，有时是“增资 + 股权转让”（俗称“老股 + 新股”），也可能是出资（新设一个创业公司）。

创业公司一般是有限责任公司，就算是股份公司也是非公众股份公司，从合同的角度与一般公司基本相通。

投资人并不追求创业公司的控制权，因此也谈不上收购并购。

——所以，这其实就是一般公司的“基础交易结构”。

投资人需要真金白银地出资到目标公司，而目标公司是由创始股东实际控制，公司创业、经营本身的风险也很大。再加上投资人多少有一些优势地位，因此就导致股权投资类合同中的大量条款是专门为了保护投资人。这类条款包括“拖售权、回购权、反稀释、优先清算权”等一系列条款，已经是私募股权投资中的特色和惯例，本课程把这些条款统一称为“投资人保护安排类条款”。投资人保护安排类条款一般体现为一个专门的配套协议，也就是后面要讨论的股东协议。

作为基础交易结构的主交易合同例如增资合同，当然也会比一般增资合同详细些、也更强调投资人的利益，但实质上与一般的增资合同差距不大。股权投资类合同的主要特色还是体现在以投资人保护安排类条款为主的股东协议上。

相关模板：17954 股东协议（首轮融资）

总之，一份增资合同（基础交易结构），再加一份股东协议，就是私募股权投资基金对外进行股权投资时要签订的主要合同。

而常说的 Term Sheet（TS）、条款清单、投资意向书，也就是这两份合同主要条款的简单清单，以意向书的”中观—合同形式“体现，是在正式股权投资类合同签订之前（一般也是在尽职调查之前）签订的意向性文件。

相关模板：10135 私募股权投资意向书

相关课程：意向书类文件

三、投资人保护安排类条款的整体认识

这类条款很多看起来很长，但属于细节问题，而且几乎只在股权投资类合同中才会使用。这里不再深入说明，可查阅相关知识点：

相关知识点：351 投资人保护安排具体条款介绍

1. 是否接受这些条款以及谈判的空间，取决于创始股东与投资人的相对地位。

这些条款的目的都是保护投资人的，但这是投资人的角色、地位所决定的，不能僵化地说是合理或不合理。另外，这些条款几乎已经成了私募股权投资领域的惯例，条款背后也都能说出商业层面的合理性。

多数情况下，创始股东为了得到融资“不得不”接受这些条款，但少数情况下，创始股东较强势、并不缺少资金而投资人急于“上船”投资时，这些条款也可能大大简化、让步。

2. 了解交易惯例，站在委托人立场把握各个条款的谈判空间和博弈的角度。

比如，在相对早期轮次，由于目标公司发展不确定性较高，站在创始股东立场则可倾向于不接受承诺 IPO 时间的条款；比较后期的项目，有相对成熟稳定的模式、财务数据和 IPO 规划，则可接受承诺 IPO 时间的条款。再如，投资人为了退出的保障坚持拖售权条款，创始股东若“不得不”接受该条款，则可要求确认行使拖售权时公司的最低估值或要求实施拖售也须要创始股东同意。

3. 这些市场惯例条款都已经有常规表述，律师主要是理解和运用，根据当事人的需求和地位从商业上把握是否可以接受、采取何种模式，并不需要“原创”条款。

4. 虽然实务中大部分股权投资协议较为复杂，但是早期的天使投资中，基于对创始股东的信任（投资人认为如果不能信任就不要投资了），股权投资协议也可能非常简单，“投资人保护”的条款较少，几乎就成了一个简单的增资协议。

四、“股东协议”的进一步分析

1. 股东协议的含义。

股东协议不是一个正式的法律术语，理论上也未统一定义，[1] 从字面意思上看，股东协议就是股东之间达成的协议，但一般所说的股东协议的含义要更窄一些，主要是股东之间对公司内部权利的分配和行使、股东之间的关系等事项所订立的专门协议，不包括增资 / 出资 / 股权转让等合同，当然也不包括章程。

2. 签订股东协议的场景。

什么情况下，股东之间会觉得有必要在增资 / 出资 / 股权转让等合同、公司章程之外，再签订一份股东协议呢？最常见的就是股权投资的场景下。一是因为投资方强势又专业（一般的出资方可能都不知道这类协议怎么写）；二是投资方出钱又不参与公司日常管理，确实有必要保护好自己的投资；三是前面的投资中可能签订了股东协议，这一轮投资也就不得不签（不然前面的投资方就会有一些特别权利，而这一轮的投资方没有）。在股权投资实务中，这几乎已经成了惯例。

这种情况下，股东协议的主要内容，其实就是上面所说的投资人保护板块的内容。可能再根据需要加上“公司治理结构板块、公司治理补充板块”的一些内容（如果这些内容没有在增资 / 出资等合同中）。

在收购类交易、其他合作型交易的场景下，签订股东协议似乎也越来越常见，这也与人们对公司治理的认识提升、社会经济发展水平的提高有关。只不过这种情况下的股东协议内容，不好说就是“投资人保护”，应当说是全体股东对公司治理安排的特别、补充约定。

3. 股东协议与章程的关系。

（1）股东协议作为合同，仅在合同主体之间有约束力，而经工商部门备案的公司章程，则有一定的公示效力。因此从投资人和其他希望发挥股东协议约束力的角度，应尽量争取股东协议中的重要条款写入公司章程。

（2）股东协议相对于章程的其他特点有：保密（章程必须公示，协议不用）；灵活（有些地方对章程内容仍有要求）；保护小股东（修改协议需要所有股东一致同意，修改章程则不需要）；避免章程的反复修改和备案。

这也是各方在章程之外另外签订股东协议的原因。

---

[1] 罗芳：《股东协议制度研究》，中国政法大学出版社 2014 年版，第 17～18 页。

（3）股东协议中一般要还会有一条，如果股东协议与公司章程有冲突，应以股东协议约定为准。

第四单元“公司章程、章程修正案的起草审查”中对此有更具体说明，请参阅。

4. 股东协议作为单独文本的好处。

在一般的股权投资类合同中，单独签订股东协议而不是把协议内容整合到股权转让、增资合同是常规做法。因为股权转让、增资等都不需要所有股东签订协议，公司发展过程中每次股权转让、增资的条件也不同，因此对应合同也不同。但是在任何时间点，所有股东都同意的公司治理结构应该只有一种安排（就像任何时候公司都只有一份有效的章程一样），因此公司治理、投资人保护等内容单独签订一份股东协议，如果有新的融资，所有股东就再重新签订股东协议，取代之前的股东协议，不影响也不需要拿出之前的股权转让合同、增资合同。

3.7 其他配套安排

一、价格生成机制安排（Earn-Out）

假设要收购的目标公司是一家银行，或者是像麦当劳这样有着很多分支机构的大型公司，从签订收购合同到最后完成交割也许要一两年。在这个期间，目标公司仍然在经营，可能会赚钱，也可能亏钱，等A公司实际接手目标公司（交割完成）时，目标公司的股权价值就会发生变化，因此交易的对价就有必要进行调整。

这个交易对价的分期支付、调整的安排就叫价格生成机制、Earn-Out。

实际处理时一般是将交易对价分“固定对价＋或有对价”两部分，只调整“或有对价”部分。

如果不约定进行调整，那么在过渡期内，目标公司的原股东、原管理层就有可能不去认真经营，甚至故意造成损失；如果过渡期目标公司有增值，适当增加交易对价也更加公平。

此时在合同处理上：可以在主交易合同中约定暂定价格，同时约定最终价格按《最终价格生成协议》来确定。

《最终价格生成协议》主要就是约定一个价格生成机制。这个机制大致是：在交割后的一个时间点，根据目标公司的一些经营数据、指标，计算最终价格。具体包括：

（1）确定最终价格的定价时间点（也就是各种信息的采集时点）、采集人和采集方法。

（2）价格生成机制，即暂定价格如何根据定价时间点各项数据来调整。一般需要列明公式。

（3）执行价格生成机制的执行人、执行方法。

（4）对执行人提出的最终价格，交易双方的质询权利和程序。

（5）执行人确定最终价格的权力和程序。

（6）最终价格对交易双方的约束力。

相关模板：21028 最终价格生成协议

二、远期交割股权安排

资产也有可能远期交割，可以参考这里的知识，只是更简单一些。

1. 远期交割股权的原因。

对受让方来说，肯定是越快交割越好，以免夜长梦多。但可能因为一些不得已的原因，受让方不得不接受远期交割股权的安排，例如：

（1）根据国家税务总局2015年第40号公告享受税收优惠政策时，就要求“股权或资产划转后连续12个月内不改变被划转股权或资产原来实质性经营活动”。——实务中为了享受这一政策，不得不在12个月以后才进行股权交割。

（2）土地招拍挂中，政府要求取得土地的项目公司在一定期限内不能变更股权，否则构成违约，甚至可能导致土地被收回。

上市公司的股份常有限售期约束，也相应要有远期交割股权的安排，可参考这里的做法。

2. 远期交割股权下的风险控制措施。

远期交割相当于长期的股权代持，应对方式类似于股权代持下委托方的应对方式，需要综合采取以下措施：

（1）控制权交割：虽然股权是以后才过户，但目标公司的控制权要现在就转移过来，目标公司的管理层现在就要变成受让方的人。

（2）股权质押：将股权质押给受让方，避免标的股权被处置。

（3）临时借款安排：受让方先以借款名义支付转让价款，将来股权过户之后再抵作转让价款。见本单元后面的“临时借款安排”。而第2项股权质押，就是为该借款作担保。

这些措施可以通过一个专门的“远期交割补充协议”再配套股权质押合同、借款合同来处理。

相关模板：699 远期交割补充协议（适应资产股权划转税务政策）

3. 换一个角度讲，远期交割股权就是过渡期内的“协议控制”，“协议控制”就是长期都不能交割股权时的安排。

三、临时借款安排

如果是在当前交易之外，一方主体进行融资，那么与当前交易的合同不是很紧密，可根据需要使用借款、出资协议、增资协议即可。这里重点讨论为当前交易服务提供的临时借款。

前面的“主交易相关债务处理”，是要对第三人的、原有的债务的处理，而这里是为当前交易“新”提供的借款。

1. 为收款方提供借款。

假设收购方要先向被收购方支付 1 亿元的转让价款，收购方为了控制风险，可能协商形成这样的方式：

转让价款的付款方式中并不体现为收购方先付 1 亿元。而是由收购方另外向被收购方提供 1 亿元的临时借款，于交割前提供。同时约定，如果转让价款付款条件成就，则该借款转为收购方应付的转让价款 1 亿元，无须支付利息。

如果付款条件不成就、合同解除，则被收购方应归还借款，而且还应该按约定利率计算利息。

上述所说的借款可以由收购方提供，也可以由收购方安排的第三方提供。

这等于把一个正常的付款给复杂化了，有什么好处呢？答案是可以在一定程度上降低收购方的风险。因为交易未完成前，收购方支付的始终是借款，合同解除时要求还款和利息更为清楚、有效；而且，收购方可以进一步根据借款合同配套抵押、质押担保，使得目标资产、标的股权在交割前被限制处分。

2. 为付款方提供借款。

在建设工程领域常见承包方垫资开发的安排，就是承包方（工程价款的收款方）向发包方（工程价款的付款方）提供借款，双方可以约定垫资利息。承包方可能自己提供资金，也可能是由承包方安排的第三方提供。

对发包方来说，这当然是为了缓解资金压力。对承包方来说，这个钱其实还是要花到自己身上，支付借款的时候，可以代发包方直接支付给承包方，风险较小，自己还是会赚回来，因此不同于一般的借款。

在公司及并购类合同中这种情形似乎较少，但理论上是存在的。

四、变通出资安排（代出资）

因股东需采用劳务、知识产权许可使用权等公司法禁止或有争议的出资方式，各方协议采用其他股东代为出资的方式变通处理。此时在合同文本上可以这样处理为“正常的出资 / 增资合同 + 配套变通出资协议”。

例如，各方同意，A（特殊出资方）以其房屋的 5 年使用权作为对公司的出资，取得公司 10% 的股权，另外两个股东（代出资方）B、C 代 A 以现金出资。那么：

正常的出资 / 增资合同中：A 的股权比例为 10%，正常现金出资方式。

配套变通出资协议：A 向公司无偿提供特定房屋的 5 年使用权，B、C 则代 A 履行出资义务。

为了平稳各方之间的利益与风险，还应考虑：特殊出资方持有的股权在一定期限内不得转让；特殊出资方取得的股权质押给代出资方；特殊出资方未履行合同义务时，代出资方有权按照约定价格回购股权、要求承担违约责任。

从法律上说，变通出资安排未影响公司注册资本金的投入，属于股东之间的意思自治，应属有效。

相关模板：149 变通出资补充协议（其他股东代出资）

五、担保措施

1. 各类担保措施，都可以理解为是一种配套安排，都可能在公司及并购交易中使用。

《三观四步法》“第二单元　交易结构设计（一）担保措施”中有让与担保、资金监管、增信措施等各类非典型担保措施的较全面介绍，《合同起草审查指南：常用合同卷》“第五单元　担保类合同”有对一般抵押合同、质押合同、保证合同的起草审查知识介绍，可供参考。这里不再详细说明。

相关课程：211 交易结构设计（一）担保措施

相关课程：501 抵押、质押合同（一）：宏观—合同类型、合同主体

相关课程：504 抵押、质押合同（四）：合同程序

2. 大型交易一般要配套“资金监管”措施。

在《三观四步法》中，资金监管也属于广义的担保措施的一种。公司及并购类合同中的资金监管在做法、性质上并没有什么不同。只是因为公司及并购类合同中很多交易金额大、交易周期长，资金的监管就更有必要。

大型交易中资金监管可能分成付款方资金监管与收款方资金监管两个步骤。交割前，付款方先把资金放到己方名义开设的账户进行监管，以确保付款方具备付款能力。随着交易进行，逐步向收款方监管账户付款，到最后交割全部结束，再解除收款方的监管账户。

在合同处理上：主交易合同中可以简单的约定资金监管的安排，同时需要交易双方与银行签订资金监管协议，落实资金监管安排。

3. 股权让与担保。

这其实就是“名股实债”下的一种交易结构，请参考第一单元“特殊交易结构（一）：资金回报型”知识。

3.8 关于“宏观—交易结构”的简单归纳

本课程学习到这里时，我们不妨稍作停顿。

有一些主交易结构的模式可能已经忘了，没关系，这可以回头去查阅。有一些配套安排的做法，我们也忘了具体是怎么操作，没关系，随时可以查资料。

但我们应该记得：主交易结构大概就是用来取得资产或者股权的交易，而配套安排为主交易结构保驾护航，就是对主交易结构的适当补充、调整。

有了这个认识，我们在面对各种各样复杂的公司及并购交易时，就可以把其中的交易结构拆解为第一单元所列的主交易结构中的一种或多种，以及本单元所列的配套安排中的一种或多种。——这个认识，本身就是本课程到这里为止的所有知识中最重要的一个知识。

还记得本课程“引言”一开始提到的那个交易吗？（可查阅前面内容）结合这三个单元的知识，我们应该能够从这个交易中看出以下交易结构：

1. B公司通过关联公司C公司购买银行债权，进而取得了不动产的担保物权。

这是配套安排中的债权转让。根据本单元的知识，这种债权转让是作为“非典型债务处理方式”，是并购交易中的前期安排。

2. 为了避税，A公司设立了一个项目公司（D公司），然后用资产原值划转方式，将不动产划转到D公司。

这是主交易结构中的“（股权收购）+资产剥离”，通过资产原值划转来剥离资产。

3. B公司以2亿元收购D公司全部股权，但是为了符合特殊税务政策要求，D公司的股权在12个月以后才能过户到B公司名下。

这是主交易结构中的“现金支付式（常规）股权收购”。与第2点相结合，这其实就是“现金支付式（常规）股权收购+资产剥离（资产划转）”。

同时还有配套安排中的远期交割股权安排。

4. 为了解决 A 公司现金需求，B 公司先向 A 公司提供一笔 1 亿元的借款。

这是配套安排中的临时借款安排。

5. 股权过户之后，原 1 亿元借款抵作转让价款，另外再支付 1 亿元，其中 5000 万元用于清偿对 C 公司债务。

这是配套安排—主交易相关债务处理安排—债务清偿。

下面归纳一下这个交易中的“宏观—主交易结构”：

- 前期安排：债权转让
- 正式并购交易
  - 主交易结构：现金支付式（常规）股权收购 + 资产剥离
  - 配套安排：
    - Ø 临时借款安排
    - Ø 远期交割股权安排
    - Ø 债务清偿

那么，我们分析、拆解交易结构之后，如何对应的处理文本结构呢？这就是接下来第四单元要讲述的内容。请继续学习。

04

第四单元

“中观—合同形式”+“微观—合同条款”

《合同起草审查指南：三观四步法》“中观—合同形式篇”归纳了适用于所有合同起草审查的各类“合同形式”及相应起草审查要点，也适用于公司及并购类合同。

相关课程：“中观—合同形式”整体审查指引

对于不像并购类合同这样复杂的一般公司类合同来说，“中观—合同形式”层面没有太多值得特别注意的地方，仅适当提示以下几点：

1. 公司类合同一般采取书面形式，内容一般较为详细、规范，配套条款较为齐全。

当然，关联公司之间的交易、特别小型的交易的文本可能很简略。

2. 根据需要使用“合同 + 附件”的结构，如目标公司的信息披露放在附件中。

3. 对于并购类合同以及类似并购这样大型交易下的公司类合同，因为文本构成比较复杂，有必要再专门说明。下面本课程就结合《合同起草审查指南：三观四步法》“中观—合同形式篇”和复杂并购类合同的文本特点进行补充说明。

4.1 中观—合同形式：复杂收购型合同的文本结构

4.1.1 复杂收购型合同形式的主要特点：复杂成套合同

《合同起草审查指南：三观四步法》中，合同形式的含义是：比《合同编》第469条规定的书面形式、口头形式和其他形式要更广，是从律师起草与审查合同实务出发，对实务中被使用的各类在整体结构、文本样式以及法律效力等整体上存在一定特殊性的文本的归纳。在该课程“中观—合同形式篇”中，讲述了意向书类文件、预约合同、履行中文件/和解类文件、格式条款/格式合同等十余种在各类交易结构下可能用到的合同形式。

本课程重点要讨论的是以资产收购、股权收购为主的较为复杂的公司并购交易对应的合同文本，这意味着：

1. 这类交易基本上会签订正式的书面合同，而且基本上是《合同起草审查指南：三观四步法》中所说的“复杂成套合同”。

对于“复杂成套合同”的一般知识，请参考《合同起草审查指南：三观四步法》。

2. 很多合同形式都不太可能应用到这类交易中。例如，预约合同；格式条款、格式合同；合同模板；单方文件、单方持有的合同、空白合同；集团合同；互联网协议等，也就基本不用考虑这些合同形式的起草审查知识。

3. “阴阳合同”：出于避税的或其他目的，有可能使用“阴阳合同”，但不太常见。

如有此类做法，可参考《合同起草审查指南：三观四步法》中“阴阳合同”的起草审查知识。

4. 意向书类文件：有可能签署。

根据《合同起草审查指南：三观四步法》，“意向书类文件”最重要的是明确法律效力。

5. 履行中文件、和解类文件：有可能使用。

根据《合同起草审查指南：三观四步法》，这类文件需要：签署主体应包括原合同主体；需要“面向过去”条款；明确与原合同冲突时的适用原则。

接下来，本课程会结合《合同起草审查指南：三观四步法》中“复杂成套合同（配套协议、合同附件等）”一节的知识，重点说明一下并购类合同作为“复杂成套合同”的文本结构要点。对于公司及并购类合同中其他更加简单的合同（如一般的股权转让、增资）的“中观—合同形式”问题，不再另行说明。

《合同起草审查指南：三观四步法》中“复杂成套合同（配套协议、合同附件等）”一节的下列概念，将在本部分中直接使用：

- 交易前期文本：包括意向书类文件、预约合同，也包括保密协议这种交易前期要签署的简单合同。
- 正式交易文本：在正式签约阶段当事人签订的合同、文本，包括主交易合同、配套协议、附件。
- 履行中文件：正式交易文本签订以后，合同履行过程中，各方根据需要签订的合同、文本。
- 主交易合同：最主要的、核心的合同，一般能够涵盖整个交易，并说明重点权利义务。
- 配套协议：与主交易合同配套签署的合同。
- 附件：合同所附文件，在实务中常常体现为合同签名盖章后面所附文件，通过合同骑缝章一并签署。

4.1.2 “交易前期文本”与“履行中文件”

《合同起草审查指南：三观四步法》的“复杂成套合同（配套协议、合同附件等）”一节提出，对于“复杂成套合同”，要首先拆解出“交易前期文本 + 正式交易文本 + 履行中文件”。这对复杂收购型合同的处理也适用。

即使是公司及并购类交易，“交易前期文本”与“履行中文件”也都只是比较简单的文本，真正复杂的是正式交易文本。如果能够处理好正式交易文本，肯定也能处理好交易前期文本。因此这里只对“交易前期文本”与“履行中文件”作简要介绍，“交易前期文本”进一步按顺序分为尽职调查前、整改重组前、交易条款清单三类。

1. 尽职调查前的交易前期文本。

公司及并购类合同中常见这几类交易前期文本。

（1）并购要约邀请函。

可能是有意出售资产、股权的主体发出，也可能是这样的主体委托中介机构而发出。

实务中不太可能发出具有法律约束力的要约，而只会发出“要约邀请”，“要约邀请”文件中应该明确本文件不具有要约的法律效力。

（2）意向书类文件。

在私募股权投资领域也常称为“Term Sheet”（TS）。

相关模板：657 资产转让（收购）意向书

相关模板：710 股权收购（转让、增资）意向书

相关模板：11157 私募股权投资意向书

（3）会议纪要、谅解备忘录。

这其实也是意向书类文件的另一种表现形式，也应该像意向书类文件一样明确没有法律效力（或者仅保密、排他期等几个条款具有法律效力）。

相关模板：21217 并购会议纪要（无约束力）

（4）并购框架协议。

这是正式的、具有法律约束力的合同，不同于意向书类文件。另外，这又不同于正式交易文本。在法律上可以归类于“预约合同”。

一般这类合同签订于正式尽职调查前，主要内容是可以分为“正式交易条件 + 前期安排”两部分。正式交易条件就是日后要签订的正式交易合同的主要条件，前期安排就是框架协议签订后怎么推进尽职调查等前期事宜。前期安排包括：

- 要求收购方提供一些资金进行监管，作为后续交易的担保

实务中也可能是收购方或收购方安排的关联方提供一笔借款。

- 要求收购方支付部分诚意金
- 后续尽职调查安排
- 排他期
- 什么情况下可以终止交易（不再签订正式交易文本）以及相应违约责任

最后一点是这个框架协议的“牙齿”所在。实务中一般有两种模式：

- 可以无条件终止交易，不承担责任（已经支付的款项退回）

● 除非特定的客观原因（如政府部门未批准交易）和尽职调查发现的重大问题，不得终止交易，否则要承担违约责任

而这个违约责任，又可以分为：明确仅承担约定的有限责任（一般以诚意金为限，类似于定金罚则），不再承担其他责任；未限定违约责任（损失超过违约金的，守约方还可以要求赔偿损失）。一般来说，前一种有限责任更为合理、使用更多，后一种责任是个“无底洞”，容易产生争议。注意，预约合同的违约责任在法律上是不清楚的（可参考《合同起草审查指南：三观四步法》“中观—合同形式篇”中“预约合同”一节），并购交易下违反预约合同的责任恐怕更难确定，因此必须在合同中予以明确。

因为有违约责任的存在，正式交易条件也必须正式对待；对于各方还不能确定接受的条件，不应该写在协议中，或者专门标明“本条款仅为意向，需通过各方进一步协商确定，不具有约束力”。

相关课程：304 预约合同

如果双方在排他期内未达成正式协议，但仍希望推进，可以通过补充协议延长框架协议期限。

（5）保密协议：开展尽职调查前，目标公司一方肯定会要求收购方签订保密协议，以便向收购方提供资料。

如果交易后各方要进一步合作经营，那么目标公司一方也要对收购方进行一定的尽职调查，也要相应保密。

相关模板：8469 尽职调查保密协议（收购方与目标公司）

相关模板：20544（尽职调查保密协议（收购方、目标公司、尽职调查服务提供方）

2. 整改重组前：并购（整改重组）框架协议。

完成前期尽职调查后，各方可能放弃交易，可能签订正式交易合同，也可能出现这种情况：目标公司、被收购方有一些问题，需要进行整改重组，这个整改重组涉及实实在在的人力、物力投入和时间投入，整改重组完成后双方再签订正式交易合同。此时，各方就会需要签订一份约定整改重组及后续安排的并购框架协议，内容大致包括：

（1）目标公司、被收购方整改的内容、时间安排。

（2）整改重组的核查时间与标准。

（3）整改重组核查后的处理。

如果核查没有问题，就应该签订正式交易合同；如果核查仍有问题，应约定如何处理。

为避免争议，应该约定如果是第三方、行政机构等原因导致整改重组不合要求的，也应该由目标公司、被收购方承担责任。

（4）正式交易条件。

以便锁定交易。

（5）过渡期安排。

签订协议后到签订正式交易合同之间，目标公司保持正常经营方面的义务，类似于正式交易合同中的过渡期安排。

（6）根据需要约定配套借款、担保安排。

3. 交易条款清单。

尽职调查基本完成后，或者进一步的整改重组基本完成，各方打算继续推进交易的话，可能会直接签订正式交易合同，也可能先达成一份交易条款清单，作为正式签订正式交易合同的原则性约定。

这份文件的效力取决于各方约定。如果以意向书、会议纪要等方式体现，应该约定不具有法律约束力（这是指交易条件部分没有法律约束力），但即使如此，这类约定仍然会对后面谈判、签订正式交易合同有很强的约束作用，默认各方都不能违背，因此律师也需要慎重对待。

如果是预约合同，就必须明确违约责任，也就是一方拒绝签订正式交易合同的责任。

4. 履行中文件。

正式交易文本签订后，各方有可能根据合同履行进度情况，补充签订如下文件：

（1）资产盘点计价协议。

一般用于资产收购的场景，但股权收购也有可能使用。

在签订正式交易合同时，还有一部分标的资产可能没有盘点清楚，双方只约定一个暂定价款。签订合同之后，双方进一步盘点资产（但还不是交割），确定出一个“盘点价款”。

（2）交割确认文件。

无论是资产收购还是股权收购，都涉及大量事项的交割，都有必要确认交割情况。可能是整体确认交割情况，也可能是确认某一部分的交割情况。

资产收购时可以使用下列模板：

相关模板：802 资产交割确认单（不含存货资产部分）

相关模板：822 存货资产交割确认单（含暂保管资产确认单）

股权收购时可以使用下列模板：

相关模板：864 交割确认单（股权转让）

相关模板：904 目标公司共管确认单（公章证照等保险柜共管）

交割前，交割义务方也可能要求对方确认交割的先决条件已经满足。

相关模板：9203 股权融资交割确认函（确认满足交割先决条件）

（3）合同主体变更协议。

“间接资产收购”中，收购主体设立以后，各方常常会补充签订一个三方协议，正式确认原收购合同的收购方变更为收购主体。原收购方可能要为收购主体承担保证责任。

4.1.3 并购类合同（正式交易文本）的三层文本结构

一个资产收购或股权收购交易，标的额上亿元是正常的，几十亿元、几百亿元也是常见的。与之相应的合同，涉及方方面面的权利义务，写上十万字、几十页纸是很常见的。同时，从交易结构的角度又比较复杂（想想第一单元、第三单元那些各式各样的主交易结构和配套安排吧）。

所以这上十万字、几十页纸的内容，如何处理成为结构清晰明了的一套文本，也就是文本结构问题，就值得专门分析了。律师如果没有这个“文本结构”的处理，而一头栽进“微观—合同条款”的汪洋之中，恐怕合同会如同一团乱麻，越弄越麻烦，乃至出现各部分冲突矛盾、出错等种种问题。

这个文本结构也应该是具有通用性的，不能说只适用于某一类特定的并购交易，而换一种交易结构又不适用了。

本课程想要介绍的正是这样一个通用的、用于处理复杂并购交易合同的文本结构体系。这三层其实就是从整体到局部，对文本进一步拆分。

第一层：针对复合型交易结构——“整体交易合同＋部分交易合同”

复合型交易结构，主交易合同可以拆解成“整体交易合同＋部分交易合同”的结构。

本课程第一单元列举了不少复合型交易结构，而且实务中完全还可能存在把两个甚至更多第一单元这些交易结构组合在一起的交易结构。

对于这些复合型交易，那么我们怎么处理合同文本呢？

我们当然可以选择把复合型交易结构中所有的交易结构、权利义务整合在一个合同文本中，但这样会使得：合同文本极其复杂；不利于用“拼图式、结构化”的思路去认识复杂交易。“中国合同库”致力于为所有交易提供标准模板，更不能采取这种方式，这样就不利于用有限的合同模板来应对各种复杂交易了。

因此，本课程建议采用“整体交易合同＋部分交易合同”的文本结构。

1.“整体交易合同＋部分交易合同”的一般做法。

整体交易合同的前面应该有一条“整体交易结构”条款，作类似说明：

1.各方确认进行如下交易：

（1）第一步：“新设主体式资产收购”

（2）第二步：“资产转让”

2.第一步：“新设主体式资产收购”

“新设主体式资产收购”是指：甲方和乙方共同出资设立收购主体，乙方以《资产收购补充协议》中约定的“标的资产”作为出资。具体见甲、乙双方签订的《资产收购补充协议》。

3.第二步：“资产转让”

“资产转让”是指：收购主体收购乙方持有的标的资产，收购主体向乙方支付交易对价。具体见本合同约定。

如果包含更多交易结构的话，部分交易合同可以有多个。

对于复合型交易结构，在整体交易合同中使用“整体交易结构”条款说明交易的组成部分和步骤，使人对整体交易安排一目了然，这肯定是有好处的。对于部分交易合同，也有必要在前面说明一下合同是整体交易合同项下部分交易的配套合同，在尾部生效条件处理上，一般应该说明与整体交易合同一并生效。

像上面这个“第一步—新设主体式资产收购＋第二步—资产转让”交易的合同，分成“整体交易合同＋部分交易合同”后，整体交易合同就基本上可以借鉴“资产转让合同”模板，而“新设主体式资产收购”这个部分交易合同就基本上可以借鉴“新设主体式资产收购合同”或者一般出资合同模板。

2.其他处理方式。

有些交易结构虽然是复合型的，但各个交易结构的权利义务描述并不多（如“增资＋股权转让”），这当然也可以写在一份“增资及股权转让合同”中作为主交易合同，不需要拆成“整体交易合同＋部分交易合同”。

但对于权利义务描述较多的复合型交易结构，建议律师还是采用“整体交易合同＋部分交易合同”的文本结构。

有些更复杂的复合型交易结构也可以采取“整体交易框架合同作为整体交易合同＋各具体交易合同作为部分交易合同”的做法。“整体交易框架合同”前面进行类似说明：

1.各方确认进行如下交易

（1）资产收购；

（2）股权收购；

（3）不动产物业转让。

2.“资产收购”

“资产收购”是指：×××。

具体见甲方、乙方签订的《资产收购合同》。

3.“股权转让”

“股权转让”是指：×××。

具体见甲方、丙方、丁方签订的《股权转让合同》。

4.“不动产物业转让”

“不动产物业转让”是指：×××。

具体见甲方、丁方签订的《不动产物业转让合同》。

同时根据各项具体交易的交易结构，匹配相应的部分交易合同。也就是说，通过专门的“整体交易框架合同”说明整体交易安排，说明各具体交易合同之间的协调关系（如一起生效、一并解除等）。

这个思路其实与“整体交易合同＋部分交易合同”是相通的。

3.示例：“标的股权作为出资＋新设主体”的文本构成。

第一单元中也提到，对于资产收购类合同、股权收购类合同，如果不是现金支付，那么就等于一个“复合型交易”：“我收购你的资产、股权”是一个交易，“我向你支付股权、资产”也是一个股权转让、资产转让类交易。例如，“目标公司增资＋置换股权作为出资”就等于“公司增资＋置换股权转让”的组合，“标的股权出资＋新设主体”，就等于“常规股权收购＋公司设立出资”的组合。

我们拿“标的股权出资＋新设主体”式股权收购对应的合同文本作为例子：

（1）“整体交易合同”：一份《股权收购合同》，内容与现金支付式（常规）

股权收购合同类似。

与常规股权收购合同相比，区别仅在于：交易对价支付相关条款中说明，各方确认以“新设主体、被收购方取得新设主体股权”作为交易对价的支付方式，新设主体具体安排见《出资补充协议》。

（2）“部分交易合同”：一份《出资补充协议》，内容是收购方、被收购方共同新设公司，约定股权比例、出资、公司治理结构等。

而这份协议基本上就是一份正常的出资合同，只需要在合同前面说明一下交易背景。

这份出资补充协议简单一点，或是复杂一点，根据需要而定，但这不影响“整体交易合同”的内容。

这样做才能使复合类交易的合同起草模块化，进而实现标准化、高效化。如同一个个封装起来的小模块，哪一块有变化，我们只需要替换这个模块，不需要去调整其他模块（或者只需要极小的调整）。即使是更复杂的、由三个或更多的交易结构构成的复合交易，我们也只需要相应添加补充协议模块即可，如同在大卡车后面加挂一节或两节（只需要调整一两个关联条款），并不需要重新设计整个大卡车。——这正是本课程一直提倡的“公司及并购类合同拼图”的理念。

第二层：针对配套安排——加上配套协议

在第三单元中已经说过，在“中国合同库”中，为了便于分类，也便于用户使用，对于配套安排，一般都采用“专门配套协议”的方式。

以对赌（盈利预测补偿）协议为例，对赌协议的内容当然也可以整合到增资协议（股权投融资下的主交易合同）中，但其实不如单独签订对赌协议更好。这样，无论是跟全部股东或部分股东、公司对赌，无论什么对赌方式，挑选相应的对赌协议模板，或修改对赌协议即可。这就好像一台由几个模块构成的设备容易维修、更换零部件，整体打造的设备就不好处理一样。

注意，对于“整体交易合同 + 部分交易合同”这样的结构，整体交易合同与部分交易合同可能分别附有配套协议。

第三层：部分内容——作为合同附件

在《合同起草审查指南：三观四步法》对“复杂成套合同”的分析中，提到有附件的起草审查知识，也适用于公司及并购类合同的附件。该课程中提到常见附件类型包括：清单类；具体方案类；订单类；配套制度类；与合同程序相关的决议、批准、声明等；配套授权书。

律师应该熟练掌握附件的使用，很多内容更适合以附件形式体现，如股权收购时对目标公司各项信息、资产的全面描述，短则几页，长的可能几十页，显然应该用一个专门的文件（在本课程中叫作“目标公司信息披露函”），综合采用表格、文字甚至附照片、示意图等方式来说明。

请注意，不仅主交易合同可以配附件，部分交易合同、配套协议也可以配附件，而且有时，附件也可以再配附件（例如，上面说的“目标公司信息披露函”，就可以将公司的证照、资料清单、物资清单等作为附件）。

4.1.4 配套协议的注意事项

1. 从合同主体的角度，配套协议可能有两种情形：

（1）协议主体与主交易合同主体一致的补充协议。

这其实就是主交易合同的主体对部分事项的补充约定，有的是部分交易合同，有的是配套安排，有的是对主交易合同的细节调整、补充。

因为是主交易合同的一部分，协议主体也一致，所以无须再有管辖、合同联系方式等条款，应该是与主交易合同一并生效、一并解除。

相关模板：516 公司及并购类合同补充协议通用框架

（2）协议主体与主交易合同主体不一致的专门协议。

因为这两份合同主体并不一致，仍然需要约定合同联系方式，需要约定管辖（常常要与主交易合同的管辖保持一致），需要约定主交易合同解除时，配套协议如何处理（可能一并解除，也可能不解除），配套协议如何生效。

相关模板：343 公司及并购类合同配套协议通用框架

体现本课程第三单元的配套安排的专门协议，根据协议主体是否与主交易是否一致，上述两种协议均有可能。

2. 文本结构上，前面应该说明主交易合同的情况。

3. 注意定义、术语上应该与主交易合同一致。

4. 配套协议一般是对专门事项的特别约定，根据“特别约定优于一般约定”的原则，配套协议中一般应该约定“本协议与主交易合同不一致的，应以本协议约定为准”。

4.1.5 主交易合同的常见附件

一、股权收购类主交易合同的常见附件

1. 目标公司信息披露函。

这是股权收购最重要的附件，相当于明确所收购的目标公司究竟是一个什么样的公司。目标公司的情况确定了，标的股权的价值也就相应确定了。从收购方的角度，如果发现披露不实，就可以要求赔偿；从被收购方的角度，对于已经披露的瑕疵，就不用承担责任。因此对双方来说，这都很重要。

信息披露函应详细说明目标公司的股权与资本情况、各类资产（固定资产、土地使用权、无形资产、其他资产、债权等）、相关信息披露等，包括资产的数量、质量，也包括现有的瑕疵。

信息披露函可能比主交易合同正文还要长很多（就像设备买卖合同中，设备的详细资料比买卖合同长很多一样），可能涉及成百上千类资产的披露。信息披露函本身可能也包括很多附件，这包括目标公司的资产负债表、目标公司证照公章等清单、土地使用权资料、不动产相关示意图等。

相关模板：511 目标公司信息披露函

注意如果是“间接股权收购”[见第一单元中“(股权收购)+间接收购（收购母公司)”的介绍]，那么《目标公司信息披露函》中要包括对子公司的详细披露（可以作为《目标公司信息披露函》的一个附件）。因为虽然直接收购的是母公司的股权（因此要披露母公司的信息），但收购方目标是子公司。因为此时母公司的最重要资产就是对子公司的持股，所以可以理解为对母公司的信息披露中的最重要的一项，就是母公司所控股子公司的信息披露。

注意在“股权收购+资产剥离”[见第一单元中“(股权收购)+资产剥离”的介绍]中，虽然最终是股权收购，但是各方要求将标的资产剥离到目标公司中再收购。目标公司名下除了指定的资产，并没有其他的资产、人员、债权债务需要披露，因此对应的附件是一个较为简单的《标的资产清单》，而非《目标公司信息披露函》。

2. 员工接收方案。

股权收购时，员工接收方案大致有以下几种模式：

- 除特殊员工离任以外，其他员工均接收——这是常见情况
- 除特殊员工留任以外，其他员工均不接收
- 部分员工接收，部分员工不接收

作为附件的员工接收方案可以列出离任或留任员工的清单。对于前面两种，如果几句话就能说清楚（除 ×× 以外，一律接收/不接收），那么也不一定需要员工接收方案作为附件，直接在主交易合同条款中予以明确即可。

员工接收方案还可以将公司现有员工的信息进行统计，作为被收购方披露确认的事实。

相关模板：789 员工接收方案（股权收购）

3. 特殊债权债务及合同处置方案。

股权收购时，目标公司与原股东可能有部分债权债务需要特别约定其处理方式。从文本的角度，有两种方式：

第一种方式：通过专门的配套协议来处理（参考第三单元“配套安排”中“主交易相关债务处理”的介绍）。

第二种方式：在《特殊债权债务及合同处置方案》这个附件中进行约定。这适合只需要目标公司、原股东、收购方确认的处理方式，如果还需要债权人或其他第三方确认的处理方式，那么就需要按第一种方式另外签订协议了。

例如，目标公司的一栋楼有不少租户，这些租户如何处理，就可以在这个《特殊债权债务处理方案》中列明。

相关模板：770 特殊债权债务及合同处置方案

4. 各类合同程序相关的文件。

股权收购常常涉及股东会决议通过、董事会决议通过、其他股东放弃优先购买权、其他利益主体表示同意等，这些文件可作为合同附件。

相关模板：18553 放弃优先购买权的声明

5. 章程。

对于出资、增资、部分股权转让、合并分立等交易，只要交易结果是各方共同对公司持股而不是一方全部持股（几个没有利益冲突的关联方持股也可以理解为是一方全部持股），就需要同时考虑公司章程的起草、修订。

公司章程、章程修正案的起草审查请见后文进一步介绍。

二、资产收购时主交易合同的常见附件

1. 标的资产清单。

与股权收购时的《目标公司信息披露函》相对应。对于资产收购，最重要的就是列明标的资产包括哪些资产，以及资产的现状、瑕疵等。

同样地,《标的资产清单》可能比主交易合同正文都要长，可能还包括很多附件，以及大型资产的详细资料等。

相关模板：838 标的资产清单

2. 专项资产转让的配套协议。

前面第一单元也提到，资产收购中常常是包括股权、债权、知识产权等在内的复合交易。

在资产收购主交易合同中要列明所有转让的标的资产项目，如果就某一项资产（如债权、技术秘密）的转让需要约定专门的权利义务，那么可以就该项资产单独配套签订一份配套协议（如债权转让协议、技术秘密转让协议等）。

3. 存货资产交割补充协议。

资产收购中存货资产是一类特殊资产。我们可以想象，在收购一个工厂的所有资产时，会有无数的零部件、半成品、原材料、包装物需要清点计价。这些资产都在收购范围内，但需要双方配合进行全面的清点，才能确定究竟有多少、哪些能要哪些不能要、半成品和旧货如何折价等。这类细节如果放在主交易文本中会过于繁杂，因此通过一个专门的《存货资产交割补充协议》来约定是更有必要的。

顺便说明一下，实务中签订资产收购合同时，既有可能使用“资产收购合同（不含存货资产）+ 存货资产收购合同（存货资产的范围、价格）”这两份收购合同的组合（就像两份买卖合同一样），也有可能使用“资产收购合同（含存货资产的收购）+ 存货资产交割补充协议（仅约定清点交割事宜）”的组合。“中国合同库”推荐后一种方式，库内模板也是这样设置的。

4. 员工接收方案。

资产收购一般不接收员工，此时无须该附件。但如果协商一致要接收部分员工，那么可以用该附件列明接收员工的名单和处理方案。

相关模板：834 员工接收补充协议（资产收购配套）

5. 特殊债权债务及合同处置方案。

多数情况下，资产收购不需要这个附件，受让方也不对转让方债务承担责任。

但是某些情况下，也可能涉及。例如，收购大型物业时，这些物业的现有租户情况以及如何处理，就可以通过这个附件来约定。

相关模板：853 特殊债权债务及合同处置方案（资产收购）

6. 各类合同程序相关的文件。

资产收购不涉及其他股东优先购买权，但是仍然有可能需要股东会决议通过、董事会决议通过等程序，此外，还可能涉及其他主体对资产的优先购买权等，如承租人的优先购买权，这些决议、批准、同意类文件可作为合同附件。

三、附件的补充说明

1. 实务中各类收购合同的附件名称叫法不一、形式不一，但其实都可以归纳为上面这些附件类型来认识。“中国合同库”建议律师在实务中尽可能统一按上面所列的名称、形式使用附件。

2. 上面是按“资产收购、股权收购”两大类来说明的。但是公司及并购类合同很多是复合型交易，如“股权置换资产、目标公司增资 + 置换资产作为出资”等，等于“资产收购、股权收购”的组合，或者是多项资产收购、多项股权收购的组合。

在这种情况下，等于要同时运用上面多类附件。例如，针对标的资产，配备《标的资产清单》，对于置换股权的转让，配备《目标公司信息披露函》《员工接收方案》等，如果涉及多个目标公司，那么就需要为多个公司分别配备《目标公司信息披露函》。

3. 上面这些附件形式上虽然不是合同，但也是合同的一部分，实质也是合同。

这些附件至少要作为合同一部分加盖骑缝章，重要的附件（如标的资产清单、目标公司信息披露函、特殊债权债务处理方案等）最好由各方专门再确认盖章。

4.1.6 归纳：理解交易结构之后，如何处理复杂收购型合同的文本结构

按照“三观四步法”，律师通过第一步“沟通需求”，了解了当前交易的背景信息，然后进入“三观分析”，按照宏观、中观、微观的步骤来处理。律师根据本课程前面第一、二、三单元的知识，就应该能够判断，当前这个交易的交易结构是怎么构成的，是哪个（或哪几个）主交易结构，再加上什么配套安排——这就

是“三观分析”中的“宏观—交易结构”分析。之后，律师就可以进入“中观—合同形式”分析。

1. 律师首先应该判断目前需要的是“交易前期文本 + 正式交易文本 + 履行中文件”中的什么文本。

交易前期文本和履行中文件其实都不复杂，只有正式交易文本才比较复杂。

律师需要根据当前交易进行阶段，准确把握需要起草审查的是什么阶段的文本。虽然是一个很复杂的交易，但如果还是在交易前期，也许律师需要的只是为当事人提供一份保密协议，再提供一些“宏观—交易结构”上的咨询意见，不需要浪费精力的去起草用于正式交易文本。

如果确实要起草正式交易文本，再按下面的步骤进行处理。

2. 复合型交易结构考虑拆解：“整体交易合同 + 部分交易合同”。

如果是复合型交易，就可以使用这一层结构。如果不是，那么就可以直接进入下面的层次。

3. 拆解：“主交易结构 + 配套安排”。

把当事人交易需求中的配套安排单独拆出来，以配套协议的形式体现；如果有多个配套安排，就可以用多个配套协议。

4. 拆解：“合同 + 附件”。

资产收购、股权收购都有常见的附件，“附件的归于附件、合同的归于合同”。

主交易合同、辅助交易文本、配套协议等，都可能使用附件。那些细节性的、清单性的内容、合同程序相关文件等，一般应该放在附件中。

经过上面这几次拆解，一个再复杂的复合型并购合同（正式交易文本），都可以用下面这样层次分明、有条不紊的结构了，更重要的是，这些结构的每个构成，都基本可以使用“中国合同库”中的标准模板了：

（这里以“资产置换式股权收购”交易结构下的正式交易文本为例）

- 整体交易合同
  - 合同正文——股权收购协议
  - 附件
    - Ø 目标公司信息披露函
    - Ø 员工接收方案（股权收购）
    - Ø 特殊债权债务及合同处置方案（股权收购）
    - Ø 合同程序类文件：股东会决议、放弃优先购买权声明等

○ 配套协议（针对整体交易合同的配套安排）

Ø 对赌协议（盈利预测补偿协议）

配套附件：盈利计算说明

Ø 付款安排及标的股权解押协议

配套附件：原债权合同文件

Ø 保证合同（第三方为收购方提供担保）

● 部分交易合同

○ 合同正文——资产转让合同（用置换资产转让来向股权转让方支付对价）

○ 附件

Ø 标的资产清单

Ø 特殊债权债务及合同处置方案

○ 配套协议（针对部分交易合同的配套安排）

Ø 抵押房产买卖付款三方协议

Ø 房屋租赁合同主体变更三方协议（将出租方由资产转让方变更为受让方）

上面这些文件，共同构成了一个以“股权转让＋资产转让（置换）”为主交易结构，结合了“对赌、主交易相关债务处理、担保”等多种配套安排而构成的复杂交易结构。但这个复杂交易结构中的每一个模板，基本上可以使用“中国合同库”中的相应标准模板的。

在这个“中观—合同形式”的分析中，律师没有必要深入条款细节，只需要：

（1）像上面所列一样，列举全套复杂交易文本的结构目录，说明其中每个文本的名称。

（2）如有必要，可简单说明一下每个文本的内容、要点。

（3）律师可以适当查找“中国合同库”中的模板或查找律所、网络的其他模板，浏览大致内容，与结构目的中的文本相匹配。

换言之，这些文本中哪些可以使用现有模板，哪些要在模板基础上修订，哪些需要重新起草，律师就心中有数了。

（4）在这个过程中考虑的一些“微观—合同条款”层面的要点，可以记在相应文本要点中。

就像撰写一本书之前，必然有一个章节目录或者叫大纲一样，经过这个“中观—合同形式”的分析，律师对整个复杂成套文本的结构、下一步的具体起草工作，就都胸有成竹了。

4.1.7 公司章程、章程修正案的起草审查

公司章程在公司法上具有重要意义。《公司法》第5条规定，“设立公司应当依法制定公司章程。公司章程对公司、股东、董事、监事、高级管理人员具有约束力。”起草审查公司类合同时，必须考虑与公司章程的配套问题。

1. 尽量将对我方有利的、公司治理相关的合同条款列入公司章程。

合同效力的相对性意味着，原则上合同仅在合同主体之间具有法律约束力。公司章程则对公司、股东以及股东之外的董事、监事、高级管理人员也具有法定的约束力。

因此公司类合同的条款中，对于己方比较关心的、有利于己方的，且与公司治理结构、股权权能安排有关系的条款，应尽量争取写入公司章程或修订进公司章程之中。例如，出资、增资协议中的这些内容就可以写入章程：对瑕疵出资的股东的权利限制措施；对瑕疵出资股东的除名；特殊的表决权限和程序，如股东、董事的一票否决权；涉及股权变动的特殊程序，如股权转让、增资的特殊程序。

一般来说，合同签署在前，章程制定或修订在后，可以在合同中将“写入章程”作为全体出资人的义务或目标公司与原股东的义务，还可以作为后续付款的先决条件。实务中，也常常见到合同与修订后的章程同时签订的安排。

2. 约定公司类合同与公司章程冲突时，合同优先。

首先，应尽量避免两者冲突，公司章程该修订的尽快安排修订。

其次，在公司类合同中明确两者有冲突、不一致时，以各方签订的合同为准。

对于在公司章程起草或修订前签订的公司类合同（以出资协议为典型），可以明确一下公司章程生效或修订后，本合同仍有效。

对于公司章程与股东间签订的合同（以出资协议为典型，这里简称股东间协议）的冲突，司法实务中的处理规则是：就股东之间而言，有特别约定按特别约定，无特别约定又存在冲突，这就跟“同一交易存在多份合同”类似处理，一般来说“在后者优先”（如果公司章程生效在后，应该将公司章程理解为新的股东合意，优先适用；如果公司章程生效后，股东又有了新的约定，应该以新的约定优

先）；涉及外部第三人利益时，因为股东间协议没有对外对抗效力，应以经工商登记备案的公司章程为准。[1]

四、微观—章程条款：公司章程中约定管辖

首先，公司章程是不是合同，能否约定管辖？主流观点认为公司章程对股东、公司有约束力，其中约定的管辖、仲裁条款也能免约束股东、公司。但在实务中也多少会有一些争议。[2]

另外，如果在公司章程中约定管辖，还可能与股东协议之类公司及并购类合同中的管辖条款发生冲突。

基于这些原因，本课程不建议在公司章程中约定管辖条款。

---

[1] 相关判例参见上海宏胜物业有限公司与陈某某公司决议纠纷案，上海市第二中级人民法院（2012）沪二中民四（商）终字第65号，法院认为，股东协议与公司章程相互联行，不存在效力上的关联性，均有效。奇虎三六零软件（北京）有限公司与蒋学文等请求变更公司登记纠纷案，上海市第二中级人民法院（2014）沪二中民四（商）终字第330号，法院认为，因公司章程关于一票否决权的内容并不清晰，股东之间的内部约定不能对抗善意第三人。曾奕与上海产联电气科技有限公司公司决议撤销纠纷案，上海市第二中级人民法院（2013）沪二中民四（商）终字第851号，法院认为，全体股东对创始股东特别权利的确认，不因公司章程记载的不全而而缩小适用范围（全体股东的确认是有效的）。

[2] 张锋:《公司并购法律问题及协议安排》，法律出版社2023年版，第230页。

4.2 微观—合同条款

4.2.1 “三点一线法”与一般条款知识

《合同起草审查指南：三观四步法》“微观—合同条款篇”的知识是针对所有合同的，也适用于公司及并购类合同。其中有部分知识值得特别强调一下。

一、“三点一线法”的运用

“三点一线法”的介绍见:《合同起草审查指南：三观四步法》401 合同条款结构与“三点一线法”。

公司及并购类合同同样可以依据“三点一线法”将合同分为三部分。

- 合同首部
  - 标题
  - 合同主体
  - 鉴于引言
- 交易条款
  - 条款板块 1
    - Ø 条款 1
    - Ø 条款 2
  - 条款板块 2
  - 条款板块 3
  - ……
- 配套条款
  - 违约责任
  - 不可抗力
  - 争议解决
  - 合同联系方式

○ 附则

——签名盖章

——合同附件

因为公司及并购类合同条款往往较多，为便于理解，增加了“条款板块”这个层次。请见后文分析。

二、公司及并购类合同的违约责任

公司及并购类合同中的违约责任条款处理思路，与一般民商事合同并无不同。只不过公司及并购类合同金额一般较大（特别是并购类合同）、涉及的权利义务较大，违约责任条款就会更加复杂一些，常常要列举各种具体情形下的违约责任。

股权收购类合同中一般会有一定程度的“免责、责任限制”约定。这种限制体现在：

（1）最高赔偿责任不超过交易对价。

意思是说，就算目标公司、标的股权等有瑕疵，被收购方赔偿额最多不超过收到的交易对价。

（2）收购方索赔必须在一定期限内提出。

三、公司及并购类合同的争议解决（管辖）

公司及并购类合同约定仲裁或约定法院管辖都是常见的。

虽然有《民事诉讼法》第 27 条规定（“因公司设立、确认股东资格、分配利润、解散等纠纷提起的诉讼，由公司住所地人民法院管辖”)、《民诉法司法解释》第 22 条规定（“因股东名册记载、请求变更公司登记、股东知情权、公司决议、公司合并、公司分立、公司减资、公司增资等纠纷提起的诉讼，依照民事诉讼法第 27 条规定确定管辖”)，但是，上述公司类纠纷的管辖规定不属于专属管辖，当事人仍可以在公司及并购类合同中约定协议管辖[1]，当然也可以约定仲裁。

另外，公司及并购类合同履行中有一些具体争议，如公司解散、股东知情权等，司法实务仍可能要求必须由法院管辖[2]。这意味着，即使公司及并购类合同中约定仲裁，在具体争议发生时，律师仍需分析管辖问题。

[1] 参见兰州万佳置业有限公司其他合同纠纷二审民事裁定书，最高人民法院（2014）民二终字第 14 号。

[2] 张锋:《公司并购法律问题及协议安排》，法律出版社 2023 年版，第 230 页。

四、公司及并购类合同使用通用配套条款最多

配套条款部分除了违约责任、争议解决（管辖）、合同联系方式等重点条款以外，有很多格式化的、不太重要的条款（《三观四步法》称为“通用配套条款”），例如，不可抗力、部分无效处理、进一步措施、不放弃权利等。

对于一般不太复杂的民商事合同，通用配套条款适当“点缀”几条或者没有亦可。而公司类合同（特别是主交易合同），内容复杂、文本很长，通用配套条款一般会“配置齐全”，且部分配套条款的确有一些实际作用。实际上，很多通用配套条款就是借鉴自欧美的公司类合同。

公司及并购类合同使用配套条款虽然多，但与一般民商事合同所使用的配套条款并无不同，可参考《三观四步法》相关知识。违约责任也属于配套条款。公司本节重点要说明的是“交易条款”。

相关知识点：常用配套条款

4.2.2　股权类合同交易条款介绍

一、股权类合同交易条款板块整体认识

1. 条款板块的含义。

复杂的公司及并购类合同内容可达数十页，甚至上百页，其中内容最多、最为重要的是交易条款部分。如果我们一个一个条款去说明，会陷入“只见树木，不见森林”的困境，因此本课程特别采用了一个“条款板块”的概念。可以理解为，条款板块就是一个小主题，板块下面的多个条款都是围绕着这个小主题。对于简单的合同来说，也许条款板块就直接简化成了一个条款。

本课程所使用的条款板块的叫法、条款的归类也许与实务中的一些叫法不同。但这不重要，重要的是要理解这些条款究竟是什么内容。而且本课程对条款、条款板块的整理是相当全面、科学的，与“中国合同库”中的相应模板中的条款相对应，建议律师在实务中也使用这些条款、条款板块的名称，以降低沟通成本、提高工作效率。

2. 公司及并购类合同交易条款板块的有限性、共通性。

本课程的一开始就提出了“公司及并购类合同拼图”的概念，这个拼图包括

“宏观—交易结构”层面各种交易结构类型的拼图组合，“中观—合同形式”层面主交易合同、配套协议、附件的拼图组合，也包括“微观—合同条款”层面各类条款的拼图组合。

“微观—合同条款”层面的拼图组合要成立，就要求公司及并购类合同的条款板块是有限的、不同类型的合同能一定程度上共通共用的。如果不是这样，那就谈不上拼图组合，就只是不同合同用不同的条款了。而公司及并购类合同的条款板块确实就符合这个特点，这包括：

（1）几乎所有的公司及并购类的合同内容，都可以理解为十几个条款板块组合而成。

（2）出资、增资、股权转让、合并、分立等合同等虽然是不同合同类型，但其实有不少条款板块是共通的，甚至是一模一样的内容，如“公司治理结构”板块。

3. 股权取得类合同交易条款板块概览。

请注意，这里的交易条款板块不包括配套安排的内容。在第三单元开头我们已经说明，配套安排既可以用专门协议来处理，也可以整合进主交易合同中（本课程推荐使用专门协议）。如果整合进主交易合同中，就可以理解主交易合同中多了相应的配套安排的条款板块，如“对赌”板块。

- 整体交易结构板块
  - 交易结构基本条款
  - 交易结构补充条款
- 交割（含控制权转移）板块
- 过渡期板块
- 股权保值板块
- 公司治理结构板块
- 公司治理补充板块
- 陈述与保证板块

下面简单介绍一下各个条款板块的主要内容和使用场景。用户可以同时对照“中国合同库”中的相应模板，查看条款具体内容。

“陈述与保证板块”无非就是合同各方对自己签订和履行合同进行承诺，用户可直接查阅合同模板即可了解，这里不再说明。

二、整体交易结构板块

大部分的交易，都可以理解为“你给我什么东西，我给你什么对价”，即“标的 + 价款”，这就是基本的交易结构。股权类合同正文肯定首先要放交易结构板块（当然，作为惯例，如果有定义条款一般放在最前面作为第 1 条）。

1. 基本条款。

出资、增资、股权转让、合并、分立，不同的交易结构，交易结构板块的约定肯定有所不同，也都不难理解。这相当于不同交易结构下的标的和价款各有不同。

出资合同：拟设立公司基本情况 + 各方出资安排。

增资合同：目标公司基本情况 + 增资安排。

股权转让合同：目标公司基本情况 + 标的股权基本情况 + 交易对价。

公司合并合同：合并方基本情况 + 被合并方基本情况 + 合并后股权及补偿安排。

公司分立合同：被分立公司基本情况 + 分立后股权及补偿安排。

所有涉及付款的，都要说明付款方式（何时付、几笔付等）。

2. 补充条款。

简单的公司类合同，补充条款往往可以不需要（按法律默认规范处理）；大型的公司类合同、并购类合同则一般要有。

增资、股权转让都要考虑约定：

（1）定价基准日前的利润处理：增资、股权转让前，目标公司账上可能有利润，这个利润归谁，需要约定。

（2）过渡期损益安排：定价基准日到交割完成之间，目标公司还在经营，可能赚钱，也可能亏钱，这个盈亏谁来承担，需要约定好。

出资、增资都涉及非货币出资时，可以考虑强化非货币出资一方的保值、补足责任。

所有涉及付款的交易，或者没有现金支付但要求提供一定资金担保的，都要考虑约定资金监管。

3. 复杂的交易，在整体交易条款板块最前面放一个“整体交易安排”的条款，概括说明各方要进行的这个交易的整体安排，使阅读合同的人直接了解整个合同要旨，这是有好处的。

4. 分期收购股权的处理。

如果后面的股权收购是收购方的选择权，那就是第三单元配套安排中的“认股权安排”，不是这里所说的“分期收购股权”。

分期收购股权是指将确定要收购的股权分成两笔交割（也可能是更多笔），第二笔股权在约定的条件满足后或在约定的期限内由收购方再次收购。此时合同上建议这样处理：在主交易合同中说明对全部收购股权和价款的安排，以及第一笔股权交割的安排。另外再签订一份补充协议，就第二笔股权交割、付款作出说明，因为第二笔股权收购的条件、流程、收购价格的调整、交割安排等可能也有不少内容，放在主交易合同中会过于复杂。同时，对未交割的股权，有必要考虑股权质押。

5. 并购交易分期付款是否适用买卖合同相关规定？

《民法典》第634条第1款规定，“分期付款的买受人未支付到期价款的数额达到全部价款的五分之一，经催告后在合理期限内仍未支付到期价款的，出卖人可以请求买受人支付全部价款或者解除合同”。而《买卖合同司法解释》第32条说股权转让合同可参照买卖合同规定。

但一般认为，这种参照适用不是全面、无条件直接适用，不能因并购交易中的分期付款适用买卖合同的上述规定。[1] 合同中还是进一步明确解除合同条件为好。

三、交割板块（控制权转移的交割以及一般交割）

“交割”是公司并购交易中经常用的概念，但我国法律并没有明确定义。简单但不够准确地说，交割类似于买卖中的交付。具体来说，可以有以下几种含义：

狭义的交割：就是股权的“交付”（如股权转让登记），或者资产的“交付”（不动产转移登记、动产交付）。

广义的交割：包括狭义的交割在内的，诸多资产、手续的交付和办理，目的是让受让方（收购方）取得各项权益，就像买卖中拿到自己想要的所有货物一样。

除此之外，有时说到交割还会包括“对价的支付”。

本课程中的“交割板块”，是指“广义的交割”方面的约定，至于对价的支付（如股权转让价款的分笔支付），应该放在“整体交易结构板块”。

[1] 张锋:《公司并购法律问题及协议安排》，法律出版社2023年版，第20～21页。

1. 交割板块的主要内容。

所谓的“收购、并购”就是对应着“目标公司控制权的转移”。对应到合同条款上,“控制权转移的交割”意味着一个公司方方面面移交的约定，交割板块内容大致是：

- 交割一般原则：交割目的；交割主体等
- 交割时间：交割完成的时间要求
- 交割要求
  - 股权登记手续交割要求：标的股权登记的安排
  - 控制权交割要求
    - Ø 印章证照等材料交付
    - Ø ~~动产~~资产交付
    - Ø 高管安排：哪些高管接收，哪些应由被收购方解除。收购方常常会要求原来的高管全部解除
- 股权取得
- 交割延期
- 交割后员工关系：收购方在一段时间内不裁员（视需要约定）

如果是不涉及控制权转移的一般交割，那么条款会简单很多，简要说明交割时间、交割要求（主要是标的股权登记的安排）就差不多了。

2. 交割板块在具体场景中的运用。

如前所述，首先要区分是否涉及“控制权转移”，进而选择控制权转移的交割或一般交割条款。在“中国合同库”中,“1.2. 一般公司复杂并购类合同（控制权转移）”下的股权收购类合同都涉及控制权转移，而“1.1. 一般公司基础交易合同（非收购）”下的合同都只有一般交割条款。

公司分立即使涉及复杂交割，由于各方一般没有很大利益冲突（如果有就难以达成一致去分立了），所以交割条款一般简单。

公司合并有些特殊，除了相对于增资、股权转让会有合并手续办理、被合并方注销的约定以外，还要考虑在“控制权转移”的收购型合并下：

（1）正向合并收购时：控制权转移是由被合并方向合并方交割。

（2）反向合并收购时：控制权转移实际上是由合并方向合并后的控股股东（也是被合并方的控股股东）交割。

四、过渡期板块

1. 过渡期板块的内容包括：过渡期期限；过渡期一般原则；过渡期监管事项。

过渡期板块的主要目的，是限制被收购方在过渡期内的行为，避免损害目标公司利益。

2. 过渡期控制被收购方有两种主要方式：

正常方式：约定被收购方能做什么，做什么需要收购方同意。

共管方式：合同签订后直接将公司证照、资料等双方共管起来，直到交割时再交由收购方管理。

实务中也有的合同把过渡期共管约定在交割板块中。

3. 并购型交易都要约定过渡期板块，其他公司类合同就不一定需要过渡期板块了。

五、股权保值板块

1. 股权保值板块的内容包括：

（1）交易基础：强调被收购方股权保值的义务。

（2）披露义务：强调被收购方对目标公司情况的披露是全面的、真实的、有效的。

（3）目标公司或有负债：强调目标公司在交割完成前的各种原因引起的债务，应该由被收购方赔偿。

“或有负债”是股权收购中的常用术语，律师应该掌握。

（4）不竞争义务：一般是要求被收购方在收购完成后一定时间内不能从事与目标公司存在竞争的业务。

2. 不竞争义务条款的运用。

并购类合同常常会有针对被收购方的不竞争义务。不难理解，我收购你是为了从事某方面业务，不能允许被收购之后你又另起炉灶跟我来竞争（你本来就是做这方面业务的）。

对于合作型交易，可能没有不竞争义务，也可能是要求合资各方都不能与目标公司竞争。当然，不太可能要求股权投融资中的投资方承担不竞争义务（因为投资方是要向很多家公司投资的）。

如果没有股权保值板块，不竞争义务条款也可能作为一个单独条款来使用。

3. 律师要适当注意不竞争义务的反垄断问题。

不竞争义务对于公司及并购类交易来说是常见的，商业也是合理的。同时不竞争义务肯定有排除竞争效果，但是否属于《反垄断法》等法规禁止的垄断协议，没有明确规范，目前也缺少实际案例，一般认为应该是允许的。[1]

六、公司治理结构板块

1. 公司治理结构板块的内容：就是一般说的“三会一层”，即股东会、董事会（或董事）、监事会（或监事）、总经理等高管的安排。

2. 公司治理结构板块在具体场景中的运用。

出资、增资、股权转让、公司合并、公司分立都可能约定公司治理结构板块。简单的公司类合同也可能没有公司治理结构板块，或者只是一笔带过（如约定按《公司法》处理），或者把《公司法》的默认规范重复一遍（这其实跟不约定的效果是一样的）。

下面这些情况下的股权交易合同并不需要公司治理结构板块：

（1）目标公司全部或大部分的股权收购。

收购之后受让方有了对目标公司完全的控制权，可以对公司治理结构自主安排，无须在股权收购合同中约定。

（2）其他股东没有作为合同主体，而且原股东又退出时，原股东、目标公司和受让方约定公司治理结构也没有意义。

资　料：2023 版《公司法》中“三会”的变化

2023 版《公司法》对股东会、董事会、监事会有较重要的调整，由此导致公司及并购类合同中“公司治理结构板块”以及章程中相应规定需要适当调整。

1. 对于有限责任公司：

第 68 条　有限责任公司董事会成员为三人以上，其成员中可以有公司职工代表。职工人数三百人以上的有限责任公司，除依法设监事会并有公司职工代表的外，其董事会成员中应当有公司职工代表。董事会中的职工代表由公司职工通过职工代表大会、职工大会或者其他形式民主选举产生。

[1] 张锋：《公司并购法律问题及协议安排》，法律出版社 2023 年版，第 149～151 页。

董事会设董事长一人，可以设副董事长。董事长、副董事长的产生办法由公司章程规定。

第 69 条　有限责任公司可以按照公司章程的规定在董事会中设置由董事组成的审计委员会，行使本法规定的监事会的职权，不设监事会或者监事。公司董事会成员中的职工代表可以成为审计委员会成员。

第 75 条　规模较小或者股东人数较少的有限责任公司，可以不设董事会，设一名董事，行使本法规定的董事会的职权。该董事可以兼任公司经理。

第 83 条　规模较小或者股东人数较少的有限责任公司，可以不设监事会，设一名监事，行使本法规定的监事会的职权；经全体股东一致同意，也可以不设监事。

变化主要是：没有了执行董事的说法；可以没有监事也没有监事会。

2. 对于股份公司：

第 121 条　股份有限公司可以按照公司章程的规定在董事会中设置由董事组成的审计委员会，行使本法规定的监事会的职权，不设监事会或者监事。

审计委员会成员为三名以上，过半数成员不得在公司担任除董事以外的其他职务，且不得与公司存在任何可能影响其独立客观判断的关系。公司董事会成员中的职工代表可以成为审计委员会成员。

审计委员会作出决议，应当经审计委员会成员的过半数通过。

审计委员会决议的表决，应当一人一票。

审计委员会的议事方式和表决程序，除本法有规定的外，由公司章程规定。

公司可以按照公司章程的规定在董事会中设置其他委员会。

第 128 条　规模较小或者股东人数较少的股份有限公司，可以不设董事会，设一名董事，行使本法规定的董事会的职权。该董事可以兼任公司经理。

第 133 条　规模较小或者股东人数较少的股份有限公司，可以不设监事会，设一名监事，行使本法规定的监事会的职权。

变化主要是：可以只设一名董事；可以用董事会中的审计委员会来代替监事会，可以只设一名监事。不过股份公司没有“股东一致同意不设监事”的规定。

另外，股份公司也叫股东会，不叫股东大会了。

经过调整之后，股份公司和有限责任公司两者在“三会一层”上更加接近了。

七、公司治理补充板块

1. 公司治理补充：在“三会一层”以及《公司法》默认的公司治理规则之外，

股东之间就股权转让、股权继承、股权分割、股权回购、增资、利润分配等方面进行约定。

具体内容可参考相关模板中的“公司治理结构补充”板块。

相关模板：19540 一般通用出资协议（详细版 + 配套条款）

2. 公司治理补充板块的运用。

只有公司治理结构板块运用的场景，才需要考虑是否加上公司治理补充板块。而且就算需要公司治理结构板块，常常也并不需要公司治理补充板块（所以才叫“补充”板块）。

《公司法》允许有限责任公司股东之间进行比较灵活的约定，排除《公司法》默认规范的适用。但需要认识到,《公司法》本身的默认规范肯定就是与一般需要相符的，所以这种公司治理补充的特别安排有没有必要、是否符合实际就需要认真考虑。对于一般当事人来说，采取这些做法前最好咨询律师意见。

PE 股权投资时的“投资人保护安排”（见第三单元介绍），其实从主要内容上看也算是“公司治理补充板块”，只不过是“以投资人保护为主要目的”，其他场景下就不太适用。

4.2.3 资产收购类合同交易条款介绍

资产收购类合同，就是以现金、股权、资产等作为对价收购标的资产的合同。标的资产通常是一个公司的整体或核心的经营资产，如果是单项的或简单的资产转让，那么参考一般的买卖合同的条款来理解也就可以了，不作为收购类合同处理。

在前面“复杂并购合同（正式交易文本）的构成”中已经说明了在资产收购下,“标的资产清单、存货资产交割补充协议”是作为附件的，不作为主交易合同中的条款。

如果采用“出资式资产收购、股权置换式资产收购、增资式资产收购”，那就等于资产转让与相应出资、增资、股权转让的组合，后者所使用的条款板块就是前面所说的股权类合同的条款板块。这一节只说明资产收购这一部分（或者说是现金支付式资产收购合同）的条款板块，而且只限于交易条款部分，违约责任、管辖、通用配套条款等，也是参照《三观四步法》中一般合同条款的知识。

1. 资产收购类合同交易条款板块概览。

- 整体交易结构板块
  - ○ 标的资产
  - ○ 交易对价与支付
    - Ø 交易对价
    - Ø 最终交易对价计价规则
    - Ø 支付方式
- 交割板块
- 过渡期安排板块
- 资产保值板块
- 陈述与保证板块

2. 资产收购类合同交易条款各个板块简介。

简单地说，资产收购类合同交易条款，相当于“一般买卖类合同”交易条款的复杂版，同时与“股权收购类合同”交易条款有相通又有不同。

（1）整体交易结构板块：与“股权收购类合同”大不相同。

- 标的资产

需要详细列明固定资产、在建工程、土地使用权、无形资产、股权资产、存货资产等其他资产。这比一般买卖类合同复杂不少。不过在主交易文本中也只是描述，具体包括哪些资产，其实是以附件《标的资产清单》为准。

一般来说，还要有一个兜底的标的资产约定。因为对于资产收购来说，其实是对转让方某条业务线上的资产的全方位收购，即使没有明确列在《标的资产清单》中，但其实属于这条业务线上的资产，也应该属于标的资产之列。

- 最终交易对价计价规则

一般买卖类合同一般不需要这个条款。但对于复杂的资产收购，肯定有一部分资产是固定价格，而另一部分资产定价要在清点、交割之后才能最终确定，因此需要进一步说明计价规则。例如，合同签订之后，被收购方又对房屋进行修缮，如何计价？收购方如果一概不承担费用，被收购方就不会在过渡期修缮房屋，对标的资产并没有好处。

存货资产的计价规则一般通过《存货资产交割补充协议》来明确。如果没有该补充协议，那么也需要在这一板块说明存货资产的计价规则。

（2）交割板块：与“股权收购类合同”结构相通，内容不同，不含股权登记交割的详细约定，一般不接收员工，主要就是各类资产的移交。

对于重要的资产，有必要专门强调属于关键资产，如出现重大瑕疵、不能移交或不能变更过户的，收购方有权解除合同。在中国石油天然气股份有限公司安徽销售分公司与和县和顺水上加油站、王忠斌买卖合同纠纷二审民事判决书[1]、山西太谷恒达煤气化有限公司等与山西省太谷县中煤京达焦化有限公司买卖合同纠纷二审民事判决书[2]等案件中，对于500米长江岸线手续的变更过户、焦化及发电项目的环保许可和安全许可的变更过户等未能完成（已经有其他一些资产交割、过户），是否构成收购方解除合同的条件，因为合同中也没有明确，法院未支持收购方的解除权利。

收购资产其实是为了将被收购方的业务承接过来，由收购方继续开展。为此离不开供应商、客户的移交，交割条款中应该约定这些资源的移交安排。这不同于股权转让下的交割，因为股权转让时目标公司主体不变，原来的供应商、客户可以继续与目标公司交易。

相关模板：19592 现金支付式（常规）资产收购合同

1. 供应商移交的特别约定

如本合同中约定了供应商的移交，则：

（1）乙方应当协助收购主体完成供应商的移交，并在交割完成日后的20个工作日内，促使现有供应商应全部与甲方重新签订供货合同。

（2）自供应商与收购主体重新签订供货合同之日起，业务线生产经营的所有采购行为由收购主体和供应商之间签订。

（3）乙方应将供应商的相关资料信息（包括但不限于供应商联系信息、原交易信息）移交给收购主体。

2. 客户的移交的特别约定

如本合同中约定了客户的移交，则：

（1）对于与乙方发生业务往来但未正式签订供货合同的客户，乙方协助收购主体，在交割完成日前促使上述客户与收购主体签订供货合同，或由收购主体作为供货方。

（2）对于已经与乙方签订供货合同的客户，乙方应在交割完成日后的20个工

[1] 安徽省高级人民法院（2016）皖民终161号。
[2] 北京市高级人民法院（2018）京民终237号。

作日内，促使该客户与收购主体重新签订供货合同。

（3）对于不同意与收购主体签订供货合同，或不同意由收购主体作为供货方的客户，乙方应根据客户的下单指令，向收购主体采购相关产品，采购价格与对客户报价一致，在产品销售过程中产生的增值税及附加等税费，由收购主体支付给乙方。

（4）乙方应将客户的相关资料信息（包括但不限于供应商联系信息、原交易信息）移交给收购主体。

关于员工接收，一般不接收。如果要接收，因为涉及经济补偿、员工重新签订劳动合同等事宜，专门签订一份配套协议为好，资产收购主交易合同中只需简单说明“见附件《员工接收补充协议》”。

相关模板：834 员工接收补充协议（资产收购配套）

（3）过渡期安排：“股权收购类合同”强调目标公司经营的限制，资产收购类合同则强调不得处置标的资产。

（4）资产保值：因为资产收购不会承担被收购方的债务风险，因此没有“或有负债”约定，只需要简单约定“债权债务特别说明”，强调收购方不承担被收购方债务即可。

资产收购下同样可能有“不竞争义务”约定，这与“股权收购类合同”是相通的。因为资产收购与股权收购目的都是收购方通过收购来从事某方面业务，不希望被收购方另起炉灶来跟自己竞争。区别在于：资产收购下是不得与收购方竞争，股权收购下是不得与目标公司竞争；股权收购下有可能收购方、被收购方都不得竞争，资产收购下肯定只能是被收购方不得竞争。

05

第五单元

特定主体的“公司及并购类合同”

在本课程“引言”部分，本课程已经说明：认识“公司及并购类合同”的第一个层次是“一般公司＋特定主体、特定场景”。在前四个单元，本课程已经对一般公司（有限责任公司）的公司及并购类合同进行了较为全面的讲解，而接下来的第五、六单元，本课程将针对特定主体、特定场景的“公司及并购类合同”，通过与一般公司对比的方式来简要说明。

本单元要讲到的特定主体包括：

- 股份公司
  - 非公众股份公司
  - 上市公司
- 合伙企业
- 其他主体
  - 农民专业合作社
  - 个人独资企业、个体工商户
  - 非营利机构（民办非企业单位、社会团体）

请注意本课程仅针对这些主体作为合同主体参与的类似“公司及并购类合同”的起草审查要点进行说明，并讨论这些主体相关的其他法律问题。

如果是“特定主体”在“特定场景”下的交易合同的起草审查，应该怎么办呢？那就要同时参考本单元“特定主体”和第六单元“特定场景”的知识。

5.1 股份公司

5.1.1 2023 版《公司法》对股份公司的修订简介

对于同时适用于有限责任公司、股份公司的修订，已经在前面单元中涉及，这里主要介绍一下专门针对股份公司的、与股份公司相关合同密切相关的修订。

1. 允许设置类别股，也就是可以同股不同权。

这是 2023 版《公司法》的最重要修订之一。后文将专门进行说明。

2. 股份公司发起人由“2 人以上 200 人以下”改为“1 人以上 200 人以下”（第 92 条），也就是认可了一人股份有限公司。

3. 允许发行无面额股（第 142 条）。

但基于习惯和一般人不太好理解，估计实务中采用无面额股的做法会比较少。

4. 取消了无记名股票（第 147 条第 2 款）。

5. 发起人认购股份应为实缴（第 98 条）。

6. “三会一层变化”。

可以只设一名董事；可以用董事会中的审计委员会来代替监事会，可以只设一名监事。不过股份公司没有“股东一致同意不设监事”的规定。

另外，股份公司也叫股东会，不叫股东大会了。

7. 限制为他人取得本公司股份提供财务支持。

第 163 条规定如下：

公司及其子公司不得为他人取得本公司的股份提供赠与、借款、担保以及其他财务资助，公司实施员工持股计划的除外。

为公司利益，经股东会决议，或者董事会按照公司章程或者股东会的授权作出决议，公司可以为他人取得本公司或者其母公司的股份提供财务资助，但财务资助的累计总额不得超过已发行股本总额的百分之十。董事会作出决议应当经全体董事的三分之二以上通过。

违反前两款规定为他人取得本公司股份提供财务资助，给公司造成损失的，负有责任的董事、监事、高级管理人员应当承担赔偿责任。

5.1.2 关于股份公司的类别股

有限责任公司当然也可以采取“类别股”的做法，因为有限责任公司更强调股东自治，表决权、分红等都可以灵活约定、随心所欲。只不过一般说的“类别股”是指股份公司的股份。

一、主要法律规定

相关条款包括：

《公司法》第144条　公司可以按照公司章程的规定发行下列与普通股权利不同的类别股：

（一）优先或者劣后分配利润或者剩余财产的股份；

（二）每一股的表决权数多于或者少于普通股的股份；

（三）转让须经公司同意等转让受限的股份；

（四）国务院规定的其他类别股。

公开发行股份的公司不得发行前款第二项、第三项规定的类别股；公开发行前已发行的除外。

公司发行本条第一款第二项规定的类别股的，对于监事或者审计委员会成员的选举和更换，类别股与普通股每一股的表决权数相同。

《公司法》第145条　发行类别股的公司，应当在公司章程中载明以下事项：

（一）类别股分配利润或者剩余财产的顺序；

（二）类别股的表决权数；

（三）类别股的转让限制；

（四）保护中小股东权益的措施；

（五）股东会会议认为需要规定的其他事项。

《公司法》第146条　发行类别股的公司，有本法第一百一十六条第三款规定的事项等可能损害类别股股东权利的，除应当依照第一百一十六条第三款的规定经股东会决议外，还应当经出席类别股股东会的股东所持表决权的三分之二以上通过。

公司章程可以对需经类别股股东会决议的其他事项作出规定。

二、类别股的“类别”

根据上述第144条第1款和实务中的做法，类别股模式有下面这几种：

1. 根据股利分配的优先性：优先股、劣后股和普通股。

优先股可以有不同的模式，主要有固定年息模式和“固定年息+分红”模式。

固定年息模式，是指先向优先股股东固定支付股息，剩余利润都分配给普通股股东。

“固定年息+分红”模式是指：先向优先股股东固定支付股息，剩余利润由普通股股东、优先股股东一起分配。

优先股可以进一步考虑：如果今年的公司利润不足以支付固定年息的，不足部分是否可以累积到下一年补足呢？根据答案的不同，可将优先股分为可累积模式和不可累积模式。

实务中，优先股主要是给看重财务回报而不参与公司管理的财务投资人的。

2. 根据表决权的不同：特别表决权股份和普通表决权股。

相较于普通表决权的1股1票，特别表决权可能是1股N票，以强化对公司的控制权。

也就是实务中常说的“AB股”。也就是将公司的股份区分为特别表决权股份和普通表决权股，由不同的人持有按照约定行使表决权。其中特别表决权股份一股可以有N票表决权，而普通表决权股一股仅有1票表决权。实务中，特别表决权股的持有人一般是公司的创始人。京东实行的就是“AB股”设计。[1]

还可能有比“AB股”更加复杂的“ABC股”，只是采用这种股权架构的公司不多。[2]

另外，无表决权股份（不能参与表决）也可以算一种特殊表决权股。

3. 根据流通是否受限：受限股、普通股。

顾名思义，受限股就是对股份的处分受到限制。从限制的方式，可以分为限

[1] 刘强东持有的B类股票，每股拥有20票投票权；其他投资人持A类股票，每股拥有1票投票权。通过该设计，京东在香港上市后刘强东虽然仅持股14.1%，但一共有77.5%的投票权。可参见《京东在香港二次上市，刘强东的控制权有3个神奇的变化》，载微信公众号“股权道”，2020年6月18日发布。

[2] 蔚来汽车的股票共分为A、B、C三类，A类股票每股可投1票，B类股票每股可投4票，C类股票每股可投8票。蔚来上市时，C类股票的持有人是董事长李斌，上市时的持股比例为14.5%，但能够控制约48.3%的投票权。可参见《AB股和六种同股不同权模式，科创板和创业板的AB股规则》，载微信公众号“股权道”，2021年6月16日发布。

制转让、限制继承、限制离婚分割；从限制的时间，可以分为一段时间内不能处置或是永远不能处置只能由公司回购。

实务中，受限股的主要应用场景应该是股权激励，公司需要限制激励对象对激励股权的处分。另外还可能应用于创始人，以保持公司创始人的稳定性。

4. 类别股的组合。

同一公司可以使用多种类别股，如既有优先股，又有特别表决权股，还有受限股。这样设计的话，公司的股权架构会变得复杂。

注意实务中的类别股往往是“组合式”，例如：

优先股 + 无表决权股份：可以优先参与分红，但代价是不参与表决。

特别表决权股 + 受限股：1 股 N 票，但代价是在股份转让、继承等方面受限制。

5. 类别股的转换。

在发生特定情形时公司强制将类别股按照一定比例转换成普通股。比较典型的场景是，持有特殊表决权股的股东在履职能力有变化、或是离任、死亡时，将特殊表决权股转换为普通表决权股。

三、类别股需要在章程中明确约定

类别股制度是 2023 版《公司法》最重要的修订之一，对股份公司尤其是上市公司的影响重大而深远，对律师为公司设立、上市、上市公司收并购提供相关法律服务有重大影响。

股份公司设立、上市时，律师需要帮助当事人设置既强化控制权、各方又能够接受的股权架构。“类别股制度下的股权架构设计”，这应该会在 2023 版《公司法》施行后，成为相关领域律师的一个重点业务。

对于已经设立类别股的股份公司股份交易，律师需要判断所交易的股份类型能否达到当事人的交易目的（如取得公司控制权）。

仅就合同及相关文本的起草审查而言，类别股制度影响最大的文本就是股份公司的章程。类别股之所以成立，就是来自有效的公司章程规定。章程中必须根据拟设置的类别股的类型，明确说明类别股的具体权利（如表决权的不同）、类别股的转换等。

5.1.3 股份公司类合同的整体认识

在我国现行的法律体系下，根据股东人数是否超过 200 人，以及股份是否公开发行和转让，可将股份公司分为以下三类：

（1）上市公司；

（2）非上市公众公司；

（3）非公众股份公司。

股份公司的类型及各类型之间的关系如图 5.1–1 所示：

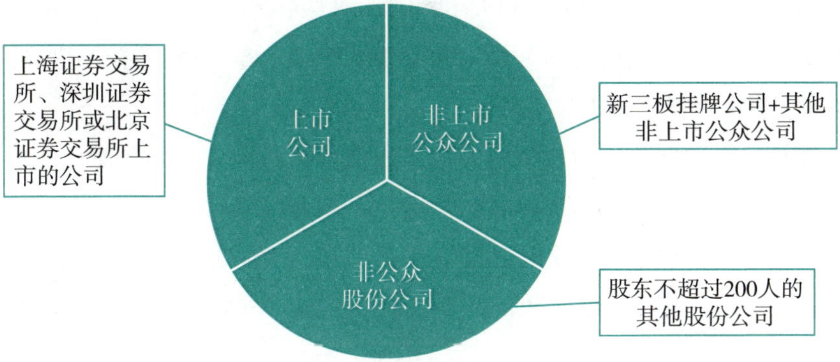

图 5.1-1 股份公司类型

图 5.1–1 中没有包括在香港、境外上市的公司，而且实务中的股份公司类型会比图 5.1–1 更复杂一些。例如，非上市公众公司就有多种类型（新三板挂牌公司、两网及退市公司、其他股东超过 200 人的股份公司）。为了更加清楚地说明实务中经常处理的合同类型，我们需要针对股份公司的典型类型来进行说明，为此我们适当控制了讨论的范围。具体而言：

- 对于上市公司：我们只讨论在深圳证券交易所（以下简称深交所）、上海证券交易所（以下简称上交所）、北京证券交易所（以下简称北交所）上市的公司。
- 对于非上市公众公司：我们不再具体分析。
- 对于非公众股份公司：我们要讨论的这类公司，股东人数不得超过 200 人，股份不得公开发行及公开转让；实务中，此类公司规模都不大，可能选择在区域性股权市场交易或股份托管。

需要说明的是，新三板挂牌公司与上市公司的股票均可直接通过证券交易系统进行交易，就是日常所说的“买股票”。这种股票买卖同样是一种股份转让的合同行为，但是基于本课程目的，这种通过证券交易系统进行的二级市场标准化交易不在讨论之内，我们只讨论各方通过协商签订的书面合同。

对于这三类公司的“公司及并购类合同”，大致上可以这样认识：

1. 非公众股份公司与一般公司类似，只需要注意一些特殊之处。

无论是宏观、中观还是微观，非公众股份公司与一般公司的合同都基本相通。

区别主要在于：股份公司是典型“资合”公司，这意味着股份公司对股份转让的法定限制很小，股份公司的治理结构更加“标准化”，不像有限责任公司一样存在其他股东的法定优先购买权 / 增资优先认缴权、治理结构的各种特殊安排等。

2. 上市公司与一般公司的合同大不相同，需要专门认识。

上市公司的交易受监管多，合同的宏观、中观、微观层面都受到监管约束，明显不同于有限责任公司的合同。

3. 以新三板挂牌公司为典型的非上市公众公司的监管主要是对标上市公司，但又较上市公司宽松，因此在合同的处理上可以参照上市公司。

接下来，我们对非公众股份公司与上市公司的合同进行介绍，新三板挂牌公司等因为实务中交易还很不活跃，且可以参照上市公司类合同，本课程中不再专门说明。

5.1.4 非公众股份公司

本课程第一、二、三、四单元分别说明了一般公司的“宏观、中观、微观”的起草审查要点。而非公众股份公司与一般公司基本相通，这一节主要说明非公众股份公司相较于一般公司的合同的特殊、不同之处，没有特别说明的，就可以参照一般公司处理。

另外，类别股的存在会对股份公司章程、股权取得类合同都有重要影响，前面已经介绍。

一、宏观—合同类型：两类发起人协议

股份公司的“发起人协议”对应有限责任公司的“出资协议”，但不同之处较多。

根据《公司法》第 91 条规定，股份公司可采取发起设立或者募集设立方式，

但自 1998 年 8 月起，证监会不再批准公开募集设立。因此募集设立在实务中已经无法实施[1]。另外在实务中，常见有限责任公司整体变更为股份有限公司的做法。

因此实务中的发起人协议实际上有“新设”和“整体变更”[2]两种场景。这两者在协议上的主要区别是：

1. 宏观—合同程序。

“整体变更”时，有限责任公司 2/3 以上表决权的股东通过决议即可变更，理论上存在否决变更议案的股东拒绝签署发起人协议的问题。“新设”时就不存在这个问题，必然是所有股东（发起人）一并签署发起人协议。

2. 中观—合同形式。

整体变更在法律上并非必须发起人协议，不过在实务中一般会签署。

3. 微观—合同条款。

新设和整体变更都需要有出资安排的相关条款，不过整体变更的出资安排核心内容就是折股方案。

实务中采取整体变更为股份公司的操作时，这种情况下并无法律法规规定必须签署发起人协议，但在实践中常常签署发起人协议，以免对上市或挂牌形成障碍。[3]

二、宏观—合同主体：发起人应为 1 人以上 200 人以下

2023 版《公司法》将原来的发起人应为“2 人以上 200 人以下”改为“1 人以上 200 人以下”，要求过半数发起人在中国境内有住所。

对比《公司法》第 42 条有限责任公司 50 人的股东人数限制，股份公司人数要求相对宽裕。

由此，2023 版《公司法》也就允许了一人股份有限公司的存在。

三、宏观—合同程序：股份转让更为自由

1. 股份公司股东没有法定的优先购买权、增资优先认缴权。为防范风险，交易方仍可以适当审核公司章程有没有特别的规定。

---

[1] 王军:《中国公司法》，高等教育出版社 2015 年版，第 74 ~ 75 页。

[2] 此处的“整体变更”是指有限责任公司变更为股份有限公司，根据《公司法》的规定，“有限责任公司变更为股份有限公司，应当符合本法规定的股份有限公司的条件”。

[3] 雷云、胡洋:《整体变更之发起人协议漫谈》，载微信公众号“场外法律实务”，2016 年 2 月 3 日发布。

2. 股份公司章程对股份转让限制的效力存在争议。

针对公司章程是否可以对股份有限公司的股权转让作出限制性规定，理论界与实务界存在不同的观点。

“一种观点认为……股份有限公司的股权，除了法律另有规定外，可以自由转让，公司不得以章程或者股东大会决议予以剥夺或者限制。……另一种观点认为,《公司法》第137条为原则性规定属于任意性规范，应允许股份有限公司在其章程中对股份转让规定限制性条款。……违反章程规定的股权转让合同应当无效。”[1]在常州百货大楼股份有限公司诉常州市信和信息咨询有限公司等股权转让纠纷案中，二审江苏省高级人民法院认为，“对于非上市股份有限公司能否在章程中对股份转让作出限制，目前立法无明确规定……百货公司章程未向受限制股东提供必要的救济渠道……故百货公司章程就股份转让所作的限制性规定应为无效”。

在2023版《公司法》第157条增加了“公司章程对股份转让有限制的，其转让按照公司章程的规定进行”的规定，但从法理上，这一条款也不代表公司可以不合理的限制转让。

无论如何，如果股份公司以违反章程为由拒绝股份受让方行使股东权利、拒绝办理股份登记手续，都会给交易双方（尤其是受让方）带来麻烦。

四、宏观—合同程序：非公众股份公司的“外部登记”

1. 股份公司的股份转让交易办理工商登记，只登记发起人情况，不登记股东情况。这意味着，并不存在对于股东及股份的工商登记。如果股份协议转让，也并不存在工商变更登记程序。

2. 如果该公司办理了股份托管，或者在区域性股权市场挂牌（也就同时办理了股份托管），那么就应当到股份托管登记机构办理股份变更登记。——这可以算是非公众股份公司对于股份的“外部登记”。

从股份公司自身的角度，如果想实现股权清晰，避免“不知道公司究竟谁是股东”，应该考虑采取股份托管。

3. 处理建议：

如果股份公司办理了股份托管，那么可以认为已经有了一个可信的“外部登

[1] 甘培忠、欧阳泽蔓:《股份有限公司章程限制股份转让法律问题分析》，载微信公众号“法律适用”，2016年5月27日发布。

记”（类似于工商登记）。此时交易各方可通过这个股份托管机构的登记来查询股份的归属，股份转让时通过该机构来变更登记以有效的取得股份，交易就能较为安全。

如果股份公司没有办理股份托管，则相关方为了保证股份归属的真实性以及股份权属变动的有效性，应该综合考虑运用以下措施：

（1）要求股份公司办理股份托管。

股份托管之后再进行交易，就会比较安全。

（2）考虑由非公众股份公司甚至其他股东共同作为合同主体，以对股份的真实性、股份交易进行某种担保，并约定由股份公司对股东名册进行记载、更新，或者记载于章程、出具凭证等。

（3）尽管市场监管部门不对股份公司的股份转让进行与有限责任公司类似的登记，但是市场监管部门接受为股份公司办理章程变更备案，因此可以要求股份公司将股东的信息更新记载于章程并将章程及时提交市场监管部门进行备案。不过实务中有的地方市场监管部门并不接受在章程中记载股东信息，仅允许记载发起人信息，因此应事先与市场监管部门沟通确认。

五、微观—合同条款：非公众股份公司相对于有限责任公司的不同条款

1. 交割板块：与有限责任公司不同，不涉及工商登记在投资人（受让人/增资人）名下的手续。

股份公司可能办理股份托管。如果办理，增资、股份转让类合同的交割条款会有所不同，会要求公司、转让方配合办理在股份托管机构的变更登记。

如有必要，发起人协议、合并协议、分立协议中也可以对公司的股份托管作出约定。

2. “三会一层”略有不同，股份公司不能有“股东一致同意不设监事”的做法。

3. 股份数量、每股金额等。

实务中基本上每股金额都是 1 元（虽然法律上可以不是），这样注册资本金额的数量就是公司全部股份的数量（如注册资本为 1 亿元，公司全部股份数量为 1 亿）。

请注意 2023 版《公司法》增加了“无面额股”，此时股份表述上就没有“每股金额”只有“股份数量”了。

5.1.5 上市公司

上市公司股权激励在第六单元“股权激励（含分红激励）”中有简要介绍。

一、以上市公司股份为标的的合同与一般公司大不相同

这主要体现在：

1. 上市公司股份的交易以二级市场交易（一般说的“买股票”）为主，其他交易手段为辅。

而一般公司的所有股权转让都是通过协议转让的。

二级市场交易并不需要签订书面合同（虽然在法律上也是一种合同关系），而本课程主要讨论与书面合同相关的知识，这意味着本节知识不足以涵盖上市公司的各类股权交易。

2. 取得上市公司控制权有多种方式。

对于一般公司的股权收购，协议转让是最主要的方式，认识了股权收购合同，就认识了收购一般公司股权的交易模式。但对于上市公司的收购来说并非如此。

取得上市公司控制权的方式至少包括：二级市场股票交易；协议转让；间接收购；表决权委托；表决权放弃；一致行动协议；要约收购等。《权力的游戏：上市公司控制权交易实务》[1]中提到，交易工具日趋多元化，“不仅表现为交易工具种类的绝对增加，以前没有使用过的交易工具现在已被挖掘并成功使用，还表现为在同一起交易中同时使用的交易工具的多样性”。

因此，上市公司收购就不是本节所提到的这些合同类型所能覆盖的。

3. 上市公司的监管严格得多。

因为上市公司是公众公司，法律需要替广大的股东对公司进行监管，以免公众利益受损。这种监管主要体现在：

（1）首次公开发行股份、增发股份、合并换股的条件与程序要求。

交易所交易的每一股股票，哪怕只值1元，都要符合条件和程序要求，才能注册登记，进而上市交易。因此无论是公司整体上市、增发股份、换股合并（等于是新增股份给被合并方的股东）都需要符合条件，履行程序。

---

［1］ 舒知堂、赵奕翔等:《权力的游戏：上市公司控制权交易实务》，法律出版社 2020 年版，第 22 页。

（2）资产重大重组有程序要求。

主要法规是《上市公司资产重大重组管理办法》。资产重大重组很多涉及增发股份，但即使不涉及上市公司股份的变动，也可能构成资产重大重组。

（3）诸多交易的披露、主体内部程序、中介机构出具意见等要求。

4. 因为上市公司的财务信息都是公开的，因此以上市公司股份为标的时，并不需要像有限责任公司的合同那样强调披露、股权保值等义务。

影响上市公司股份价值（也就是股票市值）的信息依法应该都是公开披露的，受让方应该自行查询公报。如果是不能公开的，上市公司、股东也不能将没有公开披露的信息私自向某个受让方披露（那就构成内幕交易了）。这意味着在合同条款上，围绕着上市公司股份的约定只有价格、交易程序的约定，并不需要对上市公司本身进行披露、保证等约定；受让方应该自己通过上市公司的公开信息去判断该上市公司的情况。而对于有限责任公司来说，这个公司以及公司的股权究竟价值几何？是极不公开、极不确定的，必须在合同中详细的、尽可能的披露、保证，附上违约责任等。

5. 上市公司的合同不见得复杂，但只是所需法律服务中的一小部分。

这可以说是前面几点原因导致的结果。上市公司重大资产重组的标的、金额虽然巨大，但却像一辆在轨道上行驶的火车，而一般公司的并购类合同则像是当事人可以随意转弯、调头的汽车，前者所使用的合同更模式化一些、更简单一些。

围绕着上市公司控制权、股票的交易是活跃的、多样的，很多交易并不需要通过书面签订合同，需要签订书面合同的交易也需要律师提供大量法律意见而不仅是合同。而本课程囿于合同起草审查的主题，仅讨论与书面合同文本密切相关的内容，因此只能说是上市公司相关合同的一个简单介绍，只是律师为上市公司各类交易提供法律服务所需的知识的一小部分。

二、上市公司简单交易合同介绍

这里说的简单交易合同，金额并不小，只是说都是模式化的交易，法律关系简单，合同文本也不复杂。

1. 首次公开发行（上市）中的战略投资者配售协议。

战略配售就是公开发行之外的定向发行。《证券发行与承销管理办法》（2023年修订）第22条规定：

首次公开发行证券实施战略配售的，参与战略配售的投资者的数量应当不超过三十五名，战略配售证券数量占本次公开发行证券数量的比例应当不超过百分之五十。

发行人和主承销商应当根据本次公开发行证券数量、证券限售安排等情况，合理确定参与战略配售的投资者数量和配售比例，保障证券上市后必要的流动性。

发行人应当与参与战略配售的投资者事先签署配售协议。主承销商应当对参与战略配售的投资者的选取标准、配售资格等进行核查，要求发行人、参与战略配售的投资者就核查事项出具承诺函，并聘请律师事务所出具法律意见书。

发行人和主承销商应当在发行公告中披露参与战略配售的投资者的选择标准、向参与战略配售的投资者配售的证券数量、占本次公开发行证券数量的比例以及持有期限等。

战略配售协议没有监管示范文本或格式指引，不过内容都大同小异，协议内容基本就是“标的及价款 + 股份限售期约定”。

相关模板：18730 战略投资者配售协议

2. 定向增发中的附条件生效股份认购协议。

这是股份公司上市之后对特定投资方定向增发股份。

相较于有限责任公司增资协议，附生效条件股份认购协议并不复杂，一般只需具备“基础交易板块”与个别附加板块条款，后者通常仅涉及限售期条款；在配套条款方面，特别之处在于生效条款为附条件生效，常规条件设置为董事会、股东大会审议通过、发行经交易所审议通过和证监会注册同意。

相关模板：18756 附条件生效股份认购协议

这种战略投资者往往会与发行人（上市公司）同时签订战略合作协议。《证券期货法律适用意见第 18 号》（中国证券监督管理委员会公告〔2023〕15 号）中规定，“上市公司应当与战略投资者签订具有法律约束力的战略合作协议，作出切实可行的战略合作安排。战略合作协议的主要内容应当包括：战略投资者具备的优势及其与上市公司的协同效应，双方的合作方式、合作领域、合作目标、合作期限、战略投资者拟认购股份的数量、定价依据、参与上市公司经营管理的安排、持股期限及未来退出安排、未履行相关义务的违约责任等”。

在协议内容上，除了正常的合作本身内容以外，还需要关注以下要点：

（1）要具备前述监管明确的协议内容。

（2）战略合作协议是以参与定增为目的根据前述监管要求而签订的协议，因此，协议附加生效条件条款，一般来说与股份认购协议的效力绑定，与股份认购协议同时生效。

（3）上述公告要求保荐机构和发行人律师核查“上市公司及其控股股东、实际控制人、主要股东是否存在向发行对象作出保底保收益或者变相保底保收益承诺，或者直接或者通过利益相关方向发行对象提供其他财务资助或者补偿的情形”并发表明确意见，因此协议中不能有保底保收益的约定。

相关模板：18773 战略合作框架协议（配合定增）

3. 非公开发行可转债中的可转债认购协议。

与定向增发类似，只不过这种情况下发行的是可转换为股份的债券。

相关模板：18854 上市公司可转债认购协议

4. 上市公司股份大宗交易协议。

根据证券交易所交易规则，证券交易的股票数量或交易金额达到交易所交易规则规定标准的，才能选择大宗交易方式进行股票交易，交易对价只能是现金。大宗交易可采取协议大宗交易或盘后定价大宗交易方式。其中，涉及大宗交易协议的起草审查的是协议大宗交易，而盘后定价大宗交易则不涉及。

协议大宗交易，是指大宗交易双方互为指定交易对手方，协商确定交易价格及数量的交易方式。采用协议大宗交易方式的，交易双方经对交易时间、数量、股份的性质、价格协商一致，在交易所的大宗交易系统中完成交易。

交易所可以根据市场需要，调整大宗交易的最低限额。目前交易所规定证券买卖符合以下条件的，可以采用大宗交易方式：

深交所：单笔交易数量不低于 30 万股或者交易金额不低于 200 万元人民币。

上交所：单笔买卖申报数量应当不低于 30 万股或者交易金额不低于 200 万元人民币。

北交所：单笔交易数量不低于 10 万股或者交易金额不低于 100 万元人民币。

相较于有限责任公司股权转让协议，大宗交易协议内容简单，基本上只需要“基础交易板块”。其中，关于交易时间，并非必须是固定的某一天，也可以是包含数个交易日的期间，只要交易双方协商一致，约定清楚，并做好履约安排即可；关于成交价格，则需在该股票当日涨跌幅限制价格范围内，可以直接约定价格金额，更为常见的是约定按照交易前一日或交易当日收盘价的一定折扣作为定价。此外，在配套条款方面，常见约定履约保证金条款。

相关模板：18711 上市公司股票大宗交易协议

5. 股票协议转让类合同。

协议转让，是指根据《上市公司流通股协议转让业务办理暂行规则》《上海证券交易所上市公司股份协议转让业务办理指引》《深圳证券交易所上市公司股份协议转让业务办理指引》等规则，转让双方依据依法订立的协议，向交易所及结算公司申请转让、过户上市公司流通股股份的转让方式。

《深圳证券交易所上市公司股份协议转让业务办理指引》规定：

第 6 条　具有下列情形之一的，可以向本所提交协议转让办理材料：

（一）转让股份数量不低于上市公司境内外发行股份总数 5% 的协议转让；

（二）因自然人、法人或者其他主体对公司持股超过 50%，或者根据中国证监会有关规定构成实际控制关系或者均受同一控制人所控制的协议转让，转让股份数量不受前项不低于 5% 的限制；

（三）外国投资者战略投资上市公司所涉及的协议转让；

（四）法律法规、中国证监会及本所业务规则认定的其他情形。

涉及国有股东转让所持上市公司股份、收回股权分置改革中的垫付股份等情形的，比照本指引办理。

这些规则限定了协议转让方式的使用场景。简单地说，就是必须达到相当体量的股份整体转让或特定情形才能作协议转让，经过交易所核准确认，才能转让给特定的主体，否则就只能通过二级市场交易卖出套现，拿套现资金来交易，没有办法将股票转让给特定的主体。协议转让的价格需要与股份市场价挂钩，不能自由约定（当然从商业角度，当事人也没有理由脱离市场价值定价）。

协议转让的交易对价并不限于现金，因此也就可以股份协议转让作为对价，进行出资、收购资产、收购股权等交易。下面简单介绍几种基于协议转让的股票转让合同。

（1）非限售期股票协议转让合同。

可以用现金支付，也可以用资产、股权支付，还能用于出资、增资，因此具体交易场景可能有多种。

相关模板：17008 上市公司股票协议转让合同（现金支付）

（2）限售期或短期内不能过户的股票协议转让合同。

这种情况下，转让的股票还在限售期，即短期内无法过户到受让方名下。

对限售期内的股票进行处置（转让、质押等）是否有效？有一定争议，但实务中仍有此做法[1]。只不过从受让方的角度，需要考虑合同签订后到最终过户的长期间过渡期内的风险。因此合同会从付款方式（分期付款）、表决权委托、过渡期收益、过渡期内对转让方的限制、违约责任等多个方面对转让方进行限制，如有必要，还要考虑股权质押。这种处理思路，跟买卖一套短期内不能过户的房产（如经济适用房）的处理是相通的。

相关模板：21070 上市公司限售期股票转让合同

（3）质押股票的协议转让合同。

质押股票的协议转让有两种处理方式，对应两类不同的合同文本[2]：

- 先解押，再申报协议转让
- 取得质权人书面同意函，带押过户

6. 上市公司的股票质押合同。

上市公司的股票有以下几种质押方式：

（1）场内质押：就是通过券商来质押。实现担保权利时，券商通过系统直接就可以处置股票。

实务中不少券商已经有系统，可以直接在系统中办理质押。

这种做法都是将"质押 + 借款融资"组合，一并操作。

相关模板：19718 股票质押式回购交易业务协议（深圳证券交易所 2018 版）

（2）场外质押：类似于有限责任公司的股权质押，只不过是在股票登记机构即中证登公司办理质押登记。实现担保权利时，根据《证券质押登记业务实施细则》（2020 年修订）的规定，质权人可申请中证登采取以下措施：向中证登申请办理证券质押登记状态调整业务，并以质押证券卖出所得优先偿付质权人，或者向中证登申请办理质押证券处置过户业务。

相关模板：17041 证券质押合同（中国证券登记结算有限责任公司 2020 版）

（3）变相的质押方式。如果证券账户持有人将账户操作权限交给债权人，约定债权人有权按约定平仓、划转资金，就类似于担保的效果，就像"把一批货交给债权人，约定债权人有权卖货来抵债"一样。

相关模板：19356 证券账户质押合同

[1] 廖滔滔：《发起人在限售期内转让股份是否有效？》，载微信公众号"心中有诉"，2018 年 1 月 8 日发布。
[2] 刘成伟：《上市公司收购解决之道》，法律出版社 2023 年版，第 5～6 页。

7. 以股票收益权为标的的合同。

不涉及股票变更过户，仅就股票分红、出售股票所得等收益处分进行约定。

（1）股票收益权转让类合同。

股票不过户，仅通过双方协议转让股票处置权与收益权，可以认为是一种特殊的股票转让合同，类似于股份代持的效果。该股票常常还在限售期。

目前尚未见法院生效判决对限售期股票收益权转让的法律效力予以否定，亦未见证监会、交易所的相应处罚措施。[1]举重以明轻，不在限售期的股票收益权转让更没有理由否定了，只是说从商业角度有没有必要这样做。

相关模板：18833 股票收益权转让合同（上市公司、新三板）

（2）股票收益权让与担保类合同。

类似于股权让与担保，只不过标的是股票收益权。

相关模板：21448 股票收益权转让与回购合同

三、上市公司大型交易合同

1. 上市公司合并类协议。

上市公司作为合并方或被合并方。如果作为合并方，上市公司需要增发股份；如果作为被合并方，则有以下几种情形。

（1）上市公司合并上市公司。

相关模板：21047 A股上市公司合并协议（上市公司吸收合并上市公司）

（2）上市公司合并非上市公司。

相关模板：19129 A股上市公司合并协议（上市公司吸收合并非上市公司）

（3）非上市公司合并上市公司并重新上市。

相关模板：19042 A股上市公司合并协议（非上市公司吸收合并上市公司）

理论上虽然也存在非上市公司合并上市公司，上市公司注销掉，但实务中很少见。

2. 上市公司增发股份购买资产类协议。

购买的资产，可能是股权，也可能是别的资产。支付的对价可能全部是增发的股份，也可能是股份加现金。

从合同的角度，这类合同其实与“一般公司的资产收购合同或简单的资产转

[1] 陈思远：《IPO 战略配售与定向增发限售期股票收益权转让的合规性研究》，载《南方金融》2019 年第 2 期。

让合同、股权收购合同或简单的股权转让合同”基本类似，只不过在“交易对价支付方式”板块，采取了支付股份的方式。

相关模板：上市公司增发股份购买资产（简单资产转让版）

相关模板：上市公司增发股份购买股权（简单股权转让版）

相关模板：上市公司增发股份购买股权（详细股权收购版）

相关模板：上市公司增发股份购买资产（详细资产收购版）

3. 上市公司作为合同主体但不以上市公司股份为标的的公司及并购类合同。

（1）交易结构模式与一般公司相通。

如果不涉及股份的转让、不增发股份、不合并上市公司，那么从交易结构上讲，就与一般公司的资产收购、股权收购的合同文本是相通的，只不过是上市公司作为合同主体之一。例如：

- 上市公司以现金为对价的交易：用现金收购其他公司的股权、资产，或者用现金对其他公司出资
- 上市公司以所持有资产为对价或标的：出售持有的资产，或者用资产置换其他公司的资产、股权，或者用资产对其他公司出资
- 上市公司以所持有其他公司股权为对价或标的：出售股权，或者用股权置换其他公司的资产、股权，或者用所持股权对其他公司出资

不难看出，上面这些做法其实就是本课程第一单元的“主交易结构（基础交易结构 + 复杂交易结构）”中的一部分交易结构类型，完全可以用第一单元的交易结构知识去认识、去设计。而其他交易结构类型其实也就对应着股份协议转让类合同、上市公司合并类合同、上市公司增发股份购买资产类合同等以上市公司股份为标的的合同。

当然，对作为公众公司、受到严格监管的上市公司进行全面的协议控制（如承包经营）是违法的，商业上也是不太合理的。但上市公司对其他公司进行协议控制是可能的、实务中存在的。

（2）不以上市公司股份为标的，同样可能构成上市公司重大资产重组，同样需要履行监管程序。

从《上市公司资产重大重组管理办法》（2023 年修订）第 2 条、第 12 条、第 13 条等法规可以看出，重大资产重组是指“上市公司及控股或者控制的公司在日常经营活动之外购买、出售资产或者通过其他方式进行资产交易达到规定的标准，导致上市公司的主营业务、资产、收入发生重大变化的资产交易行为”。重大资产

重组不一定是以上市公司股份为标的，也不一定是上市公司作为交易主体，只要是比较重大的资产交易行为，都有可能构成重大资产重组，从而需要履行《上市公司资产重大重组管理办法》（2023年修订）及相关交易所规则规定的审批、公告等系列程序，否则无法正常进行。

这一系列程序要求使得上市公司重大资产重组交易肯定需要律师的参与，合同只是律师服务中的一部分。重大资产重组交易的合同在生效条件等方面需要符合法规，但总体上并不比一般公司的资产收购、股权收购类合同更复杂。

4. 重大资产重组中的盈利预测补偿协议。

《上市公司重大资产重组管理办法》第35条规定：

采取收益现值法、假设开发法等基于未来收益预期的方法对拟购买资产进行评估或者估值并作为定价参考依据的，上市公司应当在重大资产重组实施完毕后三年内的年度报告中单独披露相关资产的实际盈利数与利润预测数的差异情况，并由会计师事务所对此出具专项审核意见；交易对方应当与上市公司就相关资产实际盈利数不足利润预测数的情况签订明确可行的补偿协议。

预计本次重大资产重组将摊薄上市公司当年每股收益的，上市公司应当提出填补每股收益的具体措施，并将相关议案提交董事会和股东大会进行表决。负责落实该等具体措施的相关责任主体应当公开承诺，保证切实履行其义务和责任。

上市公司向控股股东、实际控制人或者其控制的关联人之外的特定对象购买资产且未导致控制权发生变更的，不适用前两款规定，上市公司与交易对方可以根据市场化原则，自主协商是否采取业绩补偿和每股收益填补措施及相关具体安排。

这种业绩补偿（或者叫业绩对赌、盈利预测补偿、业绩承诺）与第三单元中所说的一般公司的“对赌（盈利补偿）”实质上是一致的。只是说这种业绩补偿是出于监管要求，在内容上也与一般公司的对赌协议有所不同。

相关模板：15899 发行股份及支付现金购买资产协议之盈利预测补偿协议

如果不是这种重大资产重组中的业绩补偿协议，而是上市公司参与的其他对赌安排（如上市公司对有限责任公司增资并约定对赌），那就参考使用一般公司的对赌协议即可。

5. 上市公司股权权能安排类协议。

（1）上市公司常使用一致行动、表决权委托、表决权放弃，而且常与直接收购上市公司股份的措施相结合（如“股票协议转让 + 表决权委托”），实现对上市公司更大的控制权。

表决权放弃对上市公司控制权有意义，而对有限责任公司基本无意义，因为上市公司作为股份公司，是以出席会议的股东所持表决权而非全部股东的表决权而定的，因此要求部分股东放弃出席表决就会影响表决结构。

相关模板：上市公司（股份公司）一致行动协议

相关模板：上市公司（股份公司）表决权委托协议

相关模板：上市公司（股份公司）表决权放弃协议

（2）上市公司作为受托方的股权托管。

这常出于两个目的：解决与控股股东及其关联方的同业竞争（出于上市公司的监管要求）；并购整合，包括作为并购整合的前期安排。

相关模板：17804 股权托管协议（解决同业竞争的托管）

（3）上市公司股份代持是违法、无效的。

法律效果是司法机关不会支持委托方要求将股份过户到自己名下，但是仍然会认可委托方作为实际出资方取得股票收益的权利。

在杨金国、林金坤股权转让纠纷案[1]中，最高人民法院认为：

双方协议因涉及上市公司隐名持股而无效，但这并不意味着否认协议双方委托投资关系的效力，更不意味着否认双方之间委托投资的事实；同样，也不意味着否认代持人依法持有上市公司股权的效力，更不意味着否认代持人与上市公司股东之间围绕公司上市及其运行所实施的一系列行为之效力。据此，因本案双方协议认定为无效，属于“不能返还或者没有必要返还的”情形，故被代持人要求将诉争股权过户至其名下的请求难以支持，但被代持人可依进一步查明事实所对应的股权数量请求公平分割相关委托投资利益。

6. 借壳交易类合同。

在原来的核准制下，借壳交易类合同也值得认真分析，是复杂、重要的交易结构。但注册制推行后，借壳交易的意义大为下降，从实务的角度已经不值得采取这种交易了。因此本课程也不再具体介绍借壳交易类合同。

[1] 最高人民法院（2017）最高法民申 2454 号。

5.2 合伙企业

因为合伙企业的重要性远不如有限责任公司，因此本节只重点介绍一下合伙企业的使用场景，也就相当于介绍了几种典型的合伙协议。

对于合伙协议的细节问题以及入伙、退伙、财产份额转让之类简单的协议的处理，请查阅相关知识点。

相关知识点：合伙企业相关合同的起草审查

一、实务中只在特定场景下使用合伙企业

1.《合伙企业法》规定的三种合伙企业类型。

普通合伙企业：所有合伙人对合伙企业债务均承担无限连带责任。

特殊的普通合伙企业：顾名思义，仍属于普通合伙企业，但又有特殊性。特殊性主要是：合伙人在执业活动中的故意或重大过失造成的合伙企业债务，其他合伙人仅承担有限责任。显然，这一点对合伙人有好处。

有限合伙企业：有限合伙人（Limited Partner，LP）不执行合伙事务，对合伙企业债务承担有限责任；普通合伙人（General Partner，GP）执行合伙事务，对合伙企业债务承担无限连带责任。

2. 普通合伙人的无限连带责任，决定了合伙企业只能是市场主体中的非主流，只能在特定场景下使用。

合伙人的无限连带责任是合伙企业法律上的最主要特点，没有这个特点就不是合伙企业了。

特殊的普通合伙虽然是有限责任，但有适用条件，不是什么行业都可以适用，而且不同于有限公司的有限责任。

有限合伙企业的有限合伙人虽然只承担有限责任，但又不能执行合伙事务，不能像有限公司的股东一样参与公司治理，无法满足多数情况下出资方的要求，而且必然还要有普通合伙人承担连带责任。

合伙企业出资方式很灵活。因为既然合伙人承担无限连带责任，法律上也就

没有必要过多关注合伙企业的资本是否充实了。——但这个优点远比不上无限连责任的风险，再说有限责任公司也可以采取变通出资的做法。

实务中经常说到的大公司的“合伙制、合伙人”，一般并不是法律意义上的合伙企业、合伙人，而是以有限公司为经营主体的前提下对于表决权、控制权的一种特殊安排，有时仅是一种“荣誉称号”。

多年前，设立公司有最低注册资本金等门槛限制，因此人们可能不得不设立合伙企业，而现在就没有这个障碍了。

公司法理论上经常谈到公司“有限责任”的重大意义，原哥伦比亚大学校长尼古拉斯·巴特勒那句名言：“现代社会最伟大的发明就是有限责任公司！即使蒸汽机和电气的发明也略逊一筹”，背后无非就是“有限责任”的确立。那么，公司的“有限责任”有多大意义，合伙企业的无限连带责任就有多大的风险。

3. 有限合伙企业：最常见的“SPV”形式。

“特殊目的载体”（Special Purpose Vehicle，SPV）不是对外经营的实体，只是一个把人（主体）、资金装起来的壳。有限合伙企业的下列特点决定了它是最常见的“SPV”形式：

（1）节税。

合伙企业是“税收透明体”。在“A 有限公司→股东 B 合伙企业→合伙人 C 合伙企业→合伙人 D 个人”的分红过程中，中间两层或更多层合伙企业都没有企业所得税。

如果作为短期的、要考虑退出的持股平台，合伙企业优于有限公司。

（2）普通合伙人取得控制权，有限合伙人取得收益权，各取所需。

普通合伙人哪怕只有 0.01% 的合伙份额，也可以完全控制有限合伙企业，进而间接控制目标公司。这是一个实际控制人的角色。

有限合伙人不执行合伙企业事务，只负责出资、取得收益，有限合伙人的财产份额的加入、转让、退出也比较自由。这是一个投资方的角色。

这两类角色正是公司投融资与公司治理中最主要的两类主体。

（3）有限合伙人的有限责任。

这样才能把众多主体装进“壳”里。如果要承担无限连带责任，就很难有主体放心加入了。

对于普通合伙人，也还可以再专门设立有限责任公司来担任，避免实际控制人个人直接承担无限连带责任。

反过来讲，由于普通合伙人有无限连带责任，有限合伙人又很难参与企业治理，因此有限合伙企业还是不太适合像有限公司一样作为一般情况下对外经营的主体。

当然，在具体的场景下，有限公司、信托计划等也可能作为 SPV，只是说有限合伙企业作为 SPV 最为常见。

4. 律师在接到合伙协议的起草审查任务时，如果发现并非合伙企业的典型使用场景（后面对此有介绍），就应该进一步与当事人沟通了解其目的，必要时建议调整主体形式，进而调整合同类型，而不是直接开始起草审查合伙协议。这也是相关合同的“宏观—交易结构”层面的一个重要工作。

二、第一类场景：特定行业作为经营主体的普通合伙、特殊普通合伙（及合伙协议）

实务中主要是律师事务所、会计师事务所采用普通合伙、特殊普通合伙的形式。《合伙企业法》第 55 条规定，特殊的普通合伙主要适用于“以专业知识和专门技能为客户提供有偿服务的专业服务机构”。

特殊的普通合伙显然更有利一些。只不过具体管理规范中，可能对设立特殊的普通合伙有更高的门槛要求，像《北京市律师事务所管理办法实施细则》规定可以设立特殊的普通合伙律所需要具备 1000 万元以上的资产、20 名以上的合伙人。

这些情形下的合伙协议在文本上并不复杂，对于合伙企业的治理结构，还可以通过章程来约定。

1. 律师事务所。

律师事务所的组织形式有个人所、合伙所，合伙所是主流。律师行业中提到的公司制，只是说管理上“公司化”，法律上的组织形式仍然是合伙所。

律师事务所严格来说不属于合伙企业，是在司法局而非市场监管部门登记。法律上没有明确说律师事务所适用《合伙企业法》的规定。但在判例中与律师事务所相关的纠纷中，适用《合伙企业法》判决的案例很多，因此合伙制律师事务所适用《合伙企业法》应无争议。

根据法律规定，只有执业律师才能成为律师事务所合伙人，其他人不能成为律师事务所合伙人。为推进专业中介服务业的转型，放松市场管制，一些地方利用地方立法权对此作出突破性的尝试。如海南省人民代表大会常务委员会 2019 年 9 月 27 日通过《海南经济特区律师条例》，其中第 18 条第 2 款规定：注册会计师、注册税务师、注册造价工程师、专利代理人等其他专业人员可以成为特殊的普通合伙律师事务所的合伙人，但其出资份额和人数比例不得超过 25%，不得担任律师事务所负责人。

相关模板：19678 律师事务所（普通合伙）成套文本

相关模板：20243 律师事务所（特殊普通合伙）成套文本

2. 会计师事务所。

财政部、国家市场监督管理总局于 2018 年 4 月 3 日联合发文《关于推动有限责任会计师事务所转制为合伙制会计师事务所的暂行规定》（财会〔2018〕5 号），推动会计师事务所向合伙制转变。目前，会计师事务所有继续采用公司形式的，采取合伙制包括特殊的普通合伙形式的也已经很多了。

相关模板：19982 设立会计师事务所（普通合伙）成套文本

相关模板：15038 会计师事务所（特殊普通合伙）合伙协议（中国注册会计师协会 2011 版）

三、第二类场景：作为 SPV 的有限合伙（及合伙协议）

在第二单元中，已经对“经营主体与特殊目的载体（‘SPV’）”有所介绍。这里再对作为 SPV 的有限合伙的使用场景和对应合伙协议进行适当归类。

总的来说，我们可以这样去认识：以合伙型私募股权投资基金为典型，其他集资型场景参照使用，股权激励持股平台很简单。

1. 合伙型私募股权投资基金。

私募投资基金的组织形式有公司型、契约型、有限合伙企业型，后者为主。

总的来说，基金要实现的目的是：在实控人的管理下，向多个投资人募集资金，并对外投资，最终取得收益、退出投资。可见基金不是一般的经营主体，是一个临时存在的、用于募资和投资的 SPV。

在这个场景下，要设立的有限合伙 SPV 其实不止一个：

（1）合伙型基金，对应合伙型基金合同。

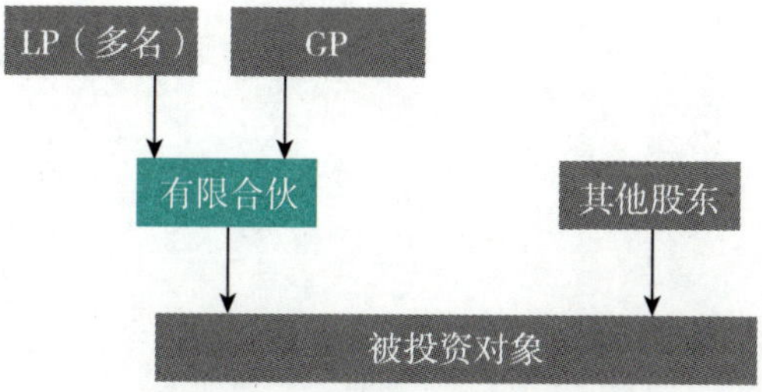

图 5.2-1　作为 SPV 的有限合伙

图 5.2–1 中的被投资对象，可能就是经营主体、目标公司，作为其股东，也可能是向其他基金、SPV 投资。

这种情况下的合伙协议，也就是合伙型基金合同，因为监管要求、律师参与、涉及金额较大，协议较详细、复杂。

相关模板：16973 私募投资基金合同指引 3 号（合伙协议必备条款指引）（中国基金业协会 2016 版）

相关模板：20274 基金合伙企业（有限合伙）合伙协议

（2）作为合伙型基金 GP 的有限合伙企业，同时这个有限合伙企业的 GP 是一家实控人控制的有限责任公司。

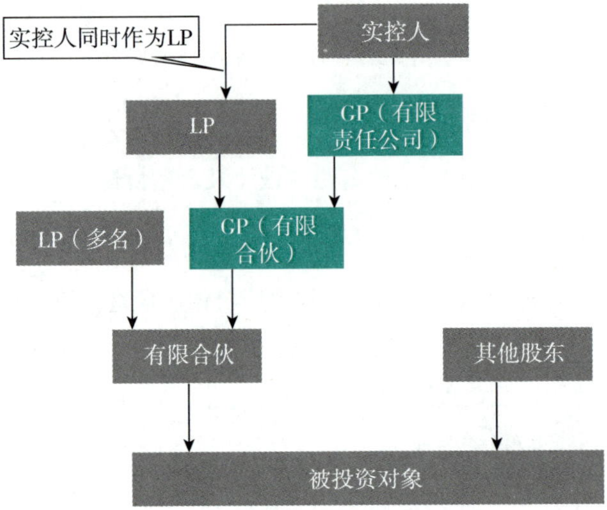

图 5.2-2　作为 SPV 的有限合伙

图 5.2–2 这种“有限合伙 + 有限责任公司”的搭配是常见组合。这样，实控人通过有限责任公司作为 GP 控制有限合伙企业，避免了个人直接作为 GP 承担风险，同时实控人个人又能作为 LP 参与分红。

此时有限合伙协议只是一个简单的合伙协议，有限责任公司的出资设立等协议也是正常的出资协议。

（3）根据需要增加作为 GP 的、中间层的有限合伙。

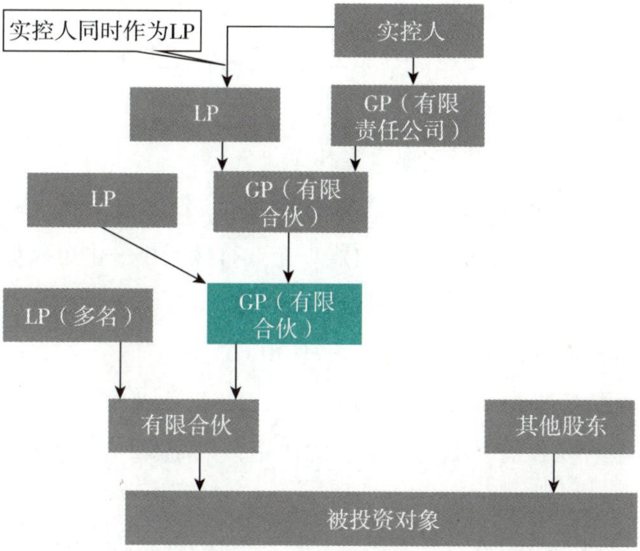

图 5.2-3　中间层的有限合伙

这个有限合伙不是合伙型基金，不对外募资，只需要一个比较简单的有限合伙协议即可，常用来解决特定主体单独对某个基金出资、份额分配的问题。

（4）专门用于持有目标股权、资产，不对外融资的有限合伙。

例如基金、信托等对外投资时，对不同的投资项目，就可能分别对应设立一个有限合伙来持有目标股权、资产，便于日后单独对这个有限合伙进行处置、退出。

这个有限合伙对应的合伙协议也很简单。

2. 其他集资型场景。

私募投资基金虽然只能以“非公开方式募集资金”，但也是“募资”，因此法律上需要监管，以保护投资人利益，避免金融风险。

如果并不存在“募资”，就是彼此认识的个人、企业共同出资，设立一家有限合伙企业对目标公司投资、持股，这并不适用《私募投资基金监督管理条例》，相当于是一种民间集资行为，没有专门的监督、备案，也不违法[1]，自然也不能享受私募投资基金的优惠政策。

这里“彼此认识的个人、企业”，包括企业内部员工对企业自己的项目跟投，例如房地产行业的跟投。可以参考第六单元中“房地产开发企业的跟投机制与合

[1]《IPO 案例：合伙企业股东不是私募基金，是否存在以非公开方式向投资者募集资金的情况，是否合规？》，载微信公众号“IPO 上市号”，2023 年 4 月 20 日发布。

同简介”。

不难理解，这种集资的目的与“合伙型私募股权投资基金”其实是相通的，但因为都是“自己人”，金额也没有那么大，是向特定的项目、公司投资，所以可以简化处理。这包括：

（1）没有必要那么多层级、那么多 SPV。

一般来说，只需要一个有限合伙用于集资和投资，再设立一家有限责任公司作为 GP 来管理有限合伙即可。有的时候，企业直接安排一个可靠员工以自然人的身份作为 GP 即可。

（2）有限合伙协议可以简单很多，一切由 GP 说了算。

3. 股权激励持股平台。

此时的有限合伙没有什么“融资”的作用，只需要一个简单的合伙协议来设立持股平台。

一般是由公司安排的可靠员工作为 GP，全权处理激励对象（也就是有限合伙人）的进入、退出事宜，另外再安排一个可靠员工作为 LP 代持用于股权激励的所有财产份额。如有激励对象加入，则由 LP 转让一部分财产份额给激励对象即可。

相关模板：19117 有限责任公司股权激励全套文本（期权 + 有限合伙持股平台）

5.3 农民专业合作社

《农民专业合作社法》于2006年公布，2017年有修订。顾名思义，农民专业合作社主要是面向农民、农村的。这类主体这些年的发展似乎不能算好，很多是为了享受优惠政策而设立的，只能算是不太重要的、仅在特定场景下采用的组织形式。

一、农民专业合作社在法律上的特点

农民专业合作社（以下简称合作社）是依据《农民专业合作社法》成立的主体。在法律上的特点主要有：

1. 是法人单位——《农民专业合作社法》第5条。

2. 成员以其账户内记载的出资额和公积金份额为限对合作社承担有限责任——《农民专业合作社法》第6条。

3. 合作社到市场监督管理部门登记——《市场主体登记管理条例》第3条。

4. 合作社成员有一定限制——《农民专业合作社法》第20条。

农民专业合作社的成员中，农民至少应当占成员总数的80%。成员总数20人以下的，可以有一个企业、事业单位或者社会组织成员；成员总数超过20人的，企业、事业单位和社会组织成员不得超过成员总数的5%。

5. 治理结构有一定特殊性——《农民专业合作社法》第3章、第4章。

强调一人一票制。出资额或者与本社交易量（额）较大的成员按照章程规定，可以享有附加表决权。附加表决权不得超过本社成员基本表决权总票数的20%。这不同于公司正常是按股权比例分配表决权。总体来说，合作社的人合性强一些。

6. 盈余分配有一定的特殊性。

根据《农民专业合作社法》第44条规定，可分配盈余主要按照成员与本社的交易量（额）比例返还。可分配盈余按成员与本社的交易量（额）比例返还的返还总额不得低于可分配盈余的60%；返还后的剩余部分，以成员账户中记载的出资额和公积金份额，以及本社接受国家财政直接补助和他人捐赠形成的财产平均量化到成员的份额，按比例分配给本社成员。

可见合作社不同于公司的“特殊分红约定或按股权比例”，不能随意约定分配比例，要符合上述法律规定。

二、农民专业合作社主要合同特点

1. 合作社设立协议。

合作社设立登记时必须有章程，但并非必须有设立协议。这和有限公司设立要有章程但并非必须有出资协议是一样的。实务中合作社如果没有不能写在章程中的特殊安排，往往不会另外签署设立协议。

如果要签署设立协议，除了约定成员的出资、治理结构等安排以外（这些在章程、设立登记材料中会有），可以考虑就设立筹备阶段所产生的费用、设立失败时的处理等作出安排。

相关模板：17182 农民专业合作社设立协议

2. 入社协议需要考虑符合章程规定的程序。

类似合伙企业的入伙，合作社存在入社的安排。此时可由合作社与拟入社成员签订协议，同时要注意履行合作社章程规定的程序。如未履行该程序，则无法有效取得合作社成员资格。

3. 合作社成员出资转让协议。

成员之间转让，需要符合合作社章程的规定，如果章程没有规定，则要经合作社成员大会通过。

对外转让，则相当于“入社 + 转让”。如果没有特别规定，则要经合作社成员大会通过。

4. 配套安排。

（1）理论上也可以采取与有限责任公司的股权限制安排、股权期权安排、收益分享转让安排等类似的安排。

但要注意：涉及合作社的重大利益安排时，应该符合合作社章程的规定，或者经过成员大会（至少是理事会）的决议通过。否则这类协议有可能会被认定为无效。

（2）实务中也同样存在将合作社交由他人承包经营的做法，这种做法同样有“违法出租、转让营业执照”的违法风险。

《市场登记管理条例》第 37 条规定，任何单位和个人不得伪造、涂改、出租、出借、转让营业执照。[1]

[1] 可参见汪先勇诉安徽肥西三岗特铯花木果菜农家乐专业合作社、卫世泉服务合同纠纷案，安徽省肥西县人民法院民事判决书，(2017) 皖 0123 民初 2530 号。

5.4 个人独资企业、个体工商户

个体工商户与个人独资企业类似，因此一并说明。

一、个人独资企业

个人独资企业是依据《个人独资企业法》设立的企业，是由一个自然人投资，投资人以其个人财产对企业债务承担无限责任，因此属于非法人企业。

1. 个人独资企业因为只有一个投资人，不存在设立与增资（入伙）类协议。当然，个人独资企业仍然可以与其他公司、企业、个人建立合伙合同关系，或成立合伙企业、设立有限公司。

实务中以个人独资企业名义经营，但实际上投资人与其他个人、主体有合作关系，各方之间形成一个民事合伙关系（或者事实上的合伙关系）的情形还是比较常见的。这种情况下，各方可能对外承担连带责任，各方之间签订的合作合同要考虑这一点风险。

相关模板：19744 一般通用项目合作合同（实为民事合伙）

2. 个人独资企业转让协议。

个人独资企业如果转让资产，这与一般资产转让合同没有什么不同。资产转让合同跟持有资产的主体关系不大。

个人独资企业还可以整体转让给其他投资人，也就是个人投资人对其持有的个人独资企业的全部财产的整体转让，类似于有限责任公司的 100% 股权转让。此时，个人独资企业的投资人变更为受让人，对企业债务承担无限责任。此时应由个人独资企业的投资人作为出让方，可同时加盖个人独资企业公章，另外还应考虑投资人的配偶书面表示同意。

此时存在一个争议：个人独资企业转让后，企业原有债务是由谁来承担无限责任？新投资人、原投资人或是双方共同承担连带责任？对此有几种观点。[1]这无疑对受让方来说是个很大风险。而且，不管法律上如何，原债权人往往还是会继续找存续的个人独资企业麻烦，不会轻易罢休。

因此，当事人想要进行个人独资企业转让（变更投资人）的交易时，律师首先要评估这个债务风险，优先考虑“资产转让、重新申办执照”的方式。如果确有必要采取个人独资企业转让的形式，转让协议中应该由转让方（原投资人）声明企业原有债务情况，如出现未披露的转让前债务，应由转让方承担责任；但该约定并不能对抗企业的债权人。

相关模板：17186 企业及资产转让合同（个人独资企业、个体户通用）

3. 个人独资企业也不存在分立、合并的操作。

4. 配套安排。

根据《民法典》第 440 条关于权利质权范围的规定，投资人以其对个人独资企业的权利出质以法律、行政法规规定可以出质为前提；但目前并无此类规定。因此目前投资人对个人独资企业的权利不能质押，实务中市场监管部门也不接受这类权利质押的登记申请。

其他方面的配套安排理论上也可以采取，但实际使用较少。

5. 个人独资企业作为主体签署的较重要协议，从相对方的角度，可要求在个人独资企业盖章之外同时由投资人签名，以避免投资人否认其授权签署。

二、个体工商户

2022 年 11 月 1 日施行的《促进个体工商户发展条例》第 13 条规定：

个体工商户可以自愿变更经营者或者转型为企业。变更经营者的，可以直接向市场主体登记机关申请办理变更登记。涉及有关行政许可的，行政许可部门应当简化手续，依法为个体工商户提供便利。

个体工商户变更经营者或者转型为企业的，应当结清依法应缴纳的税款等，对原有债权债务作出妥善处理，不得损害他人的合法权益。

所以理论上个体工商户也可以像个人独资企业一样进行转让，同时变更经营者。这会不会导致新的经营者对个体工商户原有的债务承担责任？从法理上似不应该，但参考个人独资企业转让的类似风险，特别是考虑到实务中债权人肯定会

[1] 孙云文：《个人独资企业经营转让前的债务承担》，载微信公众号“民法之窗”，2015 年 11 月 18 日发布；案例可参见最高人民法院（2015）民申字第 243 号、广东省中山市中级人民法院（2020）粤 20 民终 3252 号等。

继续找这家商户（虽然经营者变了），这样做似乎也没有必要，改为“资产转让+重新申办执照”为宜。

相关模板：17186企业及资产转让合同（个人独资企业、个体户通用）

5.5 非营利机构（民办非企业单位、社会团体）

民办非企业单位成立运营的主要法规是《民办非企业单位登记管理暂行条例》《民办非企业单位登记暂行办法》，有民办非企业单位（法人）、民办非企业单位（合伙）和民办非企业单位（个体）三种形式。社会团体法人的成立运营则主要依据《社会团体登记管理条例》[1]。下面我们将这两类统称为“非营利机构”，一并说明。

一、非营利机构最需要关注的两个特点

对于与非营利机构相关的合同起草审查来说，最需要关注下面两点。

第 1 点：“禁止分配原则”。

“非营利性”自然也就引申出“禁止分配”。

非营利机构只能从事非营利性活动，非营利机构的负责人、举办者（会员）、出资人是不能够分红的。民办非企业单位清算时，剩余财产也不能由负责人、举办者（会员）、出资人自行分配。如果违法从非营利机构分红、获利，是可能构成职务侵占罪的。[2]

当然在实务中，仍然可能通过工资福利、报销、向其他公司支付费用等合法方式获得一定利益，非营利机构在事实上可能对当事人具有相当大的经济价值。

第 2 点：出资人对单位财产及其“出资”不具有财产权益。

《最高人民法院公报》2016 年第 9 期，刊载了案号为（2015）沪二中民四（商）终字第 1161 号的李某诉上海虹口区艺术合子美术进修学校合同纠纷一案，其中最高人民法院的裁判要旨如下：“对于经教育部门许可并通过民政部门登记设立的民办学校，当事人以其系该民办学校实际出资人为由诉请确认其出资份额的，因该

[1] 注意此处的“社会团体法人”，仅指根据《社会团体登记管理条例》成立的具备法人条件的社会团体。

[2]《民办非企业单位登记管理暂行条例》第 2 条、第 21 条、第 25 条，《民办非企业单位登记暂行办法》第 6 条，《社会团体登记管理条例》第 2 条、第 26 条、第 30 条，《民政部办公厅关于社会团体兴办经济实体有关问题的复函》。

类民办学校系公益性组织，对该类学校的出资在本质上属于向社会的捐赠，民办学校对于已投入的资产享有独立法人财产权，且投入的财产终极归属于社会而非出资人，故出资人对学校财产不具有财产权益，其要求确认出资份额的诉请没有法律上的财产权依据。对于没有法律上的权利基础的事实确认，不能作为独立的诉讼请求。”也就是说，民办非企业单位的出资人并不享有类似股权这样的财产权利，因此也不存在类似股权增资、股权转让这样的交易模式。这一点值得特别注意，实务中相当多的民办非企业单位的出资人对此存在模糊认识。[1]

二、非营利机构合同类型

下面简要说明一下非营利机构可能使用到的合同类型。

1. 设立阶段，一般需要章程，“出资协议、设立协议”则并非必须。

民办非企业单位（合伙）设立所需的章程也可以是合伙协议。

实务中不排除参与设立非营利机构的各方会对筹备事宜、民办非企业单位的治理结构、经营等作出安排。但需要考虑这些安排是否符合法律规定，尤其是关于利益的分配因为受到法律限制，不一定能实现。

2. 非营利机构理论上也存在合并、分立类操作，但比较少见。

如果涉及此类协议，一方面必须考虑“宏观—合同程序”方面的主管单位批准以及相应设立、注销等手续，另一方面应该在“微观—合同条款”方面明确约定相关资产的分配、归属。

3. 非营利机构不存在“股权转让”之类操作，但民办非企业单位有类似于整体转让的“举办者变更”的操作，社会团体法人有类似“会员入会/退会”的操作。

（1）“举办者变更”的一般操作。

非营利机构不存在股权，非营利机构“出资人”的“股权”转让本身就是伪命题。实务中，大多数出资人就是举办者（会员），即使存在举办者（会员）不是出资人的情形，也并不影响举办者（会员）在非营利机构中“实际控制人”的地位。《民办非企业单位登记管理暂行条例》第18条规定，“民办非企业单位成立、注销以及变更名称、住所、法定代表人或者负责人，由登记管理机关予以公告”。《民办教育促进法》第54条规定，“民办学校举办者的变更，须由举办者提出，在进行财务清算后，经学校理事会或者董事会同意，报审批机关核准”。通过以上规

[1] 参见邓国胜：《中国民办非企业单位的特质与价值分析》，载《中国软科学》2009年6月。

定可以看出，民办非企业单位的负责人、举办者是可以进行变更的。《社会团体登记管理条例》第 18 条也有类似规定。[1]

这种“举办者变更”“会员入会 / 退会”，一般兼具非营利机构的负责人、法定代表人身份变更，也就相当于非营利机构的整体控制权发生了转移，因此也可能签署类似于整体转让的“举办者变更”“会员入会 / 退会”的协议，其起草审查与股权转让协议、资产收购协议这样的协议有些类似。

签署这种协议时，受让方需要明确约定相关“职务变更、变更登记”义务，即确保出让方配合，让受让方指定人员能够变更登记为非营利机构的负责人（法定代表人），合法担任相应职务，以取得对非营利机构的控制权。一般可将此类义务作为付款先决条件，或将未履行此类义务作为合同解除条件。另外，律师需要提示受让方签署这种协议存在无效的可能，特别是在民办学校行业中，如举办者变更涉及转让出资，协议可能被认定无效[2]，如涉及的是转让办学经营权，协议可能有效。[3]

相关模板：17190 民办学校（民办非企业单位）转让协议

相关模板：19607 社会团体负责人变更合同

（2）“举办者变更”的间接收购。

就像公司股权收购中存在通过收购母公司股权的“间接股权收购”一样，举办者如果是公司的话，同样可以通过收购公司（就是举办者）的股权来达到“间接变更举办者”的目的。这种情况下，虽然是公司的股权收购，合同中还是需要落实非营利机构的相关人员变动、手续交割等事宜，因为股权收购的目的是接手非营利机构的管理。

这样做规避了“举办者变更”的有关审批手续，但前提是收购公司股权可行（这要求这家公司没有别的资产）。

4. 配套安排。

股权限制或类似的安排一般没有，也无法将对非营利机构的“出资、权益”进行质押。

实务中可能存在类似于“收益分享转移安排”，需要注意的是，因为法律上

[1] 张洪进:《民办非企业单位举办者变更法律问题探析——以非营利性民办幼儿园为视角》，载微信公众号“北京德和衡青岛律师事务所”，2020 年 6 月 5 日发布。

[2] 参见孙振华与浙江英伦教育科技有限公司确认合同无效纠纷一审民事判决书，（2020）浙 0122 民初 2621 号。

[3] 参见李成玉、李健、贾燕合同纠纷二审民事判决书，（2020）川 07 民终 616 号。

对非营利机构的非营利性要求，如果这种“收益分享转移安排”就是变相的分红、私分非营利机构资产，而非与非营利机构发生的正常交易（如采购、服务），则涉嫌违法甚至犯罪，风险很大，应建议当事人停止此类做法。

06
第六单元
特定场景的“公司及并购类合同”

本单元要讲的特定场景包括：

- 股权激励（含分红激励）
- 国有资产交易
- 外商投资
- 民办教育行业（民办学校）
- 医疗行业（医院）
- 矿产行业
- 破产重整

房地产行业针对房地产项目公司和土地使用权、在建工程的“公司及并购类合同”也很有行业特点，这会在《合同起草审查指南：房地产开发卷》中说明（主要是其中的第三单元“土地二级市场及一级市场联合拿地类合同”），本课程中不再说明。

注意本课程只讨论这些场景下“公司及并购类合同”的起草审查要点，并没有讨论其他法律问题。另外，其他一些行业、特定资产的交易场景下，也多少会有一些特殊性，往往是来自特定行业、特定资产的法规要求。

正如第五单元所说，如果是“特定主体”在“特定场景”下的交易合同，那就要同时参考第五单元“特定主体”和本单元“特定场景”的知识。

无论是什么场景、什么主体、什么资产的公司及并购类交易，律师在处理合同时，都可以适用《三观四步法》，特别是可以从“宏观—交易结构”的四个方面“合同类型 + 合同主体 + 合同标的 + 合同程序”，结合特定法规的要求去分析、处理。

6.1 股权激励（含分红激励）

本节主要从合同文本的角度对股权激励、分红激励各种模式与对应合同文本进行介绍。

6.1.1 股权激励、分红激励、动态股权等概述

一、股权激励相关定义

实务中股权激励的模式有很多种，含义可宽可窄。为了避免混乱，有必要先进行一下定义。而要定义，就必须要进行适当分类。本课程从能否取得股权、激励对象两个维度，对股权激励进行初步划分如下：

6.1-1　股权激励分类

	能取得股权	不能取得股权
员工	员工股权激励（简称股权激励）	员工分红激励（简称分红激励）
非员工	非员工的股权激励	非员工的分红激励

（表 6.1–1 中“能取得股权”，包括通过持股平台、代持等间接取得股权，后文会有进一步说明）

这些分类维度当然不是唯一的、必然的，在本节后面还会有进一步的分类说明。这里的分类和定义，主要是为了把各种各样的股权激励措施，分门别类来进行介绍。

1. 股权激励：分狭义的股权激励、广义的股权激励两个含义。

（1）狭义的股权激励。

就是表 6.1–1 中的“员工股权激励”，本课程中的“股权激励”一般是指这一类激励。

狭义的股权激励措施，在正常履行的情况下，激励对象最终能取得工商登记的股权或是持股平台（如合伙企业）的股权或财产份额，也包括以代持的方式取

得股权。

实务中有的股权激励协议约定的是代持，也就是说一方面约定的是“股权”而不是分红权，另一方面约定激励对象不能要求将“股权”工商登记到自己的名下（显名）。这其实有点矛盾。这种情况下激励对象仍有可能要求显名，法律上也未必不能获得支持，而且从协议的角度，这类协议总体上与其他股权取得类激励的协议是类似的，因此也仍然归类于股权激励。

（2）广义的股权激励。

包含上面员工股权激励、员工分红激励、非员工的股权激励、非员工的分红激励四类，也就是说，既可能面向员工，也可能面向非员工，激励对象最终既可能取得股权，也可能根本不能取得股权。但是，既然叫作“股权激励”，肯定会给予激励对象包括分红权利在内的激励，否则也就谈不上股权激励了。

2. 分红激励：狭义的分红激励就是面向员工的分红激励，本课程中的“分红激励”一般是指这一类激励。

广义的分红激励还包括面向非员工的分红激励。

分红激励下，激励对象最终并不能取得工商登记的股权或是合伙企业财产份额，只能取得某种类似分红权的权益，这包括虚拟股权、分红权、股权增值权等。

为了行文方便，本节中进一步将“分红权”定义为：分红激励中，激励对象所取得的要求目标公司分红的权益，但不能要求取得工商登记的股权或是合伙企业财产份额，这个分红权可能被叫作“虚拟股权、股权增值权”等。

二、实务中对股权激励的需要

关于股权激励的做法、相关讨论很多，股权激励的原理也不难理解：给激励对象股权或类似分红权益，让他成为公司的主人，当然能够更好地激励他去为公司工作，提升公司的效益。

与公司效益相关的不止员工，公司创始人、合伙企业的合伙人、经销商、合作方等，这些主体无论是公司还是个人，都与公司效益有关，都需要考虑给予激励，因此都有可能采取类似股权激励的措施。

三、法律上对股权激励的允许

对于狭义的股权激励：法律上允许出资、增资、股权转让等交易，使得激励对象取得股权，也允许各方进一步约定“什么条件下激励对象可以取得股权？什么条件下激励对象的股权会被回购？”这没有什么特殊之处，只需要符合公司法对股权取得、股权转让的要求即可。

对于分红激励：公司同意向不是股东的激励对象分配一定的公司利润，或者股东向其他主体转让、让渡分红权益，基本都没有什么法定限制，属于意思自治的范围。公司向股东的分红受到严格限制，但公司向非股东进行分红约定反而没有这些限制。公司与非股东的分红约定本质上不是公司法上的股东分红。

因此，股权激励、分红激励，在法律上都没有什么障碍，也没有什么特别疑难之处。对于股权激励来说，法律上的规范并非重点，相较于一般股权交易并没有太多特殊之处，是否需要激励、哪种激励模式、给予多少激励股权能达到更好的激励效果，才是实务中需要考虑的重点。

四、本节讲述方式

本节重点是在“宏观—交易结构”层面介绍股权激励的各种模式和对应文本，不再进行全面的“三观分析”。如前所述，股权激励本身并没有太多法律上的特殊之处（上市公司、国有企业有一些特殊规范），只是模式与文本的选择、适用问题。

本节主要介绍狭义的股权激励和狭义的分红激励，对非员工的股权激励、非员工的分红激励仅简单介绍。除非另有说明，后文中说的股权激励、分红激励，都是指的“狭义的股权激励”和“狭义的分红激励”。

本节将先讲述本课程所说的“一般公司”的狭义股权激励、狭义分红激励，再讲述其他场景、其他主体的股权激励。

本节没有讨论股权激励措施的商业、管理方面的问题。很多公司采用股权激励措施，但应该采取什么具体模式、应该授予多少比例的股权、是否能够发挥预期作用，这些商业、管理上的问题均不在本节讨论之内。本节主要是对股权激励各种模式及其对应合同文本进行简要介绍。

五、关于“动态股权”

动态股权这个说法不像股权激励那么常见，含义也不太清晰。实务中多数是指股东之间约定的、有条件的股权调整机制，也可能是指合伙企业合伙人之间的类似约定，也就是上面所说的“非员工的股权激励”。

动态股权所对应的模式、文本都可以被本节所讲述的“广义的股权激励”所覆盖。因此本节中不再使用“动态股权”这个概念，用户可根据所需要使用的对象、模式，自行匹配本节中所讲到的广义的股权激励的相应模式。

六、附录：几个相关定义

除了前面股权激励、分红激励、分红的定义以外，本节还会使用以下定义：

表 6.1-2　股权激励涉及的部分定义

名称	含义
目标公司	实施股权激励方案的主体（根据讨论的场景，可能是有限责任公司，也可能是其他主体）； 注意持股平台不是目标公司
激励对象	股权激励方案的对象，目标公司向其提供分红激励或股权激励
持股平台	持股平台直接持有目标公司股权，激励对象则取得持股平台的股权或合伙企业财产份额； 持股平台的形式可能是有限公司或合伙企业，考虑实务中持股平台多为有限合伙企业，本节中讨论持股平台时默认其为有限合伙企业
激励股权	授予激励对象的股权，对具体协议来说，是指授予某一个具体激励对象的激励股权； 激励股权包括以有限合伙企业作为持股平台的方式下向激励对象授予的合伙企业财产份额（间接对应目标公司的股权）； 激励股权不同于分红权，是狭义股权激励模式下授予激励对象的权利，而分红权是分红激励模式下授予激励对象的权利
原始股东	实施股权激励方案时目标公司的所有股东，包括持股平台
创始人股东	目标公司的创始人兼股东，一般就是目标公司的实际控制人
期权池	比喻式的说法，即采取期权模式时，目标公司所设置的全部激励股权所组成的一个“池子” （期权的含义见后文说明）
行权	激励对象按约定条件正式取得激励股权； 在行权之前，激励对象所取得的只是期权，行权之后即正式取得股权

6.1.2　一般公司狭义股权激励模式与相关合同简介

一、有限责任公司狭义股权激励的模式分类

根据前面的说明，狭义股权激励是指：面向员工；激励对象最终能取得工商登记的股权或是持股平台（如合伙企业）的股权或财产份额。

股权激励模式划分有多个角度。

1. 股权取得时点——激励对象何时取得股权？

○ 期权：要过一段时间（一般至少一年）才能取得激励股权。

○ 分红权转股权：先授予分红权，利用分红权所得分红来购买真正的股权（可以说是分红激励与股权激励的结合。因为最终仍取得了股权，因此还是归类于股权激励）。公司效益越好，分红越多，员工最终能取得的股权就越多。

○ 直接授予：签约后就立即取得激励股权。

2. 股权限制——取得的股权有无转让、回购等限制？因为限制可能宽松、可能严格，因此这个维度不好非此即彼划分，只能说限制较严格就算是限制性股权。

○ 限制性股权：激励对象取得股权后，仍在转让、处分方面存在限制（包括在一定期限内存在限制），部分情形下，目标公司有权收回（回购）股权。

○ 无特殊限制：激励对象取得股权后，在转让、处分方面比较自由。相当于激励对象取得激励股权后，就如同正常的股东一样享有权利。

3. 持股主体：激励对象直接持股还是通过其他主体间接持股？

○ 直接持股：激励对象自己直接成为目标公司股东，直接持股。

○ 持股平台代持：激励对象通过持股平台间接持有目标公司股权。严格来说，激励对象并不能成为目标公司的股东。持股平台可以是有限合伙，也可以是有限责任公司等其他形式。但因为有限合伙具有明确优势，因此本课程中默认持股平台就是有限合伙企业的组织形式。

○ 其他股东代持：激励对象所取得的激励股权由其他股东代持。其他股东可能是公司，也可能是个人。

4. 对价：取得激励股权需要给多少钱？

○ 无偿：即 0 元或 1 元这样的象征性对价，不需要激励对象真的掏钱。

○ 实质性对价：需要激励对象真金白银的掏钱，因此激励对象有可能放弃行权。

5. 激励对象：制度化的还是个别化的股权激励？

注意这里的激励对象，都是员工。

○ 制度化员工股权激励：目标公司制订股权激励计划，面向一批员工实行股权激励。不是一次性的、个别的股权激励。从文本的角度，必然需要一个“股权激励计划”。

○ 个别员工股权激励：目标公司一次性的、针对本次签订的个别员工进行股权激励。此时不需要“股权激励计划”，只需要直接签订的股权激励合同。

另外：

（1）还可以增加一个“股权取得方式角度”，常见的是股权转让方式。

理论上也还可能采取：出资设立方式（激励对象在公司设立时就持股）；增资方式（激励对象向公司增资）。这些方式一般是针对个别员工（个别员工股权激励）。

（2）还可以增加一个“是否虚拟股份角度”。有限责任公司并没有股份之说，只有股权比例、出资金额。对于制度化员工股权激励，常常会虚拟一个股份数量，虚拟股份与股权比例有一个转换关系。其实，这只是一个“微观—合同条款”层面的不同。

可以看出，实务中存在的限制性股权、期权、持股平台、虚拟股份这些说法其实是从不同角度出发的叫法，并非不相干的多种分类。实际上，实务中典型的有限责任公司股权激励协议，是同时结合了期权、限制性股权、持股平台这几类安排的，没有必要强行分为几类模式理解。

二、“中国合同库”中主要狭义股权激励类合同文本简介

1.“中国合同库”中的主要狭义股权激励类合同文本分类。

我们把上面的五个角度（不算股权取得方式角度）进行组合，每个角度都有几个选项，那么理论上就可以“组装”出上百种组合。但是，有一些组合体现在文本中只是一两个条款的不同（在“中国合同库”中会以“条款组”的形式展现，供用户选择），律师只需要整体了解常见的几种模式就可以了。如企业有需要，律师可以在常见模式的基础上适当微调。

在中国合同库中，提供了下列模式下的合同及文本供参考：

（1）制度化员工股权激励。

既然是“制度化”的激励，这类文本中应该就会有股权激励计划（或者叫股权激励制度），公司再依据制度操作，在授予激励股权时，再与员工签订具体的协议。

● 第一类“期权”模式：员工都必须工作一段时间之后，才能取得激励股权

如果是设立有限合伙持股平台，则可参考：

相关模板：19117 有限责任公司股权激励全套文本（期权＋有限合伙持股平台）

如果是通过其他股东代持，则可参考：

相关模板：19608 有限责任公司股权激励（期权、行权后大股东代持）成套文本

如果是员工直接持股，则可参考：

相关模板：19601 有限责任公司股权激励（期权、行权后直接持股）成套文本

- 第二类“直接授予股权”模式：员工签订协议后即可取得股权

如果是设立有限合伙持股平台，员工通过持股平台间接持股，则可参考：

相关模板：5925 有限责任公司股权激励（限制性股权、持股平台）成套文本

如果是通过其他股东代持，则可参考：

相关模板：19600 有限责任公司股权激励（限制性股权、大股东代持）成套文本

如果是员工直接持股，则可参考：

相关模板：19597 有限责任公司股权激励（限制性股权、激励对象直接持股）成套文本

- 第三类“分红权转股权”模式

如果是员工直接持股，则可参考：

相关模板：21594 有限责任公司股权激励（分红权转实股）成套文本

理论上，这一模式下也可以考虑持股平台、其他股东代持等模式。

（2）个别员工股权激励。

既然只是个别员工，就不需要整体的激励计划，公司跟员工直接签订合同即可。针对个别员工也没有必要采取“虚拟股份”的做法。

针对个别员工就没必要搞持股平台，员工直接持股或者其他股东代持即可。同时仍然可能有期权、直接授予股权或分红权转股权的模式选择。

个别员工股权激励，使用制度化股权激励中的股权激励协议即可（也可以进一步简化）。

例如，针对个别员工的“期权＋直接授予股权”，可参考使用下列文本中的股权激励协议：19601 有限责任公司股权激励（期权、行权后直接持股）成套文本

2. 典型制度化股权激励文本介绍。

就有限责任公司而言，“制度化员工股权激励＋期权＋有限合伙企业持股平台”

这种模式应该算是典型的、常见的股权激励模式，这种模式涉及多个合同、配套文本。认识了这类文本，认识其他股权激励类文本就会更简单一些，基本上相当于这类文本的条款调整、文本简化。下面就简要介绍一下这套合同文本的构成。

相关模板：19117 有限责任公司股权激励全套文本（期权 + 有限合伙持股平台）

该套模板文本构成表 6.1–3：

表 6.1-3　有限责任公司股权激励全套文本构成

文本名称	文本要点
持股平台设立阶段	
股东会决议	股东会决议同意设立持股平台
普通合伙人声明	普通合伙人声明所持财产份额系用于股权激励，不属于个人财产
合伙协议（附合伙人名册）	普通合伙人与有限合伙人设立有限合伙企业作为持股平台；用于持股平台工商备案登记
授权书	有限合伙人授权执行事务合伙人（普通合伙人）处理合伙企业及有限合伙人相关事务
期权授予阶段	
股东会决议	股东会决议同意通过并实施股权激励计划
股权激励计划	公司实施的股权激励的计划
股权激励协议	甲方（持股平台执行合伙人）、丙方（持股平台）向乙方（激励对象）授予激励对象期权，约定一定条件下激励对象可行权并通过持股平台取得激励股权
行权阶段	
行权通知	公司通知激励对象行权
合伙企业财产份额转让协议	普通合伙人向有限合伙人（激励对象）转让财产份额，使激励对象成为有限合伙人，取得持股平台财产份额，间接持有目标公司激励股权
入伙协议	激励对象入伙成为有限合伙人；用于持股平台工商备案登记
激励对象声明	激励对象行权时签署，承诺将履行相关义务
回购、解除阶段	
回购通知	公司通知激励对象，要求回购激励股权
有限合伙财产份额转让协议（回购）	有限合伙人向普通合伙人转让财产份额，即普通合伙人回购有限合伙人的财产份额，间接回购有限合伙人所持激励股权
退伙协议	有限合伙人退伙，间接退出了有限合伙人所持激励股权
退出股权激励声明	激励对象签署，确认退出股权激励，原股权激励协议解除

三、非上市公司股权激励的个税问题

如果是面向员工的分红激励，那么员工在取得分红权时，不存在纳税问题（因为分红权不像股权，不好算作一种法定的财产），只有在员工实际取得分红（一般都是现金）时才要纳税。而员工实际取得的现金分红，与单位向员工发放奖金没有什么实质区别，应该按"工资、薪金所得"来纳税，法律上也没有特殊优惠政策。

如果是向员工提供激励股权呢？如果是上市公司，有特定的税收优惠政策，请见后文上市公司股权激励的知识。对于有限责任公司或者非上市的股份公司，则股权取得类激励措施下的个税处理如下所述：

1. 股权激励和公司向员工发放的其他财物一样是"工资、薪金所得"。

从税法的角度，"工资、薪金所得"绝非仅指现金收入。《个人所得税法实施条例》第6条规定，"工资、薪金所得，是指个人因任职或者受雇取得的工资、薪金、奖金、年终加薪、劳动分红、津贴、补贴以及与任职或者受雇有关的其他所得"。也就是说，员工只要是因为劳动关系或受雇佣所取得的任何所得，不管这些"所得"是什么形态，都应该按照"工资、薪金所得"纳税，这包括员工在公司年会上抽到的奖品、公司向员工发放的购物券，也包括公司向员工提供的激励股权。

2. 股权激励的纳税。

假设单位向员工提供一笔激励股权，而且不享受递延纳税政策，那么：

（1）员工取得股权时，需要按"工资、薪金所得"纳税。

应纳税所得额为实际出资额低于公平市场价格的差额部分，适用的税率为3%～45%的超额累进税率。

如果是期权，那么期权授予时无须纳税，只在员工实际取得股权时才产生纳税义务。

（2）员工转让股权时，需要按"财产转让所得"纳税。

应纳税所得额为股权转让收入减去股权取得成本以及合理税费后的差额，适用的税率为20%的固定税率。

实务中还需要考虑这些因素：通过合伙企业等持股平台时，不一定能认定"属于股权激励产生工资薪金的个人所得税"[1]；很多小公司的股权激励没有严格依法纳税，税务机关也没有去查处。

---

[1] 严康：《股权激励——员工合伙持股平台增资的个税及递延》，载微信公众号"兴瑞税问"，2020年2月3日发布。

3. 享受递延纳税政策的股权激励有很多条件要求。

递延纳税政策的意思是，取得激励股权时暂不纳税，待激励对象转让该股权时再计算缴纳所得税。该政策的详细规定请见《财政部、国家税务总局关于完善股权激励和技术入股有关所得税政策的通知》(财税〔2016〕101号)。

如果享受这个政策，那么员工取得激励股权时无须纳税，在将来转让股权时才需要按“财产转让所得”纳税，应纳税所得额为股权转让收入减去股权取得成本以及合理税费后的差额，适用的税率为20%的固定税率。——可见，虽然实务中它被称为纳税递延政策，但它给员工带来的好处不仅是缴纳个税的时间被推迟，而且给员工省了税。另外，取得股权转让款后才纳税，大大减轻了财务负担。

然而要享受这个政策需要符合很多条件，包括股权激励对象、人数、股权持有的时间等，另外授予关联公司等的股权的不可享受递延纳税政策——这意味着通过持股平台进行的股权激励难以享受。

如果是较规范的、制度化的股权激励，需要考虑递延纳税政策，需要事先按照上述政策去设计股权激励方案。

总体来说，对于非上市公司，股权激励的税收政策还不够清晰，优惠政策有限，这影响了有限责任公司进行股权激励的效果。

6.1.3 一般公司狭义分红激励模式与相关合同简介

对于分红激励的个税缴纳，请见前面“非上市公司股权激励的个税问题”。

一、一般公司面向员工的狭义分红激励模式简介

注意根据前面对“分红权”的定义，无论是叫作虚拟股权、股权增值权还是什么，只要是员工最终不能取得股权，只能从公司取得某种提成式的现金收益，都叫作“分红权”。

- 分红权取得时点角度：何时取得分红权
  - 期权：要过一段时间（一般至少一年）才能取得分红权
  - 直接授予：签约后就取得分红权
- 对价角度
  - 无偿：不需要员工掏钱
  - 出资：需要员工掏钱才能取得分红权

- 分红权期限
  - 短期（年度）：例如一年的分红权。当然，到期之后可以协议再续
  - 长期：分红权一直有效，除非员工离职。一般来说，面向员工的分红激励不会在员工离职后仍有效
- 分红权名义
  - 一般奖金式：就是奖金，说明奖金的计算方式
  - 虚拟股权式：授予虚拟的股权、股份，虚拟股权会对应分红比例
  - 分红权式：直接约定分红比例
  - 内部承包型：约定收益在公司与员工之间进行分配
- 激励对象角度
  - 制度化分红激励
  - 个别分红激励

如果分红权可以有条件的转为股权，那就属于前面“狭义股权激励”中的“分红权转股权”模式，不属于这里的“分红激励”。

上面这些分类维度，并不是法定的，也谈不上通说，主要是“中国合同库”在合同模板制作、修订过程中归类的一些维度。无论如何，这些维度能多少帮助我们认识实务中各种各样的、“千奇百怪”的分红激励类模式和合同。

二、中国合同库的主要“分红激励”模式与合同简介

就像狭义股权激励模式一样，如果我们把上面的五个角度进行组合，每个角度都有几个选项，那么理论上也可以“组装”出上百种组合。但是，有一些组合体现在文本中只是一两个条款的不同（在“中国合同库”中会以“条款组”的形式展现，供用户选择），律师只需要整体了解常见的几种模式就可以了。如企业有需要，律师可以在常见模式的基础上适当微调。

还有一些组合，实务中不见得真的会使用。

“中国合同库”中提供了下面一些典型、常见的“分红激励”模式的合同：

1. 内部承包类合同。

在“中国合同分类法”中，在“劳动用工（含个人劳务）—专项用工协议及相关文本—经营责任、内部承包（劳动关系）”以及“特定行业、特定业务—建设工程—内部承包、挂靠承包（施工单位）”两个分类下，都有内部承包类合同。

可以将内部承包的场景分成两种：某个店铺、分支机构的长期承包；临时性、短期性项目的承包（仅承包当前具体项目）。

前者如：加油站内部承包；施工企业分支机构承包。

相关模板：19979 加油站职工内部承包经营合同

相关模板：19755 建筑施工企业分支机构内部承包合同

后者如：某个建设项目的内部承包；类似海尔集团的“海尔与小微（员工组成的小团队）”的对赌。

相关模板：19635 工程职工内部承包合同

相关模板：3018 项目业绩激励协议

注意这些内部承包多数是一个人承包，但也可能是夫妻（如前面所列的加油站职工内部承包，由夫妻二人承包一个加油站正合适），或者是几个人组成的小团队来承包。

2. 一般奖金类合同。

实务中，销售人员（业务员）、高管等，可能签订类似协议，与劳动合同配套。销售奖金提成之类，也完全可能用“奖金提成制度 + 员工在制度上签字”来代替。

相关模板：3256 高管薪酬激励协议

相关模板：2997 销售人员（业务人员）薪酬激励协议

3. “投资 + 分红”类合同。

这类做法常用于小型店铺，让店铺的店长、员工适当“入股投资”（实际上没有法律意义上的股份），店铺的收入也比较好核算。

相关模板：19171 员工分红权协议

4. 虚拟股份类合同。

适用于制度化分红激励，采取“虚拟股份”的方式，“显得更正式”一些。

相关模板：19501 有限责任公司虚拟股权激励（分红权、虚拟股权）成套文本

三、狭义分红激励类合同的几个审查要点

前面已经说过，股权激励、分红激励，在法律上都没有什么障碍，主要看公司是否采取及采取何种模式。就面向员工的狭义分红激励而言，律师在起草审查分红激励类合同时，可适当注意以下几个法律上的要点：

1. 宏观—合同类型：分红激励类合同一般不能代替劳动合同。

用人单位仍需要与员工签订书面劳动合同，否则根据《劳动合同法》第 82 条规定，用人单位需要赔偿员工双倍工资。

2. 宏观—合同类型：内部承包一般是合法、有效的。

建设施工企业中的内部承包就是常见做法，可参考《合同起草审查指南：建设工程卷》相关介绍。只要财务上能够核算出承包部分的成本、收益，其他行业也可以采取内部承包模式。

但实务中不少“名为内部承包，实为出租、转让、挂靠资质”的情况。

3. 宏观—交易结构：税负成本。

向员工支付的分红、奖励等，说到底都是工资，跟一般企业要发的年底奖金没什么不同，要按工资薪金所得纳税，税率最高可以到 45%，要考虑税负成本。

如果采取不合法的避税手段（如发票报销），那就有违法风险。

4. 微观—合同条款：违约金、风险金之类做法，可能违法、无效。

单位与员工约定，干得好发奖金，干得不好不发奖金只有基本工资，这没有问题。但如果约定“干得不好，员工要赔钱给公司或者扣除员工缴纳的风险金”，就涉嫌违法、无效了。

（1）劳动关系下，约定违约金的限制。

劳动关系下出于保护劳动者，《劳动合同法》等法规对用人单位与劳动者的意思自治作了很多限制。除了竞业限制、培训服务期协议之外，要求劳动者向单位支付违约金、按约定标准赔偿损失（等于也是违约金），包括从正常工资中扣发违约金，这是没有法律依据的。

可参考《合同起草审查指南：劳动用工卷》第三单元中“劳动关系下的合同条款可以约定什么？”一节。

上面说的是违约金，是要求员工自己掏钱赔偿单位。如果单位与员工约定薪酬的灵活调整机制，导致员工工资、奖金拿得很少（但不低于最低工资），这不属于违约金。

（2）劳动关系下，禁止向员工收取押金、保证金、风险金等。

《劳动合同法》第 84 条禁止用人单位“以担保或者其他名义向劳动者收取财物”。

如果约定员工向公司支付一定投资，根据盈利情况分红，但也可能亏损（员工收不回投资），这是否有效？除非“名为投资，实为担保”，否则应属有效，这其实是双方在劳动关系之外建立了一种合伙关系。

5. 微观—合同条款：任何薪酬、奖金的灵活调整，都必须保证员工每月拿到的月工资不能低于当地最低工资标准。

6.1.4 面向非员工的激励模式与文本简介

公司向员工进行激励，是因为员工的表现能影响公司效益。但除了员工，这些对象也可能影响公司效益，也需要激励：公司创始人（一般是公司董事长、总经理，同时又是股东）；公司股东；上游供应商；下游经销商、代理商、推广方等。

但是，面向非员工的专门的股权激励类文本比较少。如果本身就是股东，就已经有激励了；如果不是股东而是经销商、推广方等合作方，也已经有利益捆绑关系（交易额越大，对方肯定就收益越大，合同中也可以进一步约定奖励机制，如经销合同中增加业绩奖励、返点），不需要再加一层股权激励关系。

这里只简单的介绍一下实务中面向非员工的，含有激励作用的合同文本：

1. 针对公司创始人：

（1）可以直接在出资协议、增资协议中进行约定股权成熟机制。

（2）投资方可能要求"对赌"，这其实就是特殊的激励，如果是"股权补偿"，那就是特殊的股权激励。

2. 几个创始股东之间，有可能实行"动态股权"。

创业型的、还没到成熟地步的公司，几个创始人股东（一般是个人）之间对彼此的投入、彼此能持续多久还不确定的，可能约定一个"动态股权"协议，根据公司的发展、各方的投入情况，来调整最终的股权比例。——这种情形也不多见。

相关模板：937 股权动态调整协议

3. 针对供应商、经销商等合作方的股权激励：根据业绩情况授予合作方（一般是公司）激励股权。

相关模板：20156 有限责任公司经销商激励合同（期权＋直接持股）

更多的模式，可以参考员工股权激励类模板；虽然激励对象不同，合同文本其实是相通的。只不过实务中似乎较少见。

如果是各方直接设立公司、增资入股，那就是正常的出资协议、增资协议，不是这里说的股权激励了。

4. 分红激励类。

其实这就是民事合伙类合同、投资类合同，根据具体场景使用即可，没有必要按“股权激励”来理解。一般都是小企业、个体户（如某个店铺）才会采取这类模式。

双方共同投入、共享收益类模板，可参考：

相关模板：19744 一般通用项目合作合同（实为民事合伙）

一方投资、共享收益类模板，可参考：

相关模板：20819 一般通用项目出资合作合同

注意，如果是向不特定公众融资、分红，就违反金融监管的法规，甚至可能构成犯罪。

6.1.5 房地产开发企业的跟投机制与合同简介

一、跟投机制的含义

房地产开发企业跟投机制（以下简称跟投机制）以碧桂园集团的“同心共享”计划最为典型和知名[1]。简单地说，就是房地产开发企业要求员工向本企业的房地产开发项目投入一定资金，同时按约定享受项目开发收益。这种跟投，既有“融资”（或者说集资）作用，也有“激励”作用，对像碧桂园等诸多房地产开发企业的发展壮大起了很大的作用。

（房地产行业“暴雷”与这类机制也有关系，但这是商业模式的问题，不是合同本身的问题，这里不予讨论）

这里的跟投机制是对具体房地产项目的跟投、激励。如果是在整个房地产集团公司层面的股权激励，那就可以参考前面的正常股权激励的做法，不是这里讨论的跟投机制了。

二、跟投机制主要模式

1. 一般项目跟投：资金跟投，根据“跟投资金 / 项目全部资金投入”确认分

[1] 可参见《年薪千万不是梦？碧桂园集团“同心共享”详细计划是这样的》，载微信公众号“地产观察”，2016 年 4 月 25 日发布。

红比例。

一个房地产项目所需资金，在一开始只能是预估，不好完全确定，换言之，并不好确定当前这笔 100 万元的跟投，在整个项目投资中占多少比例，也就不太好确定一个固定的分红比例。所以一般是约定一个计算公式，最终要由公司核算实际的利润分配比例。

项目管理层与一般跟投员工可以使用一样的合同文本。但对于项目管理层：公司可能要求更高的投资额，同时授予更高的分红比例（类似于投 1000 万元，按投 2000 万元计算；体现在合同中就是一个杠杆率不同）。

相关模板：21564 一般跟投机制制度、合同及配套文本

2. 员工投资基金：设立有限合伙企业向员工募资，投入房地产开发。

一般是由可靠的管理层人员先设立一家有限责任公司，再由这家有限责任公司作为普通合伙人设立区域投资企业（持股平台），跟投的员工作为有限合伙人，向持股平台投资。合伙期限为几年，到期后核算、分配分红。

具体的分红要由房地产开发企业根据这几年区域内房地产项目的资金投入情况、项目利润情况来测算。

员工投入的资金用于一定范围内的房地产项目开发。

不难看出，整个结构类似于私募基金，只不过这里是向自己的员工募资。

相关模板：21587 房地产开发企业跟投平台跟投机制、合同

三、跟投机制相关合同的要点

1. 从法律上说，面向员工的集资，不是面向不特定对象集资，应属于合法。

不过需要注意《最高人民法院、最高人民检察院、公安部关于办理非法集资刑事案件适用法律若干问题的意见》中提到：

下列情形不属于《最高人民法院关于审理非法集资刑事案件具体应用法律若干问题的解释》第一条第二款规定的“针对特定对象吸收资金”的行为，应当认定为向社会公众吸收资金：

（一）在向亲友或者单位内部人员吸收资金的过程中，明知亲友或者单位内部人员向不特定对象吸收资金而予以放任的；

（二）以吸收资金为目的，将社会人员吸收为单位内部人员，并向其吸收资金的。

2. 一般是持股平台代持项目公司股权，也可能不涉及项目公司股权，就是“项目投资合作”。

通过持股平台（有限合伙企业）来操作，财税上会规范一些。

3. 跟投机制下的合同文本会比较简单。

跟投机制是企业与员工之间的操作，企业完全可以通过具体管理措施来落实。

合同、制度等书面文件只需要确认一下基本的收益计算公式。有的不规范的公司，甚至可能与跟投员工不签署正式协议。

例如，一般项目跟投机制下，公司向员工出一个收据，确认收到了员工的跟投款项以及跟投项目信息，确认其他事项以《××公司跟投制度》为准，也就可以了。

4. 实际执行中会不断的滚动投入。

前面说的都是静态的、一定期限内的跟投安排，但实际上房地产开发企业会要求员工、管理层不断地将跟投收益又滚动投入新的项目中，如同登上一辆不会刹车的战车。直到员工最终离开集团、跟投项目完成或者合伙期限届满，企业才会同意员工拿回所投入的全部资金（如果没什么争议），或者是由其他在职员工受让离职员工的份额。

6.1.6 其他主体、其他场景下的股权激励模式与合同简介

一、上市公司的股权激励

1. 上市公司与一般公司的股权激励合同简要对比。

这种对比主要是从合同起草审查的角度作出的：

（1）上市公司的监管严格得多，激励模式很有限。

与之相比，一般有限责任公司的激励模式更多、更灵活。

（2）律师需要为上市公司股权激励提供全流程服务，合同文本只是其中的小部分内容。

由于上市公司的股权激励有诸多规范，合同文本需要按照规范来处理，其实更简单一些。律师更需要的是为股权激励的全流程把关，使其合规。

2. 上市公司的主要股权激励模式与合同。

《上市公司股权激励管理办法》第2条列举了限制性股票、股票期权两种主要模式。股票增值权则有《财政部、国家税务总局关于股票增值权所得和限制性股票所得征收个人所得税有关问题的通知》等依据。

（1）限制性股票。

主要特点是：授予激励对象股份后，激励对象在一定期限内不得转让。按《上市公司股权激励管理办法》第 25 条，最少也必须分两次、每次间隔 12 个月，才能全部解除限售。

可以看出，这与前面介绍的一般公司股权激励的“直接授予 + 限制性股权”模式类似，只是法律有更明确的限制要求。

相关模板：20517 A 股上市公司限制性股票激励成套文本

（2）股票期权。

主要特点是：激励对象在未来的一定期限内可按约定的价格购买一定数量的股份。按《上市公司股权激励管理办法》第 30 条、第 31 条，期限的要求最少必须是：每期不少于 12 个月，每期可行权的股票期权比例不超过激励对象获授股票期权总额的 50%。行权之后，激励对象的股份马上就可以转让，没有限制。

可以看出，这与前面介绍的一般公司股权激励的“期权 + 无特殊限制”模式类似。

相关模板：20679 A 股上市公司股票期权激励成套文本

（3）股票增值权。

《财政部、国家税务总局关于股票增值权所得和限制性股票所得征收个人所得税有关问题的通知》中，股票增值权是指“上市公司授予公司员工在未来一定时期和约定条件下，获得规定数量的股票价格上升所带来收益的权利。被授权人在约定条件下行权，上市公司按照行权日与授权日二级市场股票差价乘以授权股票数量，发放给被授权人现金。”

例如，公司授予员工 100 股股票增值权，授予日的公司股票价格为每股 100 元，行权日的公司股票价格为每股 200 元，则员工对股票增值权行权时可获得的现金等于股票差价（200 元 -100 元）乘以股数 100 股，就等于 10，000 元。

不难看出，股票增值权实为“分红激励”，激励对象从始至终都没有取得股票，只是能够取得现金收入。

股票增值权原本最适用于上市公司在境外工作的外籍员工。这类对象原来受法规限制无法开设股票账户、持有股票，但股票增值权并非真正持股，所以可以适用于这类对象；不过现在根据相关法规修订后，境外工作的外籍员工也能开户，也能采用其他股权激励方式了。

相关模板：20721 A 股上市公司股票增值权激励成套文本

3. 员工持股计划。

员工持股计划不适用《上市公司股权激励管理办法》，而是来自《关于上市公司实施员工持股计划试点的指导意见》。所以从《上市公司股权激励管理办法》的角度，员工持股计划不属于股权激励。但考虑实际上同样会有激励的效果，同样会让员工取得本公司股票，所以公司在选择股权激励的模式时，也需要考虑员工持股计划。

员工持股计划下，员工需要通过“××公司员工持股计划”这样的股票账户统一持股。

员工持股计划所取得的股票也会有锁定期（与限制性股票类似）。

相关模板：21093 A股上市公司员工持股计划成套文本

二、合伙企业

1. 合伙企业合伙人之间，就分红比例的动态调整进行约定，这是完全可以的。一般没有必要调整财产份额（出资份额）。

例如，律师行业的绩点制就是这种做法。

相关模板：律师事务所绩点制合伙协议

2. 合伙企业与员工之间，当然也可以采取一般公司的各种分红激励机制（无论是以奖金、提成、分红还是什么名义）。

三、国有企业

国有资产交易受到严格监管，这在后面“国有资产交易”中会进一步说明。国有企业实施股权激励，意味着将国有的股权以低价转让给员工（一般情况下），这自然就会有更严格的合规性要求。

国家、地方也出台了不少专门规定：对于非上市公司，《国有科技型企业股权和分红激励暂行办法》有大致规定，同时各地还有不少规定，如《湖北省国资委出资企业实施股权激励暂行办法》。对于上市公司，有《国有控股上市公司（境内）实施股权激励试行办法》《中央企业控股上市公司实施股权激励工作指引》等规定。

这意味着，国有企业股权激励更少见，可行的模式更少，需要履行诸多审批程序，需要律师出具更多的合规性意见，合同、文本本身并不比一般公司复杂。

6.2 国有资产交易

一、国有资产交易的严格监管与“合同程序”

为了实现国有资产价值最大化，防止国有资产流失，《企业国有资产法》、《企业国有资产监督管理暂行条例》、《企业国有资产交易监督管理办法》（32 号令）、《上市公司国有股权监督管理办法》（36 号令）等对国有资产交易实施严格监管，使得国有股权、资产的交易受到很多不同于一般公司的约束。——这就是国有资产交易相较于一般民营企业的股权、资产交易最大的不同。

这种严格监管主要体现在“合同程序”上的很多专门程序，包括：

1. 批准。

很多国有资产的交易需要国资委、上级单位等批准。

2. 评估。

国有资产需要评估，参考评估值来定价。按《企业国有资产评估管理暂行办法》的规定：资产评估结果使用有效期为评估基准日起 1 年。企业进行与资产评估相应的经济行为时，应当以经核准或备案的资产评估结果为作价参考依据；当交易价格低于评估结果的 90% 时，应当暂停交易，在获得原经济行为批准机构同意后方可继续交易。

3. 进场交易。

这是国有资产交易监管过程中最根本、最核心的制度。根据 32 号令的规定，企业国有资产交易以进场公开进行为原则，除非法律法规另有规定，所有企业国有资产交易都应当“进场交易”。

国有资产交易未履行上面这三种程序之一，很大可能导致合同无效，是极大的法律风险。

除此之外，还涉及总经理办公会议审议、董事会审议、职工代表大会讨论通过等程序。

就像上市公司的诸多监管导致上市公司交易离不开律师的全方位法律服务一

样，国有资产交易的监管也导致国有资产交易必须由律师提供全方位法律服务，合同文本只是其中的一部分。本小节也只能说是“国有资产相关的公司及并购类合同”的简要介绍，并不足以帮助律师为国有资产交易提供法律服务，请读者予以注意。

实际上，国有资产交易的诸多问题足以构成一本专著，事实上也已经有《国有资产法律实务与疑难问题》[1]等书籍供参考。

二、国有资产交易下的合同文本介绍

1. 不需要进场交易的合同。

如果确定一项国有资产交易（如增资、股权转让等）不需要进场交易，则在履行相关程序的基础上可以直接签订合同进行交易。这种情况下的合同与一般公司的资产转让合同、股权转让合同基本相通，往往会更简单一些（对于国企来说，合同越复杂，谈判、沟通、审批就越麻烦），只有一些条款上的细节差别。

相关模板：21279 国有资产转让合同条款节选（协议转让）

相关模板：21271 国有股权转让合同条款节选（协议转让）

2. 需要进场交易的，多使用产权交易所的示范文本。

合同文本相较于一般公司的合同其实更简单一些。各个交易所几乎都有自己的示范文本。

相关模板：17906 上海市产权交易合同（上海联合产权交易所 2021 版）

相关模板：21211 资产交易合同（天津产权交易中心 2021 版）

相关模板：21207 增资协议（天津产权交易中心 2021 版）

双方在进场交易前可以签订意向书或框架协议，框架协议可以有效。但是因为还是必须进场交易，双方无法完全锁定交易。双方可能在协议中约定一些有利于受让方的进场交易条件，但如果构成“以公开挂牌交易的形式掩盖私下直接交易的目的”，仍有违法、无效风险[2]。

相关模板：国有资产交易框架协议（进场交易）

3. 因为监管的存在，国有资产的不少复杂交易、对赌等配套安排往往不能实现。

---

[1] 佟杉杉：《国有资产法律实务与疑难问题》，法律出版社 2021 年版。

[2] 最高人民法院（2021）最高法民申 89 号。另外可参见张锋：《公司并购法律问题及协议安排》，法律出版社 2023 年版，第 272～276 页。

例如：如果要针对国有资产进行分步骤的收购，因为每一步收购都必须走程序，必须进场交易，因此就无法通过一份合同把几个步骤的交易锁定。

例如：一般公司常用的对赌安排，如果涉及国有资产的处置、国有企业的权益，就无法落实，因此不应采用。

6.3 外商投资

这里的外商投资，大致上就是《外商投资法》第 2 条的定义："外国的自然人、企业或者其他组织（以下称外国投资者）直接或者间接在中国境内进行的投资活动。"

总体来说，涉及外商投资的公司及并购类合同的特点主要是："宏观—交易结构"受到一些限制，需要履行一些特别的合同程序。下面简要介绍一下：

1. 外商投资准入限制：这是外商投资类合同首先要考虑的问题。

依据《外商投资法》第 4 条规定，国家对外商投资实行准入前国民待遇加负面清单管理制度；负面清单由国务院发布或者批准发布；中华人民共和国缔结或者参加的国际条约、协定对外国投资者准入待遇有更优惠规定的，可以按照相关规定执行。

因此，需先行对照核查负面清单的规定；涉及负面清单的，应进一步核查国际条约、协定是否存在更优惠规定。根据《外商投资法司法解释》第 2 条、第 3 条、第 4 条、第 5 条规定，合同效力由以下几种情形判断：

- 外商投资准入负面清单之外的领域形成的投资合同有效。
- 外国投资者投资外商投资准入负面清单规定禁止投资的领域，投资合同无效。
- 外国投资者投资外商投资准入负面清单规定限制投资的领域，违反限制性准入特别管理措施的，投资合同无效。但在人民法院作出生效裁判前，当事人采取必要措施满足准入特别管理措施的要求，当事人主张前款规定的投资合同有效的，应予支持。

这意味着，从合同起草审查的角度：

（1）在外商投资准入特别管理措施（负面清单）中"禁止"或者"受限制且不符合限制条件"的，则以取得股权为目的的合同、交易违法且不可行。

用《合同起草审查指南：三观四步法》"违法合同的分析与应对"的思路，违反外商投资准入的相关合同，外部后果、内部后果都很重，不能实现当事人投资、经营的目的，因此不可行。

如果不在负面清单之内，而且其他法律法规也没有特别禁止、限制要求的，就可以像普通内资公司的股权取得类合同一样处理。

（2）VIE 等并非直接取得股权的做法仍存在争议。

《外商投资法》第 2 条对外商投资的定义中有“直接或间接”“其他类似权益”“法律、行政法规或者国务院规定的其他方式的投资”的表述，舍弃了之前征求意见稿中关于“协议控制”的规定，但并没有进一步解释。因此，目前 VIE 架构是否应适用《外商投资法》仍属于不明朗的状态。[1]

（3）对于限制到哪一层，需要进一步具体分析。

与内资不同，外商投资的限制涉及两层判断：第一层是新设主体是否受到限制；第二层是外商投资公司的子公司是否受到限制。

不过是否需要进行第二层的判断存在争议。从法规上看，《外商投资法实施条例》第 47 条规定，“外商投资企业在中国境内投资，适用外商投资法和本条例的有关规定”。但实务中仍有不同处理的操作案例，因此，对于第二层在负面清单之列的领域，建议与主管部门确认。

2. 其他审批：满足外商投资准入清单要求的外商投资，还可能涉及外商投资安全审查、商务部审批、反垄断审查等。

（1）境内公司、企业或自然人以其在境外合法设立或控制的公司名义并购与其有关联关系的境内公司：由商务部审批。

（2）外国投资者并购境内企业并取得实际控制权，涉及重点行业、存在影响或可能影响国家经济安全因素或者导致拥有驰名商标或中华老字号的境内企业实际控制权转移的：当事人应就此向商务部进行申报；当事人未申报，商务部可以会同相关部门要求当事人终止交易或采取转让相关股权、资产或其他有效措施，以消除并购行为对国家经济安全的影响。

（3）对于上市公司、国有资产的收购。

外资收购上市公司需经商务部审批，主要适用《外国投资者对上市公司战略投资管理办法》，该管理办法限定了外国投资者需满足的条件，区别协议转让与定向增发规定了不同的程序性要求。

外国投资者并购境内企业涉及企业国有产权转让和上市公司国有股权管理事

[1] 可参见曾赞新、孙望清：《〈外商投资法〉最新解读》，载微信公众号“中国法律评论”，2019 年 4 月 30 日发布。

宜的，还应当遵守国有资产管理的相关规定。

（4）其他法律法规仍然有单独的针对外国投资者、外国主体的一些限制，或者要求专门的审批，这包括：金融领域（如根据《外资银行管理条例》设立外资银行营业性机构）；文化领域（如依据《国务院对确需保留的行政审批项目设定行政许可的决定》《外国企业常驻代表机构登记管理条例》，境外出版机构、广播电影电视机构设立办事机构需要批准）。《外商投资准入特别管理措施（负面清单）》（2021年版）也提到，负面清单中未列出的文化、金融等领域与行政审批、资质条件、国家安全等相关措施，按照现行规定执行。——如果存在这些规定，则需要依法办理审批。未获得审批的情况下，相关合同可能不生效或无效，工商登记能否办理则取决于该审批是前置审批还是后置审批。如果是后置审批，则工商登记仍可正常进行，只是无法取得相关业务资质，仍无法正常开展经营。

3. 评估。

根据《商务部关于外国投资者并购境内企业的规定》，并购当事人应以资产评估机构对拟转让的股权价值或拟出售资产的评估结果作为确定交易价格的依据。并购当事人可以约定在中国境内依法设立的资产评估机构。资产评估应采用国际通行的评估方法。禁止以明显低于评估结果的价格转让股权或出售资产，变相向境外转移资本。

未经评估的风险包括：无法通过审批；如果以明显低价转让股权或出售资产，变相向境外转移资本，可能构成违背公序良俗而无效。

4. 对债权人的通知、公告。

出售资产的境内企业应当在投资者向审批机关报送申请文件之前至少15日，向债权人发出通知书，并在全国发行的省级以上报纸上发布公告。在向审批机关报送资料时需要一并报送被并购境内企业通知、公告债权人的证明以及债权人是否提出异议的说明。

5. 投资限额。

这一限制虽然对合同条款没有影响，却会影响到投资款能否进入中国来投资，所以也等于是一种交易结构层面的限制。

6. 关于“微观—法律适用条款”的补充。

（1）外商投资中国企业一般应适用中国法律，不宜约定适用外国法律。

根据《涉外民事关系法律适用法司法解释（一）》第1条、第4条等，合同主体有一方是外国公民、法人就可以视为涉外民事法律关系，可以约定适用外国法律。另外，《民法典》第 467 条第 2 款继续保留了“在中国境内履行的中外合资经营企业合同、中外合作经营企业合同、中外合作勘探开发自然资源合同适用中国法律”的规定，《关于外国投资者并购境内企业的规定》（2009 年修订）第 22 条规定，“股权购买协议、境内公司增资协议应适用中国法律”，在最高人民法院（2014）民四终字第 33 号判决中，法院认为该境外企业作为受让方签订的股权转让合同必须适用中国法律。

进一步深究的话，《关于外国投资者并购境内企业的规定》作为部门规章能否影响条款效力值得商榷，但《合同编司法解释》第 17 条为此“开了口子”，司法实务似乎也倾向于“必须适用中国法律”。

因此类似境外主体签订的境内公司股权转让、增资等协议（包括这类交易的前期框架协议）不宜约定适用外国法律。

（2）外资取得境内企业股权的合同，可以选择国内仲裁或境外仲裁机构。

涉外民事关系下当事人可以选择境外仲裁机构[1]。而且根据《民事诉讼法司法解释》第 529 条规定，中国法院专属管辖的案件，当事人不得协议选择外国法院管辖，但协议选择仲裁的除外，即仍可选择境外仲裁。

相关课程：415 仲裁与诉讼管辖、法律适用条款

（3）与自贸区或“一带一路”相关的特殊仲裁规定。

最高人民法院《关于为自由贸易试验区建设提供司法保障的意见》中明确：

9. 正确认定仲裁协议效力，规范仲裁案件的司法审查。在自贸试验区内注册的外商独资企业相互之间约定商事争议提交域外仲裁的，不应仅以其争议不具有涉外因素为由认定相关仲裁协议无效。

一方或者双方均为在自贸试验区内注册的外商投资企业，约定将商事争议提交域外仲裁，发生纠纷后，当事人将争议提交域外仲裁，相关裁决做出后，其又以仲裁协议无效为由主张拒绝承认、认可或执行的，人民法院不予支持；另一方当事人在仲裁程序中未对仲裁协议效力提出异议，相关裁决作出后，又以有关争议不具有涉外因素为由主张仲裁协议无效，并以此主张拒绝承认、认可或执行的，人民法院不予支持。

在自贸试验区内注册的企业相互之间约定在内地特定地点、按照特定仲裁规

[1] 可参见《合同起草审查指南：三观四步法》，法律出版社 2023 年版，第 327 页。

则、由特定人员对有关争议进行仲裁的，可以认定该仲裁协议有效。人民法院认为该仲裁协议无效的，应报请上一级法院进行审查。上级法院同意下级法院意见的，应将其审查意见层报最高人民法院，待最高人民法院答复后作出裁定。

相关模板：21028 最终价格生成协议

6.4 民办教育行业（民办学校）

一、民办学校相关基础知识

1. 哪些培训教育机构是受《民办教育促进法》约束的民办学校？约束？学前教育、幼儿园、校外培训？

民办学校的类别主要有以下几类：

（1）民办本科层次学校，一般名为："× × 大学"或"× × 学院"；

（2）民办专科层次学校，一般名为："× × 职业技术学院"或"× × 职业学院"；

（3）民办中等职业学校，一般名为："× × 中等职业技术学校"或"× × 职业高中"；

（4）民办高中，一般名为："× × 高级中学""× × 高中"等；

（5）民办幼儿园，一般名为："× × 幼儿园"；

（6）实施特殊教育的民办学校，一般名为："× × 特殊教育学校"；

（7）实施高等教育自学考试助学的民办教育机构，一般名为："× × 专修（研修、自修、自考、自修、自学考试补习、自学考试辅导）学院、学校或中心"；

（8）其他文化教育类民办教育机构（包括线上培训机构），一般名为："× × 培训（课外培训、课外教育、自修、自学、辅导、考试补习、补习）学校或中心"。

也就是说，实务中我们见到的从幼儿园到面向成人的培训机构，只要不是公立的，基本上属于本节知识点所说的"民办学校"，要受《民办教育促进法》约束，包括应取得审批等。

实务中仍存在一定争议的是：3 岁以下婴幼儿托育、校外学生托管、早教中心、家教中心等机构。这些机构是否受属于《民办教育促进法》所说的民办学校，仍有待主管部门明确。[1]

属于"民办学校"，则相关设立、投资、转让等合同即适用本知识点，否则就

[1]《关于尽快确定 3 岁以下婴幼儿托育服务机构的审批及监管职能部门的答复》，载微信公众号"市监长缨"，2020 年 6 月 2 日发布。

不能适用。

2. 民办学校的主体性质与组织形式。

民办学校总体来说可分为两类：非营利性与营利性。根据法规应采取不同的组织形式如下：

- 非营利性
  - 民办非企业单位（法人）
  - 事业单位
- 营利性
  - 有限责任公司
  - 股份有限公司

相关法规：

《民办学校分类登记实施细则》第七条：

正式批准设立的非营利性民办学校，符合《民办非企业单位登记管理暂行条例》等民办非企业单位登记管理有关规定的到民政部门登记为民办非企业单位，符合《事业单位登记管理暂行条例》等事业单位登记管理有关规定的到事业单位登记管理机关登记为事业单位。

《民办教育促进法》第十条第三款：

民办学校应当具备法人条件。

根据该条，按民办非企业单位登记时，只能是登记为民办非企业单位（法人），不能采用民办非企业单位（合伙）、民办非企业单位（个体）形式。

《工商总局、教育部关于营利性民办学校名称登记管理有关工作的通知》（工商企注字〔2017〕156号）第一条：民办学校应当按照《中华人民共和国公司法》《中华人民共和国民办教育促进法》有关规定，登记为有限责任公司或者股份有限公司，其名称应当符合公司登记管理和教育相关法律法规的规定。

3. 民办学校的特殊法律规定。

总体来说可以这样认识：民办学校作为一个主体，受到《公司法》（如果是公司制）、相应登记管理条例等法规约束，从事民事行为则受到《民法典》等约束。同时，民办学校作为特殊行业，受到《民办教育促进法》等教育行业相关特别法规约束。

（1）设立民办学校，需满足条件。

民办学校的设立需满足设立条件。在缴纳注册资本方面，《公司法》规定的是认缴制，公司成立时，股东不必实缴全部注册资本，同时，如果法律、行政法规、国务院决定对公司注册资本是否实缴进行另行规定的，需遵守另行的规定。根据《民办教育促进法实施条例》的规定，民办学校在正式设立时注册资本应全额缴足，因此，民办学校的注册资本缴纳应适用这一规则。[1]

（2）设立民办学校需要、经过审批。

因为民办教育属于特殊行业，在设立时需要履行批准程序。根据《民办教育促进法》第12条规定，“举办实施学历教育、学前教育、自学考试助学及其他文化教育的民办学校，由县级以上人民政府教育行政部门按照国家规定的权限审批；举办实施以职业技能为主的职业资格培训、职业技能培训的民办学校，由县级以上人民政府人力资源社会保障行政部门按照国家规定的权限审批，并抄送同级教育行政部门备案”。

民办学校增设校区需要向审批机关申请地址变更；民办学校设立分校应当向分校所在地审批机关单独申请办学许可，并报原审批机关备案（《民办教育促进法实施条例》第23条）。——也就是说，民办学校的每一个校区都需要经过审批。

民办学校的分立、合并也需要审批（《民办教育促进法》第53条）。

民办学校变更举办者、变更名称/办学层次/类别等，也需要审批（《民办教育促进法》第54条、第55条）。

（3）义务教育阶段不能设立营利性民办学校（《民办教育促进法》第19条）。

（4）2021年国家出台“双减”政策，使得义务教育阶段的校外学科类培训行业遭到“灭顶之灾”，只能转向非学科类培训或其他领域。

“双减”之后，已无法新设立面向义务教育阶段学生的学科类校外培训机构，现有学科类培训机构需要按照非营利机构登记、管理。根据《关于进一步减轻义务教育阶段学生作业负担和校外培训负担的意见》第4条第13项规定，“坚持从严审批机构。各地不再审批新的面向义务教育阶段学生的学科类校外培训机构，现有学科类培训机构统一登记为非营利性机构”。

二、营利性民办学校（公司制）相关公司类合同

简单地说，因为这种民办学校就是依据《公司法》设立的有限责任公司或股份公司，而且允许取得和分配利润，因此有限责任公司或股份公司的相关出资、

[1]《民办教育促进法实施条例》第21条规定，“民办学校开办资金、注册资本应当与学校类型、层次、办学规模相适应。民办学校正式设立时，开办资金、注册资本应当缴足”。

增资、股权转让、合并、分立等合同类型与一般有限责任公司、股份公司是类似的。但民办学校的治理机构有特殊性，在公司治理机构、章程等方面应与民办教育相关法规符合。

根据《民办教育促进法》第 20 条规定，“民办学校应当设立学校理事会、董事会或者其他形式的决策机构并建立相应的监督机制。民办学校的举办者根据学校章程规定的权限和程序参与学校的办学和管理。”可见民办学校的权力机构为学校的理事会或者董事会，参与学校重大事项的决策。

然而，根据《公司法》的规定，公司的权力机构为股东会，公司股东依法享有参与重大决策的权利。可见，对于营利性民办学校（公司）而言，在权力机构是谁这一点上，《公司法》和《民办教育促进法》的规定是不同的。那么，就这个不同点而言，应当适用哪部法律呢?

根据《立法法》第 92 条规定，“同一机关制定的法律、行政法规、地方性法规、自治条例和单行条例、规章，特别规定与一般规定不一致的，适用特别规定；新的规定与旧的规定不一致的，适用新的规定”。《公司法》和《民办教育促进法》均属于全国人民代表大会常务委员会制定的法律，在二者存在不一致时，应当优先适用特别规定，即《民办教育促进法》。

所以，营利性民办学校的股东如果不是学校决策机构的组成人员，是没有权利参与学校重大事项的决策的。从学校设立后有权参与学校经营管理的股东的利益出发，则应将股东或股东指定人员进入学校决策机构、担任行政职务等事宜写入出资协议、章程。

三、非营利性民办学校相关合同

1. 作为民办非企业单位的民办学校。

第五单元“非营利机构（民办非企业单位、社会团体）”的知识适用于非营利性民办学校。因为非营利民办学校就是民办非企业单位，而且所有民办非企业单位依法都是非营利性机构（《民办非企业单位登记管理暂行条例》第 2 条、第 4 条）。

第五单元中提到：

（1）非营利机构只能从事非营利性活动，非营利机构的负责人、举办者（会员）、出资人是不能够分红的，不能私自分配非营利机构资产、收入，否则可能构成犯罪。

因此，涉及这种操作的协议安排（包括合作出资、转让、投资等协议）都是违法、无效的，不能实现分红的目的。

（2）民办学校不存在“股权转让”之类操作，但有类似于整体转让的“举办者变更”的操作，且需要审批机构核准。

另外，如果民办学校的举办者是公司，当然也可以通过公司的股权转让来实现间接的民办学校举办者的变更，且无须经过审批，只不过仍然不能改变“非营利”的性质。

2. 作为事业单位的民办学校。

如果民办学校登记为事业单位，那么就需要按照《事业单位管理暂行条例》进行管理了。根据《事业单位管理暂行条例》第 2 条规定，“本条例所称事业单位，是指国家为了社会公益目的，由国家机关举办或者其他组织利用国有资产举办的，从事教育、科技、文化、卫生等活动的社会服务组织”。也就是说，作为事业单位的民办学校也就失去了“民办”属性，学校的资产也就会成为国有资产。

事业单位的投资和转让都缺少法律空间，很难由民营资本进入，也就很难就此签订一般的民商事合同，如果是改制则属于另外的“事业单位改制”的话题。因此这里不再深入分析。

6.5 医疗行业（医院）

（本节知识很大程度上是《中国医院投资并购指南》[1]的部分内容归纳，特此说明。进一步了解建议阅读该书及其他相关书籍）

假设：投资方想设立或向某家医院投资，成为其股东或取得类似股东权益回报。——这类交易其实就是公司及并购类合同的主要目的。这里我们无须讨论资产收购（购买医院的资产）。因为使医院成为医院的，不是资产（资产很容易买到），而是医院的执业许可（资质）。

“成为其股东或取得类似股东权益回报”，这对一般公司来说，无非就是对应第一单元中的各类交易结构。但因为对象是医院这个特殊主体，医院并购就变得非常复杂，复杂到律师需要全面考虑方案的可行性，提供全方位的法律意见，合同文本只是其中小部分工作内容。

1. 医院主体的多样性，不同主体适用法律不同。

现有法律环境下的医院大致可分为：

- 医院
  - 非营利性医院
    - Ø 国有非营利性医院
- 政府举办的事业单位法人医院（如 ×× 市人民医院）
- 国有企业下设的非法人单位医院（如 ×× 厂医院）
- 国有企事业单位举办的事业单位法人医院
    - Ø 民办非营利性医院

社会团体、企事业单位、个人等设立的民办非企业单位医院，可能是法人、合伙制或个体

  - 营利性医院
    - Ø 公司制医疗机构

[1] 胡辉、胡晓华:《中国医院投资并购指南》，法律出版社 2022 年版。

Ø 个人独资企业、个体工商户、合伙企业（如个体诊所、门诊部）

上面两大类医院中，营利性医院的投资并购相对简单：如果是公司制医院机构，就是有限责任公司或股份公司，出资、增资、股权转让、合并分立等跟本课程中一般公司的交易结构是一致的（但出资、合并、分立等要考虑医院执业许可证的审批问题）；如果是个人独资企业、个体工商户、合伙企业，可以采取资产转让、合伙企业份额转让等方式，而且这类都是小诊所，标的金额不大。

难点是非营利性医院，后面再对此简要介绍。

2. 法律法规的变化、调整及复杂性。

过去十余年，国家总体上鼓励社会办医，在2016年前后出现了社会办医的高峰期，所以我们见到了很多民营医院的蓬勃发展，公立医院与民间资本的各种合作到处可见。

但最近几年又有所收缩。2019年《基本医疗卫生与健康促进法》出台，明确规定：

第39条　国家对医疗卫生机构实行分类管理。

医疗卫生服务体系坚持以非营利性医疗卫生机构为主体、营利性医疗卫生机构为补充。政府举办非营利性医疗卫生机构，在基本医疗卫生事业中发挥主导作用，保障基本医疗卫生服务公平可及。

以政府资金、捐赠资产举办或者参与举办的医疗卫生机构不得设立为营利性医疗卫生机构。

医疗卫生机构不得对外出租、承包医疗科室。非营利性医疗卫生机构不得向出资人、举办者分配或者变相分配收益。

第40条　政府举办的医疗卫生机构应当坚持公益性质，所有收支均纳入预算管理，按照医疗卫生服务体系规划合理设置并控制规模。

国家鼓励政府举办的医疗卫生机构与社会力量合作举办非营利性医疗卫生机构。

政府举办的医疗卫生机构不得与其他组织投资设立非独立法人资格的医疗卫生机构，不得与社会资本合作举办营利性医疗卫生机构。

上述规定直接导致原来可行的社会资本与公立医院的诸多合作方式，如合资设立新院区、“一址两院”、科室承包等不再可行。

除了《基本医疗卫生与健康促进法》的基本规定之外，医疗行业作为严监管的行业，在医疗机构设立与准入、医疗机构业务监管、医务人员管理、药品耗材等方面监管都有诸多的专门规定与政策。例如，国家卫生健康委员会《关于在公立医疗机构药品采购中推行“两票制”的实施意见（试行）》，要求从药品生产企业、流通企业到医院只能最多开两次发票（俗称“两票制”），就对社会资本从药品供应链环节分享利润产生了严重阻碍。又如，中共中央办公厅《关于加强公立医院党的建设工作的意见》，要求公立医院实行党委领导下的院长负责制，那么公立医院“党委书记与院长谁大、院长由谁任命”也成为社会资本与公立医院合作中令人困惑的问题。

这些法规政策都会使得对医院的并购束手束脚，远非一般公司的并购可比。

基于上面这些原因，导致对医院的投资并购成为一个复杂的法律问题，且必须结合个案来具体分析。

3. 非营利性医院的并购模式。

在《中国医院投资并购指南》第六章以后，对各类非营利性医院的并购合作模式有详细的介绍。例如，对政府医院（政府举办的事业单位法人医院）的并购合作模式包括：

- 社会资本参与政府医院整体改制模式
- 一址两院模式
- 一院两制模式
- 科室共建模式
- 委托管理模式
- 特许经营管理模式
- PPP 合作模式

这还只是针对政府医院，还有针对国有企业医院、民办非营利性医院等主体的多种模式。其中有一些模式已经不符合现行法规，有一些存在争议。

这些模式中，一部分是成为医院的举办人，另一部分则可以归类于本课程第一单元所说的“广义协议控制”，通过委托管理、合作经营、特许经营、供应链合作等各种方式从医院取得收益。

6.6 矿产行业

矿产行业是一个特殊的行业，有很多特殊的法律规定和法律实务问题。本小节不是矿产行业法律实务的全面介绍，而仅仅是说明在矿产行业所使用的“公司及并购类合同”，起草审查有哪些特殊之处。

一、“宏观—交易结构”：以探矿权、采矿权为标的

这就如同在房地产开发行业的“公司及并购类合同”，就是以“土地使用权及在建工程”为标的一样。

1. 宏观—合同标的：探矿权与采矿权是矿产行业的两种重要用益物权，合称“矿业权”。

《矿产资源法实施细则》第 6 条规定，探矿权，是指在依法取得的勘查许可证规定的范围内，勘查矿产资源的权利；采矿权，是指在依法取得的采矿许可证规定的范围内，开采矿产资源和获得所开采的矿产品的权利。《民法典》第 329 条提到，“依法取得的探矿权、采矿权、取水权和使用水域、滩涂从事养殖、捕捞的权利受法律保护”。

这两项权利是矿产行业最“值钱”的、法定的用益物权，就跟国有建设用地土地使用权一样。像土地使用权一样，也必须以类似土地出让的方式从国家取得该项物权，向国家缴纳权益金，并取得相应物权登记证书。

根据物权法定的原则，矿产行业并没有其他的特殊的用益物权。在青海三江源生态环境保护建设有限责任公司、青海百盛矿业有限公司合同纠纷案[1]中，最高人民法院认为：“三江源公司与治多县国土资源局签订的《合作试采合同书》约定的‘试采’权利不属于法定的探矿权、采矿权，因三江源公司未依法取得案涉项目的探矿权、采矿权，即与百盛公司合作开采案涉铅矿，违反了《中华人民共和国矿产资源法》第三条的规定。二审判决以《中华人民共和国合同法》第

[1] 最高人民法院（2017）最高法民申 215 号。

五十二条第五项有关'违反法律、行政法规的强制性规定'的合同无效的规定，认定案涉《合作开采协议》无效，并无不当。"

2. 宏观—合同标的：探矿权、采矿权的风险因素较多。

（1）探矿权的特殊性。

根据《矿产资源法实施细则》第16条规定，探矿权人享有勘查相关权利，并且有权"优先取得勘查作业区内新发现矿种的探矿权、优先取得勘查作业区内矿产资源的采矿权"。

"先探矿，再采矿"，"探矿"是投入，"采矿"才有产出，探矿本身不能产生经济收益。所以采矿权更有直接的经济价值。现有法律上赋予"探矿权"与采矿直接相关的权利仅仅是"优先取得勘查作业区内矿产资源的采矿权"。也就是说，探矿权本身没有价值，只是因为能够"优先取得采矿权"而有了价值。而且这个"优先权"也缺少法规上的明确性和执行的保障，如果矿业权主管机关不执行相关规定，采取类似于招拍挂的方式来出让采矿权，那么这个探矿权人的权利就缺乏保障。

这意味着，探矿权的价值不明确、不好把握，在对探矿权进行交易时，当事人必须考虑到这一点。如果目标在于"探转采"（探矿权转采矿权），合同中应该把取得采矿权作为重要的先决条件和付款节点。

（2）影响采矿权价值的风险因素也很多。

详见后文介绍。

这个问题会对合同条款有很大影响，同时也是一个"宏观—交易结构"层面的重要问题，很大程度上影响了这个矿业权交易是否可行。有经验的行业律师需要帮助当事人作出交易结构层面的判断。

3."宏观—合同程序"：探矿权、采矿权的转让需经批准。

探矿权、采矿权在符合法定条件时可以转让，但必须经过批准。这是涉及探矿权、采矿权变更权利人的所有交易（包括转让、作为出资乃至抵押）都必须注意到的最重要的"合同程序"。

《探矿权采矿权转让管理办法》第10条第3款规定："批准转让的，转让合同自批准之日生效"，该规定已经过时。随着《最高人民法院关于审理矿业权纠纷案件适用法律若干问题的解释》（2020年修订）、《民法典》等出台，应该这样处理：矿业权转让合同成立即生效或至少部分生效（报批义务条款独立生效），转让人无正当理由不履行报批义务的，受让人有权要求其承担违约责任。

这一“合同程序”也需要在“微观—合同条款”中有所应对，在矿业权转让、出资等合同中，可在合同尾部专门说明“矿权转让未能获得批准时的处理”。条款中应该区分两种情形：因一方过错导致不能获得批准的，属于过错方违约，应承担违约责任；非因一方过错造成不能获得批准的，协议终止履行，互不承担违约责任。

相关课程：《合同起草审查指南：三观四步法》“合同程序（一）：批准”

通过股权转让来实现矿业权控制权的转让是否要批准呢？从法律上讲是不需要的，这与本课程第二单元所讲的股权收购与资产收购的选择是一致的。但是部分地方省份存在将矿业公司股权转让视为矿业权转让的做法，要求按照矿业权转让办理审批手续，例如，《山东省国土资源厅关于转发〈国土资源部关于进一步完善采矿权登记管理有关问题的通知〉的通知》（鲁国土资字〔2011〕508号）明确“采矿权人以出售、作价出资，引进他人资金、技术、管理等合作经营，企业重组改制等原因，只要采矿权人的股东、股比发生变化，均属采矿权转让行为，必须办理采矿权转让手续。采矿权价款分期处置的，被收购方与收购方必须有承诺缴纳协议，并体现在转让合同中”。——因此，对于收购方来说，通过股权收购方式收购矿业权的，需要检索当地关于矿业公司股权转让的地方性文件，如该地方要求办理相关手续的，则应将该义务的履行及相应违约责任落实在合同中。

4.“宏观—合同程序”：作为用益物权，矿业权转让也有变更登记手续，就像土地使用权的过户登记一样。

5.“宏观—交易结构”：注意矿业公司合并分立导致矿业权的主体变更。

这也是“矿业权转让需要批准”所引发的问题。举例来说，双方如采取合并方式完成并购的，原矿业权人未及时将矿业权转让至合并后的新公司，那么原矿业权人的市场主体资格被注销后，其名下矿业权极有可能处于无法转让的尴尬境地。造成这种尴尬的原因在于企业营业执照申领与矿业权变更登记的二者无法衔接。

在矿业公司合并、分立过程中，如涉及合并分立各主体重组完成后灭失的，根据市场监督管理部门的相关规定，只有在注销原主体的情况下才能申领合并、分立后新主体的营业执照。

而在矿业权变更登记中，矿山企业因合并、分立等重组活动而导致矿业权变动的，应按照矿业权转让进行行政审批。根据自然资源部《探矿权变更登记（非油气类）服务指南》的规定，探矿权的转让变更应由原探矿权人发起申请，并经相应审批手续后方能进行变更。同样地,《采矿权转让（变更）登记（非油气类）服务指南》中规定,“采矿权转让申请人为原采矿权人，采矿权变更申请人为采矿权受让人，转让和变更申请同时提交”。

对于收购方而言，在现有法律法规基础上，有两种路径可以避免上述难题：一是采取不变更矿业权登记主体的交易模式，如将矿业权登记主体作为合并方；二是通过矿业权人名称变更程序完成矿业权主体变更[1]，即由被收购方先提交矿业权转让申请，取得转让审批要件之后，再采取变更矿业权名称的方式完成矿业权主体的变更。

从合同起草审查角度，双方需要在交易前了解当地关于矿业公司合并分立时的转让手续，然后将各方就该事项的权利义务在合同中约定清楚，如将特定事项的完成作为先决条件或付款条件。

二、“宏观—合同类型”：矿业权承包、租赁合同的合法性

第一单元中“广义协议控制”的分析中也提到了“采矿权承包”。这都是在不进行矿业权转让、不进行股权转让也不合资设立公司的情况下，一方提供矿业权，另一方提供资金参与矿业权开发并取得收益。实务中还有一类“采矿权租赁”，采矿权承包与采矿权租赁虽然叫法不同，但实质权利义务难以区分。实务中合同名称还可能叫作“合作开发、合作开采”，实际上也是采矿权承包。

（探矿权因为还不能直接开采，不能直接取得收益，因此实务中基本没有探矿权的承包、出租，只有探矿权合作开发）

相关模板：13936 探矿权合作开发合同

相关模板：14020 合作开采合同

相关模板：18737 采矿权承包合同（承包方取得矿石＋提成）

相关模板：14042 采矿权出租合同

就像第一单元中“广义协议控制”的分析以及《合同起草审查指南：三观四步法》“宏观—交易结构篇”中对“承包经营类合同”的分析中提到的一样，承包经营类合同有“实为转让 / 出租资质”是违法的。《最高人民法院关于审理矿业权纠纷案件适用法律若干问题的解释》（2020 年修正）第 12 条对此问题有进一步明确：

[1] 参见王振华:《矿语——矿业焦点问题法律实务》，法律出版社 2020 年版，第 31 页。

当事人请求确认矿业权租赁、承包合同自依法成立之日起生效的，人民法院应予支持。

矿业权租赁、承包合同约定矿业权人仅收取租金、承包费，放弃矿山管理，不履行安全生产、生态环境修复等法定义务，不承担相应法律责任的，人民法院应依法认定合同无效。

该法条的意思是：矿业权租赁、承包原则上有效，但如果矿业权人只收钱、做“甩手掌柜”，则合同无效。背后的原理仍然是“名为承包、出租，实为转让/出租资质”属于违法。

所以从合同的角度，矿业权租赁、承包合同应适当体现矿业权人的管理权利（虽然这些约定可能只是纸面上的）。

三、“微观—合同条款”：矿业权的风险因素较多

1. 矿业权的风险因素。

我们拿建设用地使用权与采矿权对比，就能看出采矿权的特殊风险。当房地产企业收购一个目标地块用于开发时，这个地块的现状、规划、使用权权限、土地出让金情况，都是比较确定的。除非地块的规划发生变化，否则交易对价应该是固定、不作调整的。

而相比之下，一个已经取得采矿权证书的采矿权，还会面临下面这些不确定性：

（这些分类不能说完全准确，而且非完全列举）

（1）与政府管理相关的因素：

- 采矿权权益金如何缴纳，可能有变动

也就是政府部门将来要怎么收取采矿权权益金（类似于土地出让金）有一定不确定性。

- 矿业权可能因为生态保护等原因被收回
- 采矿权不能获得延期

实务中有的采矿权证可能只有几年，能否获得延期有不确定性。

- 政府产业政策等要求矿山关停并转，矿业权注销
- 矿业权重叠

不同矿业权人持有的矿区空间范围可能出现平面交叉或立体垂直投影上下重叠的问题。

（2）原矿业权人过错造成的因素：

- 因地质资料造假、违反出让招投标制度导致采矿权撤销
- 原矿业权人未按规定开采、逾期缴纳采矿权权益金等
- 地质储量报告不实
- 《开发利用方案》等资料有问题

这些都会妨碍后续开发。

（3）客观因素：

- 发现新矿、储量发生变化
- 矿产资源的市场价值发生重大变化

矿产资源的价格可能有较大波动，这个波动会对开采的收益有重大影响。

（4）与第三方有关的因素：矿业权与土地使用权冲突，或者无法取得土地使用权，影响采矿。

探矿权的价值小很多，也有不确定性，特别是能否顺利转为采矿权的不确定性。

2. 合同中应对矿业权不确定性的措施。

合同就是对未来不确定性的分配；要在合同中考虑如何处理这些不确定性因素。

有一些不确定性可以通过事先全面的尽职调查发现，因此尽职调查肯定是个重要的、合同文本之外的措施。除此之外，合同中要综合考虑下列措施：

（1）披露 + 陈述与保证。

主交易合同中进行重点披露，《标的资产清单》（矿业权转让时）、《目标公司信息披露函》（股权转让时）中对矿业权及目标公司进行全面披露。

同时主交易合同中会有“陈述与保证”条款，由转让方确认披露全面、真实、有效。

（2）明确约定转让方的特定义务以及不能完成时的处理。

例如：必须取得采矿权的延期；必须完成“探转采”。

（3）明确储量变化下的处理。

大致可以分两种处理方式：储量变化不影响交易对价；重新核定储量，根据新的储量调整交易对价。

（4）明确情势变更的定义与处理。

前面所说的“客观因素”的变化，可以列入“情势变更”并说明这种情况下

的处理，其实也可以理解为合同解除、变更条件的特别约定。

（5）约定对赌机制。

如果是还没有投入生产的矿山，可以将前面所说的矿业权注销、客观因素变化、储量等作为对赌条件。

如果是已经或马上要投入生产的矿山，可以直接将开采量或者利润作为对赌条件。

上面第2～5项，可以作为合同中一个专门的板块，或者作为一个专门的补充协议。

上面这些措施如果都体现在主交易合同中，就会使得“矿业权转让合同”或“矿业公司股权转让、股权收购合同”在“交易对价、交割、陈述与保证、违约责任”等板块与一般的资产转让、股权转让合同有所不同。

6.7 破产重整

律师要做好破产重整业务，需要争议解决、破产程序、谈判乃至商业模式分析等全方位的知识，其中的合同文本起草只是一小部分要求。囿于主题，这里仅对破产重整中与公司及并购合同相关的知识进行简要的介绍。

1.《企业破产法》及破产程序大致说明。

《企业破产法》规范了企业法人的破产程序，在现代经济生活中具有越来越重要的作用。这里简要介绍一下企业破产程序中与“公司及并购类合同”相关的内容。

当企业资不抵债时，债权人或债务人可以向法院申请进入破产程序。法院如果受理了破产申请，那么：

（为更好理解，这里将债务人即破产企业简称“企业”）

（1）企业交由法院指定的管理人管理。

（2）破产程序包括重整、和解、破产清算三大程序。

重整：经债权人表决通过重整计划草案，经法院批准。法院批准后重整计划即生效，由企业负责执行实施重整计划，管理人监督。如果重整计划草案无法通过或无法批准，则法院裁定终止重整，宣告破产。

和解：债务人提出和解协议草案，法院审查、裁定进入和解，并经债权人会议按一定比例、条件通过，再经法院裁定认可，则和解协议生效，企业按和解协议执行。如果企业不能执行和解协议，法院经和解债权人请求应裁定终止和解协议执行，宣告企业破产。

破产清算：法院宣告破产，企业经清算后注销。

（3）在破产程序中，债务人也可能与全体债权人达成庭外和解协议，经法院裁定认可后，终结破产程序。

（4）如果无法进入重整、和解或重整和解失败，则企业进入破产清算环节，管理人在法院的监督，经债权人会议决议，将企业财产进行变卖，对债权人进行分配。

2. 破产重整中的公司及并购类合同。

（1）宏观—合同程序：破产重整计划只有经过债权人表决通过、法院批准之后才能生效、执行。按破产重整计划执行的合同，自然也只能在债权人表决通过、法院批准生效，否则无法履行。

这是破产重整中的公司及并购类合同的最大特点。

（2）宏观—合同主体：债权人通过对重整计划草案表决的方式对这个重整交易表达意愿。企业、企业股东（企业大股东往往要提供一定的担保、作出让步）、引入的重整投资人签订与重整计划草案内容一致的交易合同。

（3）宏观—合同类型：公司及并购的各种模式在理论上都可能采用，但要考虑现实可行性。

从理论上说，破产重整中的企业仍然是存续的公司或法人，仍然可以采取本课程所讲述的各类交易结构、合同类型进行交易。只不过破产重整的背景下，一般只有向企业注入资金的交易模式才有可能作为破产重整计划来通过，合并、分立、企业出资出钱的模式都不太可行。另外，因为企业债务缠身，注资方必然要考虑收回投资的风险，常常要考虑新设SPV、信托等方式，将破产企业股权、资产等与债务风险隔离开。

《困境企业拯救法律指南》[1]第四章“重整模式选择”中列举了一些重整模式，包括存续型重整模式、清算型重整模式、出售型重整模式、反向出售型重整模式等。这些模式均可以与本课程第一单元中所说的各类交易结构相对应。

[1] 关振海、满翔宇、侯晓宇、李亚辉:《困境企业拯救法律指南》，法律出版社2022年版。

附·录

相关模板、相关条款、相关知识点的使用说明

说明：

（1）上述结构更多适用于投融资领域。

如果已经形成了基本的内容框架，也不一定要完全参照上述结构，更重要的是要明确文件的效力。

（2）由于意向书相对简单、模块化，有时整个文本会以表格的形式体现。

· 相关模板：

12322 投资意向书（通用版/无法律约束力/表格式）

3373 项目合作意向书

8382 上市公司并购交易备忘录

三、小结

从上述要点可见，对意向书类文件的审查与一般合同的审查大不相同。只要确定是意向书类文件，有经验的律师应该能非常迅速的起草与审查，所使用的时间应远少于一般合同审查，关键是在文件中明确就效力问题作出约定。

相关条款：

4485 意向书无法律效力

由各方签署的本意向书仅作为有关本项目的潜在合作方的当前意图的描述，不应被视为任何合同或具有法律约束力的协议。本意向书的全部内容以及对本意向书的任何解释、注解均不具有任何法律约束力。各方另外签署正式合同的，以另外签署的合同为准。

4484 意向书通用条款

排他期

各方同意，自本意向书签订之日起______天内（排他期），投资方有权全面且排他地接触公司及其管理层以进行尽职调查及完成并签署最终交易文件。

在排他期内，未经投资方事先书面同意，公司、现有股东或其任何关联方、董

《合同起草审查指南》系列书籍中提供了一些配套的合同及文书模板、合同条款模板。如上图，这些模板前面均列有数字编号。另外还有一些相关知识点。读者可通过如下方式进一步查阅使用：

◎相关模板的使用

（假设模板编号为 284）

方式一：关注法天使公众号“law-angel”，点击“搜合同”，在搜索框中输入模板编号，您就可以搜到该模板，并点击查阅。

方式二：打开该文本对应网址：

模板编号（如上图中的 284）对应该文本的网址为：www.fatianshi.cn/D284（注意必须加上 D！），电脑或手机浏览器中输入该网址即可打开、浏览、下载该模板。

方式三：打开法天使网站 www.fatianshi.cn，搜索模板编号 284，或者搜索模板标题。

方式四：在“律师助手”（WORD 或 WPS 端），点击“中国合同库”菜单，搜索 284，或搜索模板标题。

◎相关条款的使用

（假设条款编号为 2567）

在“律师助手”（WORD 或 WPS 端），点击“条款库”菜单，搜索 2567，或搜索条款标题，即可查阅搜索结果并将条款插入当前文档中。

◎特别提示

1. 通过上述方式，您即可找到该文本，但下载该文本可能需要付费或购买律师助手会员。

2. 由于中国合同库中的文本不断更新、优化，不排除个别情况下，本书中所列模板、条款已经修订、更名或者下架删除。如被删除，请查找使用类似的模板或条款。

3. 本书中引用的所有合同模板、条款模板，均需由读者根据具体情况修订使用，本书不对读者使用书中合同模板、条款模板所导致的任何问题承担责任。

◎相关知识点的使用

1.《合同起草审查指南》中的相关知识点，可在配套课程《标准合同课》中查询（课程需要付费开通）。

2. 配套课程《标准合同课》可在“法天使”App 中开通学习：

App：苹果应用商店或华为、小米等应用商店搜索“法天使”并下载。

App 提供音频、视频、图文资料、习题、讨论等功能，本教材中的相关模板、相关条款及相关知识点可在 App 中查阅。

3. 不排除相关知识点可能随着法规、研究的变化，标题、内容有修改甚至下架。

《合同起草审查指南》规范术语表

《合同起草审查指南》中定义了一系列与合同起草审查有关的术语，掌握和使用这些术语，有助于规范的表述合同起草审查的知识。

《合同起草审查指南》规范术语表

术语	含义说明
整体相关术语	
三观四步法、三观分析法、四步工作流程	“三观四步法”是“三观分析法”与“四步工作流程”的总称； “三观分析法”是利用“三观”知识体系来分析任何一类合同的方法； “四步工作流程”是实际起草审查任何一份合同的工作流程，包括沟通需求、三观分析、复核、提交四个步骤，其中又以“第二步：三观分析”为最关键、最主要步骤
“三观”	即“宏观—交易结构、中观—合同形式、微观—合同条款 / 合同语言”的总称
宏观—交易结构	可简称“宏观”或“交易结构”，重点解决交易是否能做以及采取什么交易结构的问题
中观—合同形式	可简称“中观”或“合同形式”，是指从律师起草与审查合同的角度，对实务中存在一些特殊性的合同类文本的归纳整理，并非《民法典》合同编第 469 条规定的书面形式、口头形式和其他形式； 《合同起草审查指南》中归纳的合同形式包括意向书、预约合同、阴阳合同、“合同 + 订单”、集团合同等
微观—合同条款	可简称“微观”，是指对具体合同条款进行修改、调整，也包括对合同语言的修改和调整
中国合同分类法	“法天使—中国合同库”推出的合同分类方法，是对合同及法律文书、条款、合同相关知识进行分类、整理、查找的一套体系，以对合同类文本的整理分类为主
“宏观—交易结构”相关术语	
合同类型	指广义的“合同类型”，类似于对“交易模式”的归纳，包括承揽合同、租赁合同等有名合同类型，也包括服务合同、承包经营合同等无名合同类型

续表

术语	含义说明
物权类合同	以创设、移转物权为目的或者是以“物权”为标的的合同
合同主体	合同关系的主体，合同当事人；但是基于合同起草审查的需要，考虑“合同主体”时，也需要考虑“合同相关主体”，即不作为合同当事人，但对合同成立、履行有重要影响的主体，如优先权人
合同相关主体	虽然不作为合同主体，但与合同签订和履行相关的主体合同相关主体，包括共有人、优先权人、关联单位等主体
合同标的	并非严格的“合同标的”或“标的物”概念，实质上更类似于“交易对象”
合同程序	这不是指交易流程、交易环节，而是指合同主体签署之外的，对合同成立、生效或履行有重要影响的程序
交易结构设计	是指从宏观层面考虑合同，通过设计不同的交易结构思路及模式，以最大化的维护客户利益； 交易结构设计是合同宏观层面方面的可选、进阶动作
优先权、优先权人	是指从法律上赋予某些特殊债权或其他权利的一种特殊效力，以保障该项权利能够较优先实现，如优先购买权； 优先权人是指享有优先权的主体
批准、登记、备案	批准包括具体交易类批准、资质类批准和其他批准，是指国家机关对交易、行为的批准程序； 登记包括物权类权利登记、知识产权类权利登记、工商登记及其他主体登记； 备案是指合同或行为需向国家机关履行的备案程序
主体内部程序	包括公司内部程序、合伙企业内部程序、集体经济组织内部程序等，是指合同主体内部与合同签订相关的决议、同意程序
一般合同公证	是指公证机关依照法定程序确认既存合同在形式与内容上的真实、合法
公证债权文书	是指对经公证的以给付为内容并载明债务人愿意接受强制执行的债权文书，债务人不履行或者履行不适当的，债权人可以依法向有管辖权的人民法院申请执行
报批义务	是指应当办理申请批准等手续的义务
参照型、选择型、配套型	几类合同类型之间的关系： 参照型是指 A 类合同可能参照 B 类合同的法律规定； 选择型是指可以考虑选择 A 类合同，也可以选择 B 类合同； 配套型是指两类以上合同关系配套组合
“中观—合同形式”方面	
意向书或意向书类文件	是指当事人无意使其像合同一样具备法律效力，是没有正式法律效力或主要内容不具有法律效力的磋商性文件

续表

术语	含义说明
预约合同	又称预约，是指当事人之间约定将来订立一定合同的合同
格式条款、格式合同	格式条款是当事人为了重复使用而预先拟定，并在订立合同时未与对方协商的条款； 格式合同一般是主要内容都是格式条款的合同文本
阴阳合同	是指各方对同一事项存在内容不一致的多份合同 / 文件，且部分意思表示不真实，并非一般的协议变更或补充
履行中文件、和解类文件	履行中文件是指合同当事人在合同实际履行一段时间之后，或者在合同解除终止时签署的合同文件； 和解类文件是各方达成和解而签署的文件。和解类文件是履行中文件的一种典型
“合同 + 订单”	是一种特殊文本模式，包括主交易合同和订单两部分，常见于采购、服务、承揽等合同中； 实务中这类合同也常常被叫作“框架合同”
单方文件、单方持有的合同、空白合同	单方文件是指仅由合同关系中的某一方（或部分当事人）签署的文件； 单方持有的合同是指合同虽然是双方或多方签署，但只由一方持有； 空白合同是指合同中某些内容是空白的，可以在上面适当填空的合同
合同模板	是指当事人需要经常使用、多次重复使用的文本
简单合同、复杂合同与成套合同	简单合同与复杂合同没有绝对的界限； 保管单、借据、采购单、简单的借款合同等可归为简单的合同，一般仅含有主要条款；复杂合同则更加复杂，常常包含附件，有时还会是多个文本构成的成套合同
附件	主交易合同之外的附件、配套合同，包括承诺函这样的单方文件，也包括担保合同、保密协议这样的配套合同
集团合同	某些大型企业集团，因主体众多，需要以其中一个主体出面签订合同，但权利义务及于其他关联主体
法律要求书面形式的合同	法律、行政法规要求应采用书面形式的合同；如未采用书面合同形式可能导致合同不成立、无法产生预期效力、行政处罚或赔偿，或后续手续无法办理
线上协议和线上沟通	线上协议包括正式电子签约和互联网协议两类；线上沟通包括在线传递普通合同、在线作出构成合同的意思表示，以及不构成合同内容的普通沟通
“微观—合同条款 / 合同语言”相关术语	
“三点一线法”	是指《标准合同课》原创的、用于理解合同条款整体结构与类型的方法
“金字塔式写作”	是一项具有层次性、结构化的思考、沟通技术，既指表达 / 写作的方法，也是思考与解决问题的逻辑方法

续表

术语	含义说明
“正说／反说＋概括／列举”	是指一种逻辑思考或合同语言表达的方法。其中： 正说是指正面界定含义，正面措施（是什么，包括什么）；反说是指反面排除（不是什么，不包括什么）。 概括是指概括本质、内涵、主旨等；列举是指列举范围内可能的情形，尤其是重点情形
“三三制结构”	是合同中的典型句式，第一个“三”是“条件成分＋基本句＋补充成分”三个成分，第二个“三”是“主体＋性质＋行为”三个板块
基本句、条件句、补充成分	基本句的主要内容就是描述：谁有权／有义务做什么，即“主体＋性质＋行为”三个板块； 条件句是指“在什么情况下”，可能是时间、期限条件（如“××后三日内”），也可能是其他性质的前提条件（如“未经甲方同意”）。条件成分一般放在基本句前面，但有时也放在基本句的后面； 补充成分是指在合同表达习惯时，常常在句式的后面增加、补充的分句，而并非语法意义上的“补语”。其内容一般是对基本句中某一成分的补充或完善说明

缩略语表

《合同起草审查指南》中使用的一些法规、司法解释的缩略语。例如,《中华人民共和国民法典》“第三编　合同”在本课程中被称为《合同编》。

《民法典》	《中华人民共和国民法典》
《合同编》	《中华人民共和国民法典》“第三编　合同”
《物权编》	《中华人民共和国民法典》“第二编　物权”
《婚姻家庭编》	《中华人民共和国民法典》“第五编　婚姻家庭”
《公司法》	《中华人民共和国公司法》（2023 年 12 月 29 日修订，2024 年 7 月 1 日施行，即 2023 版《公司法》；如提到原《公司法》则表示 2018 年公布的《公司法》）
公司法司法解释（一）（二）（三）（四）（五）	“最高人民法院关于适用《中华人民共和国公司法》若干问题的规定”系列司法解释，共五个。《公司法司法解释（一）》，指《最高人民法院关于适用〈中华人民共和国公司法〉若干问题的规定（一）》,《公司法司法解释（二）》，指《最高人民法院关于适用〈中华人民共和国公司法〉若干问题的规定（二）》，依此类推
《外商投资法司法解释》	《最高人民法院关于适用〈中华人民共和国外商投资法〉若干问题的解释》（法释〔2019〕20 号）

续表

《外商投资纠纷规定（一）》	《最高人民法院关于审理外商投资企业纠纷案件若干问题的规定（一）》（2020 年修正）
《行政协议案件规定》	《最高人民法院关于审理行政协议案件若干问题的规定》（法释〔2019〕17 号）
《民事案件案由规定》	《最高人民法院关于印发修改后的〈民事案件案由规定〉的通知》（法〔2020〕347 号）（2020 年修订）
《合同法司法解释（一）》	《最高人民法院关于适用〈中华人民共和国合同法〉若干问题的解释（一）》（法释〔1999〕19 号）（已失效）
《合同法司法解释（二）》	《最高人民法院关于适用〈中华人民共和国合同法〉若干问题的解释（二）》（法释〔2009〕5 号）（已失效）
《仲裁法司法解释》	《最高人民法院关于适用〈中华人民共和国仲裁法〉若干问题的解释》
《商品房买卖合同司法解释》	《最高人民法院关于审理商品房买卖合同纠纷案件适用法律若干问题的解释》（法释〔2020〕17 号）（2020 年修订）
《民诉证据司法解释》	《最高人民法院关于民事诉讼证据的若干规定》（法释〔2019〕19 号）
《独立保函司法解释》	《最高人民法院关于审理独立保函纠纷案件若干问题的规定》（法释〔2020〕18 号）（2020 年修订）
《担保法司法解释》	《最高人民法院关于适用〈中华人民共和国担保法〉若干问题的解释》（法释〔2000〕44 号）（已失效）
《买卖合同司法解释》	《最高人民法院关于审理买卖合同纠纷案件适用法律问题的解释》（法释〔2020〕17 号）（2020 年修订）
《民间借贷司法解释》	《最高人民法院关于审理民间借贷案件适用法律若干问题的规定》（法释〔2020〕17 号）（2020 年修订）
《城镇房屋租赁合同司法解释》	《最高人民法院关于审理城镇房屋租赁合同纠纷案件具体应用法律若干问题的解释》（法释〔2020〕17 号）（2020 年修订）
《工伤保险行政案件司法解释》	《最高人民法院关于审理工伤保险行政案件若干问题的规定》（法释〔2014〕9 号）
《建设工程施工合同司法解释》	《最高人民法院关于审理建设工程施工合同纠纷案件适用法律问题的解释》（法释〔2004〕14 号）（已失效）
《建设工程施工合同司法解释（二）》	《最高人民法院关于审理建设工程施工合同纠纷案件适用法律问题的解释（二）》（法释〔2018〕20 号）（已失效）

续表

《建设工程施工合同司法解释（一）》（2021年施行）	《最高人民法院关于审理建设工程施工合同纠纷案件适用法律问题的解释（一）》（法释〔2020〕25号）（2020年发布）
《人身损害赔偿司法解释》	《最高人民法院关于审理人身损害赔偿案件适用法律若干问题的解释》（法释〔2020〕17号）（2020年修订）
《民诉法司法解释》	《最高人民法院关于适用〈中华人民共和国民事诉讼法〉的解释》（法释〔2020〕20号）（2020年修订）
《商标民事纠纷司法解释》	《最高人民法院关于审理商标民事纠纷案件适用法律若干问题的解释》（法释〔2020〕19号）（2020年修订）
《公证债权文书执行规定》	《最高人民法院关于公证债权文书执行若干问题的规定》（法释〔2018〕18号）
《劳动争议案件司法解释（四）》	《最高人民法院关于审理劳动争议案件适用法律若干问题的解释（四）》（法释〔2013〕4号）（已失效）
《劳动争议案件司法解释（三）》	《最高人民法院关于审理劳动争议案件适用法律若干问题的解释（三）》（法释〔2010〕12号）（已失效）
《劳动争议案件司法解释（二）》	《最高人民法院关于审理劳动争议案件适用法律若干问题的解释（二）》（法释〔2006〕6号）（已失效）
《劳动争议司法解释（一）》	《最高人民法院关于审理劳动争议案件适用法律问题的解释》（法释〔2020〕26号）（2021年1月1日起施行）
《涉外民事关系法律适用法司法解释（一）》	《最高人民法院关于适用〈中华人民共和国涉外民事关系法律适用法〉若干问题的解释（一）》（法释〔2020〕18号）（2020年修订）
《交通事故损害赔偿司法解释》	《最高人民法院关于审理道路交通事故损害赔偿案件适用法律若干问题的解释》（法释〔2020〕17号）（2020年修订）
《关于确立劳动关系有关事项的通知》	《劳动和社会保障部关于确立劳动关系有关事项的通知》（劳社部发〔2005〕12号）
《关于执行〈工伤保险条例〉若干问题的意见》	《人力资源和社会保障部关于执行〈工伤保险条例〉若干问题的意见》（人社部发〔2013〕34号）
《民商事合同纠纷指导意见》	《最高人民法院印发〈关于当前形势下审理民商事合同纠纷案件若干问题的指导意见〉的通知》（法发〔2009〕40号）
《九民纪要》	《全国法院民商事审判工作会议纪要》（2019年11月8日发布）
《民法典时间效力司法解释》	《最高人民法院关于适用〈中华人民共和国民法典〉时间效力的若干规定》（2021年1月1日起施行）
《民法典物权编司法解释（一）》	《最高人民法院关于适用〈中华人民共和国民法典〉物权编的解释（一）》（2021年1月1日起施行）

续表

《民法典担保制度司法解释》	《最高人民法院关于适用〈中华人民共和国民法典〉有关担保制度的解释》（2021 年 1 月 1 日起施行）
《民法典婚姻家庭编司法解释（一）》	《最高人民法院关于适用〈中华人民共和国民法典〉婚姻家庭编的解释（一）》（2021 年 1 月 1 日起施行）
《民法典继承编司法解释（一）》	《最高人民法院关于适用〈中华人民共和国民法典〉继承编的解释（一）》（2021 年 1 月 1 日起施行）
《商标纠纷司法解释》	《最高人民法院关于审理商标民事纠纷案件适用法律若干问题的解释》（法释〔2002〕32 号）
《技术合同司法解释》	《最高人民法院关于审理技术合同纠纷案件适用法律若干问题的解释》（法释〔2004〕20 号）
《民法典会议纪要》	《全国法院贯彻实施民法典工作会议纪要》（2021 年 4 月 6 日发布）
《市场主体登记管理条例》	《中华人民共和国市场主体登记管理条例》（2022 年 3 月 1 日起施行）

合同标准考试介绍

“合同标准考试”以“中国合同标准”即《合同起草审查指南》为考试教材，面向律师、法务及法律工作者，旨在考核与提升律师、法务、法律工作者的合同起草审查水平，进而提升中国社会合同水平。

律师、法务及法律工作者均可报名参加“合同标准考试”，主办方不审核考试资格，但必须凭身份证实名参加考试。

就专业程度而言，“合同标准考试”至少要求具有法律本科以上的法律专业知识，才有希望通过该考试。

“合同标准考试”每年上半年、下半年各举行一次，在全国多个城市开考，采取线下纸质考试方式，由专业监考机构监考。

参加“合同标准考试”并取得合格成绩的，将由主考方“合同标准考试——优秀”证书。证书可通过二维码在官网验证。未取得合格成绩的，不能取得证书。

律师、法务、法律工作者可通过“法天使—中国合同库”官网（www.fatianshi.cn）进一步了解“中国合同标准”和“合同标准考试”的具体信息、考试报名信息等。

声　明

免责声明：

本书以及法天使网站（fatianshi.cn）中提供的合同模板、条款模板及相关信息仅供读者参考，读者在实际使用时，应根据自身的具体情况修订使用。

本书内容以及列举的各类案例 / 实例 / 示例仅供读者参考，不作为正式法律意见，有关案例、做法及相关法律法规有可能过时或有争议。

欢迎指正：

《合同起草审查指南》及“中国合同标准”，是为一般合同起草审查提供一整套标准化的指引和知识体系。本书作者深知这一任务的艰巨，虽然已经竭尽努力，书中仍难免会有错漏之处，有些观点仍有待商榷，部分内容仍需补充。

“中国合同标准”项目全体同仁将不断吸收专业人士的反馈意见，跟进法律法规、法律实务的变化，不断提高对合同起草审查的认识，从而持续更新、优化本书及《合同起草审查指南》版本。

真诚邀请法学院校、律师事务所、企业法务团队参与到中国合同标准的制定、优化、推广工作中来；恳请各位法律专业人士对本书及“中国合同标准”提出任何批评意见、建议。

任何批评意见、建议、意向可发送至 he@fatianshi.cn，“中国合同标准”团队将认真查阅所有意见。